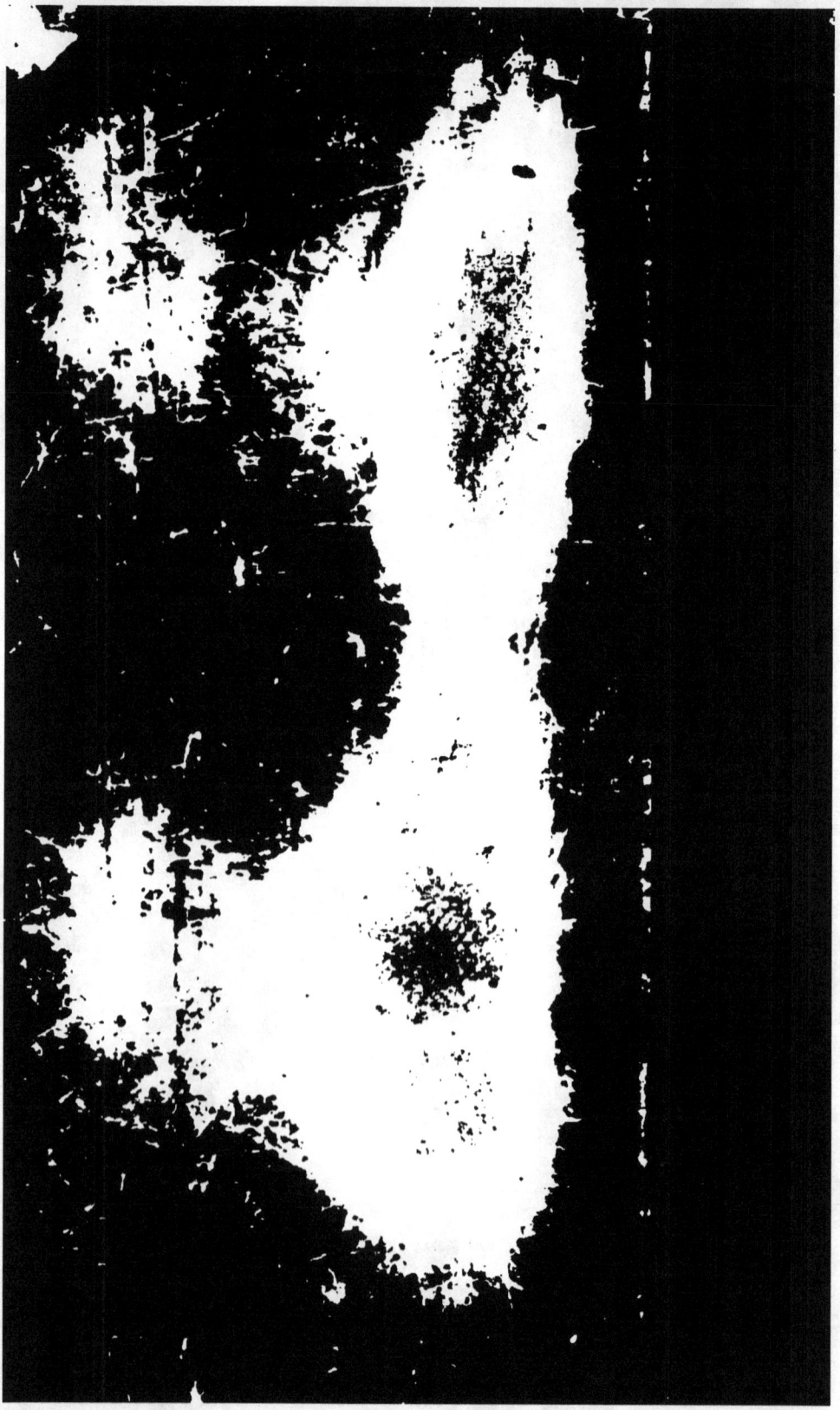

TROISIÈME SÉRIE

MÉMOIRES D'AUJOURD'HUI

PAR

ROBERT DE BONNIÈRES

PARIS
PAUL OLLENDORFF, ÉDITEUR
28 BIS, RUE DE RICHELIEU, 28 BIS

1888

Tous droits réservés.

MÉMOIRES

D'AUJOURD'HUI

DU MÊME AUTEUR

SAINT-ÉVREMONT ET LES ACADÉMICIENS, 1 volume grand in-18.

LETTRES GRECQUES DE MADAME CHÉNIER, 1 volume grand in-18.

CONTES DES FÉES, 1 volume grand in-18 avec une eau-forte de F. Régamey.

MÉMOIRES D'AUJOURD'HUI, 1re série, 1 volume grand in-18. Prix. 3 fr. 50

MÉMOIRES D'AUJOURD'HUI, 2e série, 1 volume grand in-18. Prix. 3 fr. 50

LES MONACH, roman parisien, 1 vol. grand in-18. Prix. 3 fr. 50

LE BAISER DE MAÏNA, roman, 1 vol. grand in-18. Prix. 3 fr. 50

JEANNE AVRIL, roman parisien, 1 volume grand in-18, Prix. 3 fr. 50

EN PRÉPARATION :

MÉMOIRES D'AUJOURD'HUI, 4e et dernière série

LE JARDIN DES FÉES.

LES PRINCESSES CHARMANTES.

CONTES DORÉS.

TROISIÈME SÉRIE

MÉMOIRES
D'AUJOURD'HUI

PAR

ROBERT DE BONNIÈRES

PARIS

PAUL OLLENDORFF, ÉDITEUR

28 *bis*, RUE DE RICHELIEU, 28 *bis*

—

1888

Tous droits réservés.

Il a été tiré à part 10 exemplaires sur papier de Hollande numérotés à la presse (1 à 10)

MÉMOIRES
D'AUJOURD'HUI

I

LES TROIS GLORIEUSES (1)

(JUILLET 1830)

Mercredi 28 juillet 1830.

Le 28 juillet 1830, le vieux Talleyrand disait à un député :

— On peut parler tant qu'on voudra du 14 juillet, ce ne sera jamais que la moitié du 28.

M. de Talleyrand avait raison. Si la prise de la Bastille et le massacre de quelques invalides ont pu être considérés comme le premier coup porté au trône, il faut regarder le 28 juillet, où le modérantisme de députés libérâtres eut tant de part, comme ayant définitivement achevé de mettre bas la monarchie légitime.

(1) Bien qu'à proprement parler ce chapitre ne puisse guère faire partie de mémoires intitulés *Mémoires d'aujourd'hui*, je le donne cependant parce que l'histoire d'une révolution est toujours d'actualité en France.

J'ai, par les récits particuliers des témoins oculaires, restitué exactement un tableau anecdotique de ces trois journées. J'ai rétabli historiquement l'aspect des rues, l'état moyen des esprits, les propos échangés. J'ai voulu redonner la vie et le mouvement à ces trois journées, à ces Trois Glorieuses, dont les hasards seraient ridicules, s'il n'y avait eu quelques gens tués, et si la chute de Charles X n'avait amené un nouvel ordre de choses.

Le lundi matin 26 juillet, les ordonnances parurent au *Moniteur*.

Le même jour, quarante et un journalistes signaient, rue Vivienne, dans les bureaux du *National*, une protestation que M. Thiers rédigea.

La voici : « Le régime légal est interrompu, celui de la force est commencé. Les citoyens appelés les premiers à obéir sont les écrivains des journaux. Ils doivent donner les premiers l'exemple de la résistance à l'autorité, qui s'est dépouillée du caractère de la loi, etc... »

M. Thiers a été payé pour savoir mieux qu'aucun autre que le droit donné aux citoyens de prendre les armes quand ils le trouvent bon, est tout de même un droit dangereux.

Les cabinets de lecture sont assiégés. Les citoyens apprennent, en lisant le *National*, qu'ils vont faire une révolution.

Les ouvriers qui avaient mangé leur paye du samedi au lundi prennent le vent, se mettent en bras de chemise et parlent en gesticulant. Les rentiers se promènent dans les contre-allées des boulevards, d'un air entendu et agité.

Quelques-uns de ces braves gens tiennent pliés sur leur bras leur habit ou leur veste. La chaleur est humide et étouffante : 27 degrés et le vent souffle de l'ouest.

Ils s'épongent le front et, en hochant la tête, ils attendent « le Faubourg Saint-Antoine » !

Au Faubourg Saint-Antoine comme ailleurs, quelques patrons ont congédié leurs ouvriers, leur donnant ainsi les moyens de troubler l'ordre en cessant de les intéresser à son maintien par le travail. Un officier rencontre dans la diligence de Saint-Denis un patron qui atteste le fait.

Le 27, à dix heures du matin, les ateliers étaient fermés. Les propos vont leur train :

— Ces b... croient donc avoir affaire à des imbéciles ?

— Est-ce que ces Jésuites nous prennent pour des Cosaques ?

— Nous leur montrerons les dents avant qu'ils nous montrent le derrière.

— A bas les ministres !

Et beaucoup d'entre eux ne savent pas le nom des ministres, ni de quoi bien au juste il s'agit.

Paris se vide aux extrémités. Tout afflue au centre. On s'entasse au Palais-Royal, dans les rues de Rohan et de l'Échelle qui séparent le quartier des filles, du quartier du Roi. Les cabriolets à deux roues sont sous les remises, les omnibus et les *Dames blanches* ne transportent plus pour six sous les Parisiens d'un bout à l'autre de la ville. Il n'y a pas de clubs, mais des orateurs en plein vent montés sur les bornes, M. de Chabrol n'ayant pas encore inventé les trottoirs en pierre de Volvic. On a déjà abattu quelques arbres sur les boulevards.

On décroche les réverbères pour faire une farce aux vieilles femmes qui entretiennent d'huile les quinquets et qui, en tirant la ficelle, abaissent et élèvent ces lourdes lanternes. Les lanciers et les gendarmes porteurs de dépêches sont hués au passage, et l'on annonce que la garde nationale sera sur pied le 28 au matin.

Cependant des patrouilles composées d'une centaine d'hommes marchent de front sur la largeur des boulevards, précédées de quelques éclaireurs. — Et les citoyens crient :

— Vive la Ligne, à bas le Roi !

Pour changer c'est toujours la même chose. Les citoyens ont aussi bien dit :

— Vive la Ligne, à bas Versailles !

Ce qui leur a du reste profité.

Mais les citoyens sont sans armes. On a crié : « On échine le peuple ! » — et le peuple se munit comme il peut. Du côté de la porte Saint-Martin est un chantier — « Au chantier ! au chantier ! » Et l'on s'arme de bûches et de perches. On dévalise les armuriers et les rôtisseurs. Des enfants de douze ans et au-dessous ont dans les mains des pistolets, des broches, des piques. Ce qui fait dire à un bon bourgeois qui lève les yeux au ciel :

— Je tremble pour ces glorieux enfants. Je tremble pour la sainte cause qu'ils vont défendre.

Mais l'un des gamins ne répond pas mal, à mon gré : « Je veux jouer au soldat pour de bon. » Ce dangereux petit bonhomme est peut-être celui qui se faufile entre les jambes des soldats de la garde royale et qui tue un officier dans la fusillade qui s'engage le 28, rue de Richelieu et rue Saint-Honoré.

Les femmes et les enfants du faubourg Saint-Jacques dépavent les rues pour faire des barricades. La poudrière Saint-Marceau fournit de la poudre. On fond des balles, on fait des cartouches que les femmes distribuent. Les armes manquent. On court à l'Arsenal. « A l'Arsenal! » On apprend avec enthousiasme que la commune de Clichy-la-Garenne, n'ayant pas d'armes, a fait forger soixante-quinze piques qui ont bien coûté cent vingt-neuf francs.

Enfin *Franconi* et les théâtres de la *Gaîté* et de l'*Ambigu-Comique* distribuent les armes dont ils se servent pour les représentations militaires.

Entre temps, les bourgeois tirent en l'air pour essayer leurs fusils, et donnent ainsi dans le quartier qu'ils habitent de fâcheuses alertes.

Les groupes armés se forment. On abat les écussons des fournisseurs de la cour et les panonceaux des officiers ministériels. Les fleurs de lis tombent. Le mercredi 28, le gros bourdon de Notre-Dame sonne le tocsin, et le drapeau tricolore est arboré à l'Hôtel de Ville. Un brave homme fait cette phrase : « Gloire au drapeau tricolore qui flotta au milieu de ces brigades qui conquirent et régénérèrent l'Italie. »

On dit que le premier édifice sur lequel le drapeau tricolore ait reparu a été la Chapelle Expiatoire qu'on avait élevée sur l'emplacement de l'ancien Opéra. C'est un ancien trompette aux chasseurs de la garde royale qui, sur les tours de Saint-Germain-l'Auxerrois, a arboré le drapeau tricolore. Sur la barricade de la rue Saint-Denis, c'est Mlle Clara, plumassière des magasins du numéro 293 ; à la flèche de la colonne Vendôme, c'est le lampiste du théâtre des Variétés ; à la Bourse, c'est le cocher de cabriolet Benoît qui eut cet honneur.

Partout l'on fait des cocardes d'étoffes et de papier. — On admire beaucoup, sur la place Vendôme et rue de la Paix, des Anglaises portant sur leurs seins la cocarde tricolore, et encourageant le peuple à défendre ses droits.

Je ne veux pas non plus oublier l'Anglais de l'hôtel Meurice, qui combattit toute la journée avec le peuple.

On a dit aux citoyens qu'il y avait cent poignards et deux barils de poudre à l'Archevêché. Le peuple se présente à la grande grille du palais, demandant l'archevêque pour le pendre au drapeau arboré en haut d'une des tours de Notre-Dame. L'archevêque ne se trouve pas à l'archevêché. On demande alors :

— Les calotins de la suite.

Hommes et femmes envahissent le palais, les uns de front, les autres en tournant par le jardin, et apparaissent bientôt affublés de soutanes et de bonnets carrés pris au vestiaire. Les archives sont jetées au vent, les moindres objets disparaissent, on force les portes à coups de fusil, et l'on tue sept personnes par hasard. On fait main basse sur la caisse, et tout l'argent a bientôt disparu, à l'exception d'un sac de deux mille francs qu'un habile homme rapporte honnêtement à l'Hôtel de Ville, escorté avec pompe par la foule en admiration.

On défonce les tonneaux dans les caves. Et les plus adroits boivent du fin. Un ouvrier a dit en buvant du bordeaux-laffitte :

— Je vais m'en fourrer, de la religion.

Dans la rue du Faubourg-Saint-Antoine, le canon fait sauter une mansarde et une enseigne placée au troisième étage de la maison du *Soldat laboureur*. Une bien pacifique enseigne pourtant. Sur le boulevard, malgré l'acharnement de la lutte, les citoyens prennent le plus grand soin d'une baraque dans laquelle une pauvre femme vend des pommes de terre frites ; ce qui touche fort un garde national raisonnable. Un marchand de coco, le bidon de velours sur le dos et les gobelets à la main, vend son coco deux liards le verre ; il refuse d'être payé par les combattants et prononce cette parole mémorable :

— La République paiera cela.

Boulevard du Temple, la baraque de Curtius éprouve de grandes vicissitudes, à cause des bustes de la famille royale qui y sont exposés. Charles X, le Dauphin, Madame la Dauphine, Madame la duchesse de Berry, Mademoiselle et le duc de Bordeaux, en cire, sont mis en pièces avec tous les papes et saints personnages dont la famille royale était entourée. Chaque ouvrier en emporte un lambeau, en criant des mots qu'on devine et qu'un Prud'homme traduit immédiatement ainsi :

— A bas la famille ennemie de notre gloire et de nos libertés !

Enfin dans l'après-midi de la journée du 29, douze ou quinze gendarmes sont enfermés dans l'hôtel Polignac, aux Affaires étrangères. Le peuple veut qu'on les lui livre. M. Casimir Périer, qui rentre chez lui, informé du motif de ce rassemblement, *intercède* en leur faveur.

Les gendarmes sont au Louvre, les gendarmes qui « vraiment ont montré contre le peuple un acharnement bien coupable ». La fusillade s'engage sur le pont des Arts et la colonnade du Louvre. Au milieu de la fusillade, un ouvrier maçon s'aperçoit que la corniche d'un des pilastres va tomber, et peut écraser plusieurs défenseurs de la patrie. Il va chercher du plâtre et une échelle, rescelle la corniche, et se retire. Au musée du Louvre, une balle a frappé le tableau de l'entrée de Henri IV à Paris. Si l'on met en lambeaux le tableau du sacre de Charles X, on couvre avec respect d'un voile noir le buste de Louis XVIII, auteur de la Charte.

Les Suisses sont aux Tuileries, manquant de direction et incertains.

Pendant qu'on se fusille, on affirme qu'on a vu, assis sur le parapet du quai, un homme d'un âge mûr qui pêchait tranquillement à la ligne au moment où l'attaque par les quais était la plus chaude. Et l'on admira fort cette belle imprudence de pêcher à la ligne un jour d'émeute.

On prend quelques Suisses, on les conduit à la Bourse, où le colonel Dulac leur adresse en personne cette allocution :

— Ne vous faites plus les agents stupides du despotisme. Enfants de l'Helvétie, interrogez votre propre histoire, et ressouvenez-vous sans cesse que c'est l'héroïsme de Guillaume Tell qui vous a conquis votre liberté.

Enfin, le soir de la dernière des Trois Glorieuses, les femmes placées entre les rangs des vainqueurs de Juillet portent les fusils de leurs maris, les filles s'emparent du sabre de leurs pères, et les adolescents sont parés des gibernes et des bonnets à poils des héros.

Et voilà comment se fit cette Révolution bourgeoise !

II

TROIS AMBASSADEURS

M. CHARLES TISSOT

Mardi 1er novembre 1881.

M. Charles Tissot, ambassadeur à Constantinople, est un petit homme noir, de cinquante-trois ans, portant toute sa barbe, les narines ouvertes, le nez allongé et un peu relevé vers l'extrémité — comme pour mieux sentir d'où vient le vent.

Il est bien mis et d'une parfaite correction. Il est de « la carrière » depuis trente-deux ans.

M. Ch. Tissot n'est pas beau, mais il est fort agréable à entendre et à voir quand il parle. Ses yeux s'animent, sa physionomie s'éclaire, et le voilà transformé soudain en galant homme, sémillant, engageant, enlaçant, enguirlandant.

On le quitte en ayant l'idée qu'il vous est tout dévoué.

Ne croyez pas cela.

L'homme est trop souple pour ne pas vous échapper le jour ou l'instant qu'il faudra.

Il ne dégoûte, n'éloigne, ne désespère personne. Il tend un petit morceau de pain au moindre petit oiseau diplomatique qui lui ouvre le bec. — C'est un apprivoiseur.

Il répond à tout le monde, écrit cinquante lettres par jour avec une plume de fer. L'écriture est fine, allongée, intelligente et sans caractère, — une écriture de maître d'écriture.

Il promet et laisse surtout entendre qu'il promet.

Voilà la cinquième fois que M. Ch. Tissot fait son ministère en promettant des places.

S'il arrive au ministère, il n'y aura pas un seul de ceux qui comptent sur lui qui ne soit déçu.

Le surlendemain de sa nomination, bien des figures allongées erreront mélancoliquement dans les longs couloirs du palais du quai d'Orsay. — Sans compter que M. Chaudron de Courcel (1) descendra du cabinet de la direction politique et qu'il ira se casser les pieds à quelque endroit de l'escalier. On le transportera peut-être dans le fauteuil vide de M. Herbette, ou du comte Horace de Choiseul, dans le cas probable où M. Spuller viendrait au ministère.

Ne vous fiez pas à M. Tissot. M. Tissot a l'indépendance du cœur.

Il sait se dérober à temps aux liaisons dangereuses.

M. Tissot est un diplomate intelligent, rompu aux affaires. Il rédige des dépêches admirables. Il est plein

---

(1) Voir plus loin pages 24 et suiv.

de talent et d'instruction. Il est bon archéologue et, à ce titre, correspondant de l'Académie des inscriptions, officier d'Académie et grand officier de la Légion d'honneur.

Il a fait différentes publications archéologiques, *les Proxénies grecques*, et leur rapport avec les institutions consulaires modernes, des travaux sur les voies romaines au Maroc : livres trop spéciaux pour le public, mais savants, ingénieux et bien écrits.

Il a, depuis quelques mois, envoyé de Constantinople à M. Roustan des mémoires manuscrits sur la Tunisie où il a résidé, dont j'ai eu la copie sous les yeux, et qui m'ont paru des modèles de clarté.

M. Tissot tient de son père (qui fut longtemps professeur de philosophie à la Faculté de Dijon, et fit de très nombreux ouvrages) le goût qu'il a gardé des études sérieuses.

On ne s'imaginerait d'abord pas qu'avec sa conscience de savant et ses préoccupations archéologiques, M. Ch. Tissot ait un goût très déterminé pour les femmes.

Il flirte à Néris, il flirte à Contrexéville, il flirte avec hâte et impatience. Il a le don de plaire. Pendant le cours d'une longue carrière, il a mieux fait encore à Tunis, à la Corogne, à Salonique, à Mostar, au Monténégro, à Rome, à Jassy, à Tanger, à Fez, à Athènes et à Constantinople où il est permis de sultaniser.

Il eût promis mariage à Rarahu, s'il eût été à Taïti comme M. Pierre Loti.

M. Tissot est un homme de bureau, mais, pas plus que M. Sarcey, il ne peut longtemps se tenir en place.

M. Tissot est plein de contrastes.

Il paraîtra étonnant, pour ceux qui le connaissent peu, que l'homme affable et plaisant qu'on voit ait des retours subits de tristesse et d'hypocondrie.

Il se plaît à vivre au dedans et renfermé. Son caractère est retourné. Il a tout à coup des poussées d'affectuosité et des mélancolies un peu nerveuses. Il ne voit plus du tout le monde en rose. Bien qu'il soit ambitieux, il s'abandonne, et, dans ces moments, en la développant il sert mal son ambition.

Il y a à ces changements d'humeur des raisons physiques.

Si M. Tissot était un plus grand homme, et qu'il eût plus puissamment pesé sur nos destinées, je lui dirais :

— Prenez garde au grain de sable de Cromwell !

M. Tissot connaît le spasme des reins plus douloureux que la gravelle, les tremblements, les refroidissements de la peau, les vomissements opiniâtres. Il connaît les bains chauds prolongés, les frictions belladonées et l'emploi des courants électriques continus.

— Ce n'est pas gai.

Je plains M. Tissot de tout mon cœur. — Mais cela peut très mal faire nos affaires. A Londres, par exemple, en 1870, il souffrait à ce point qu'on ne put avoir sa signature pour retirer à temps plusieurs millions de la maison Rothschild. Ce qui faillit amener quelque trouble en nos affaires.

Pourtant j'aime encore mieux qu'il ait le corps que l'esprit malade, comme tant d'autres qu'on voit.

M. Tissot a transporté dans les affaires du pays la

souplesse et les volte-face qu'il montre dans les affaires privées.

Il est flexible. Il plie sans jamais rompre. Les temps ont voulu qu'il fût la plume de M. Gambetta.

Quand il s'agit de déterminer, au ministère des affaires étrangères, la véritable nationalité des Albanais, M. Tissot dans un premier rapport admirablement fait, déclara que les Albanais étaient de race autochtone, — ce qui déplut au Palais-Bourbon.

Dans un second rapport, non moins bien fait, il déclara de suite que les Albanais étaient de race grecque.

Il est permis de croire qu'il prit le mot de M. Joseph Reinach, de passage alors à Athènes. Ce n'est pas la valeur de ce jeune homme, instruit et raisonnable, qui dut en imposer à la longue expérience de M. Tissot. Mais il paraissait être la parole vivante du maître. Car M. Reinach fait valoir l'amitié à laquelle il s'est lié, avec un savoir-faire remuant, tenace et discret, admirable à considérer. Il ne perd rien. Je crois pourtant qu'il commence à fatiguer les gens auxquels il s'attache. Mme Ed. Adam le recommanda un jour pour un poste diplomatique à l'une de « ses chères Excellences », comme elle écrit: elle le recommandait avec lassitude et bonté.

— Croyez-moi, disait-elle, notre ami Reinach ne prend toute sa valeur qu'à distance. » On ne peut être meilleure femme et plus fine.

M. Tissot vit M. Reinach de près. Il crut devoir écouter ses paroles et celles de M. Gambetta.

Je m'en tiens à cet exemple de souplesse de la part d'un homme de la valeur de M. Tissot.

J'ennuierais le public en rappelant la mission Thomassin, offerte par M. Tissot, les encouragements donnés à la mobilisation de l'armée grecque; notre air piteux au moment de la délimitation des frontières; puis la façon dont Midhat-Pacha, réfugié au consulat de Smyrne, en territoire de capitulation, a été livré à une juridiction exceptionnelle, afin d'empêcher la Porte de venir troubler nos opérations financières en Tunisie... etc., etc.

M. Tissot a jusqu'ici exécuté en Orient les idées du Palais-Bourbon.

Il s'est montré d'une rare habileté à se tortiller, à prendre les postures et à montrer à M. Gambetta la face qu'il fallait, — à plaire en un mot.

Quelle nouvelle apparence va-t-il se donner, une fois ministre?

Pour ma part, je crois qu'il sera meilleur ministre qu'ambassadeur.

La crainte d'être desservi à distance rend timide et méfiant. Il est difficile de plaire à M. Gambetta de loin. Les flatteries présentes ont une grande action sur lui.

Ce gros homme est mobile, irritable et mal instruit. On le retourne assez facilement sur le détail et sur le fond des choses. Il y a encore moyen d'agir sur l'ancien étudiant, bon enfant, madré et bouffi. D'autant qu'il a l'intelligence ouverte, malgré ses entêtements coléreux; il n'est pas incapable, malgré sa grossièreté, d'éclairer sa vaste ignorance avec une grosse bonne volonté qui est parfois puissante.

L'avez-vous, par exemple, entendu causer avec M. de Blowitz?

La scène est amusante et mérite d'être rapportée.

Écoutez :

— Vous n'avez rien entendu, ni vous, ni M. Ranc, au Congrès, lui disait M. de Blowitz quelques jours après le Congrès de Berlin.

— Comment ça? reprit M. Gambetta.

— Vous n'avez vu que l'œuvre apparente. Vous n'avez vu que le profit qu'en avaient retiré quelques-uns des États représentés au Congrès. Le traité de Chypre, l'annexion déguisée de la Bosnie et de l'Herzégovine, l'agrandissement de la Russie, de la Serbie et du Montenegro! etc.

Et M. de Blowitz développa son idée.

M. Gambetta écoute attentivement, pèse les raisons de M. de Blowitz et résume avec « sa vigueur habituelle » l'impression qu'il en reçoit.

— Votre résumé est admirable, monsieur Gambetta! s'écrie M. de Blowitz, et je vous fais mes félicitations.

— C'est bien; je vous autorise à publier ce résumé demain dans le *Times*.

Puis, M. Gambetta, se tournant vers M. Ranc :

— Par ordre exprès, on reproduira l'article du *Times* après-demain dans la *République française*, — et sans commentaire.

Et voilà, sur un petit discours de M. de Blowitz, la politique de M. Gambetta et de la France gambettiste toute retournée!

Cette scène diplomatique est d'une scrupuleuse exactitude.

Quel besoin M. Gambetta a-t-il donc eu de voir M. de Bismarck, puisque M. de Blowitz suffisait?

Il sera facile à M. Tissot d'être le Blowitz de M. Gambetta et de mettre une ficelle à ce grand cerf-volant.

C'est un rôle à prendre. M. Tissot le prendra. On espère qu'une fois au quai d'Orsay, il apprendra un peu de diplomatie au président du futur conseil.

Mais je tiens d'autre part à prévenir M. Gambetta que chez M. Ch. Tissot, le côté « ancienne carrière » amènera peut-être des résistances inattendues, — et que le nouveau ministre, malgré ses complaisances, est peut-être homme à faire un coup d'éclat sur une question de ce genre.

A moins qu'il ne cède, ce qui est encore bien possible.

M. DE SAINT-VALLIER

Vendredi 10 novembre 1881.

M. de Saint-Vallier descend de l'illustre maison de Saint-Vallier. Un de ses ancêtres se couvrit de gloire à Marignan, et l'histoire mêle son nom au nom de Diane de Poitiers.

Il ne possède pourtant ni le château de Saint-Vallier, près de Valence, ni les papiers de la famille, qui sont aujourd'hui régulièrement entre les mains du comte de Chabrillan.

Les armoiries sont blasonnées, d'azur à la tête et col de cheval animé d'or, au chef cousu de gueules chargé de trois croisettes d'azur. Les délicats remarqueront qu'il y a là couleur sur couleur, ce qui n'est point ordinaire et ne se voit guère que dans les armes de Godefroy de Bouillon.

La devise des La Croix de Saint-Vallier est :

Indomitum domuere cruces.

Ce qu'une méchante langue a traduit un jour :
« Les grands cordons ont dompté l'Indomptable. »

M. de Saint-Vallier est tout aristocratique. Il a le meilleur air. Cinquante ans. Grand, sec, le visage exsangue, d'une maigreur extrêmement distinguée, « un fantôme sans os », comme on eût dit au temps de ses ancêtres et de Ronsard. Il avait des favoris châtains et grisonnants, les cheveux plats et le cou serré dans un grand col blanc. Aujourd'hui il porte toute sa barbe, noire et luisante. La correction même.

M. de Saint-Vallier ne remet jamais une lettre au lendemain. Il a des habitudes d'ordre méticuleuses. Il prépare un dossier mieux qu'homme de France. C'est une harmonie parfaite de bureaucratie et d'aristocratie mélangées.

Ce malade qui ne mange point, boit du lait et a sans cesse un petit mouchoir aux lèvres, ne vit que pour les affaires.

Il fut, après les diverses étapes d'une carrière consciencieusement suivie depuis 1852, détaché, en 1863, au ministère d'État, où il rendit de bons services pendant trois ans consécutifs ; puis il fut appelé, sur sa demande pressante, comme chef de cabinet auprès de M. de Moustier aux affaires étrangères.

M. de Saint-Vallier n'a jamais manqué d'habileté à se pousser. Pour atteindre au but qu'il se propose, tous les hommes lui sont bons. Il sait les flatter aux bons endroits. — Il fallait le voir jeune, empressé et charmant avec la fille et la femme de M. Rouher, le ministre d'État. Comme il était à leurs pieds et faisait sa cour ! Et puis, rentré chez lui, comme il méprisait ces bourgeoises spirituelles et leur en voulait de ne se laisser prendre qu'à demi à ses jeux d'ambition bien réglée !

Comme il savait vite aussi rebrousser sa fierté hautaine. Sous l'Empire (vers le moment où Mérimée écrivait ses dernières *Lettres de Panizzi*), à un bal masqué, où M. Chasseloup-Laubat avait réuni au monde impérialiste quelques représentants du faubourg Saint-Germain, on vit M. de Saint-Vallier tendre la main à l'un de ses amis, bourgeois honnête, collègue intelligent — et admirablement costumé. Un de ses pairs lui demanda avec curiosité le nom du jeune homme si bien mis à qui il venait de donner la main, et M. de Saint-Vallier, en s'excusant :

— Ne faites pas attention, simple connaissance d'affaires !

Le trait particulier du caractère de M. de Saint-Vallier est le mépris qu'il a pour le reste des hommes. Ce mépris pourrait être fécond si son esprit était moins étroitement personnel et moins uniquement concentré sur lui-même.

Il rapporte tout à soi avec une méthode et une bonne foi irrésistibles. Il continue de suivre son chemin avec une parfaite inconscience. La préoccupation qu'il a de lui le prive de toute autre conception. Son intelligence s'est pour ainsi dire toute refermée sur lui-même. Aucune hauteur de vues, aucune générosité inutile. Il s'agit bien de la France, il s'agit auparavant des Saint-Vallier.

Lorsque le marquis de Saint-Vallier vient à Berlin voir son fils, c'est lui qu'on met aux fenêtres pour saluer l'Empereur.

Si notre ambassadeur dîne avec l'impératrice d'Allemagne, il retient pour lui seul l'honneur qui lui est fait et n'en donne rien au pays qu'il représente.

S'il reçoit l'Aigle noir des mains de l'Empereur, c'est une faveur particulière qu'il obtient. Il n'en détache rien, ni pour l'ambassadeur de France à Berlin, ni pour le sénateur centre-gauche, collègue de MM. Henri Martin et Waddington.

M. de Saint-Vallier est à Berlin l'ambassadeur de la maison de Saint-Vallier.

Cet orgueil natif aurait une allure qui ne serait pas déplaisante, s'il n'était pas exclusif et s'il le laissait plus libre de lui-même.

Prenez la collection des dépêches aux journaux.

Il ne passe pas un chien coiffé à Berlin, qu'il ne donne à dîner; le lendemain, on lit dans les feuilles : « Le comte de Saint-Vallier, entouré de son personnel, a reçu hier... »

S'il se transporte au château de Coucy-les-Eppes, où il est né, on lit : « Le comte de Saint-Vallier est allé toucher ses fermages dans l'Aisne. »

L'énumération serait monotone.

Le mois dernier, une dépêche de l'Agence Havas citait un article de la *Gazette de Cologne*, déclarant que l'empereur Guillaume entendait bien garder auprès de lui M. de Saint-Vallier.

L'article, cité avant l'heure, ne parut que deux jours plus tard dans la *Gazette de Cologne.*

Le *Temps*, lui-même, fut scandalisé de la précipitation de notre ambassadeur à se faire appuyer.

M. de Saint-Vallier a des agents particuliers qui courent pour lui les ambassades, les ministères, les rédactions, afin de soutenir sa notoriété et répandre de ses nouvelles.

Je dois dire qu'il leur est reconnaissant et les traite bien. Il n'abandonne point ceux qui sont de sa livrée, ce qui est encore d'un grand seigneur.

Il donne de l'importance aux petites choses qu'il entreprend. C'est ainsi qu'il vient d'obtenir, pour les affaires qu'on lui adresse, un troisième courrier. On a dédoublé, pour lui, le courrier de Vienne qui passe maintenant par Berlin.

Il se retient de son mieux au poste qu'il occupe.

S'il donne sa démission, ce n'est que pour la mieux reprendre. Il se redresse plus fort chaque fois qu'il touche terre.

Il a fait cette profession de foi :

— Si je demande la République définitive, c'est que je ne veux ni aventures ni coup d'État!

L'aventure et le coup d'État seraient que tout autre que lui fût à Berlin.

Il est d'ailleurs si naturel de raisonner ainsi.

Tout le rôle de M. de Saint-Vallier a été de rebâtir l'ambassade de France à Berlin (600,000 fr.). L'ancien bâtiment déparait la Pariserplatz, où l'empereur Guillaume passe pour se rendre sous les Tilleuls. L'Empereur clignait des yeux. M. de Saint-Vallier, saisissant la nuance, ordonna la construction. Sa Majesté lui en sut gré.

Il est certain que M. de Saint-Vallier est personnellement très bien en cour ; c'est en sachant ce qu'un homme noble doit à un souverain qu'il sait plaire, mais il s'inquiète peu de ce que la faveur impériale peut donner d'avantages effectifs à la France.

Il cède doucement, lentement, poliment, soigneusement. Il cède en même temps sur tous les points à la fois. Nous nous abaissons mollement comme les malades qu'on craint de remuer et pour qui l'on a des lits mécaniques qui les portent jusqu'à terre sans douleur ni secousse.

Tout va bien à Berlin, dit-on ! Il est difficile qu'il en soit autrement. On finit par gagner les gens à s'aplatir devant eux avec patience et entêtement. Et ce n'est pas le comte de Saint-Vallier qui fait ainsi, mais seulement notre ambassadeur.

M. de Saint-Vallier devrait donner au pays qu'il représente la belle tenue qu'il garde pour lui-même.

Quoique ce diplomate ne soit pas un grand ami de M. Gambetta, je crois qu'il est aussi nuisible au pays que M. Gambetta lui-même.

Tous les deux ont pris un genre différent pour nuire. — L'un a des éclats guerriers qui lui partent quand il est ivre à Cherbourg ; — l'autre, toujours à jeun, a des dépêches débilitantes qu'il nous inocule. Quoique je préfère l'un à l'autre, ces deux genres sont dangereux, surtout quand ils sont employés en même temps. Le pays ne peut à ce jeu que gagner en faiblesse et en ahurissement.

Et ne croyez pas que les complaisances extrêmes

que M. de Saint-Vallier impose à nos pauvres diables d'hommes politiques soient faites pour éviter ce qu'ils voudraient empêcher.

M. le comte de Saint-Vallier a, en forme de devise, placé au-dessus du cimier de ses armes, le cri : « Guerre! » Il semble que ce soit une ironie du sort pour ce pacificateur.

M. de Saint-Vallier se croit trop grand seigneur pour se perdre ou s'avilir en servant la République. Il se met à part dans l'État, et pourvu que les apparences tournent à son honneur, peu importe que tout passe autour de lui.

En lisant ses dépêches au ministère des affaires étrangères, les gens qui nous gouvernent peuvent se convaincre qu'il n'a rien dit ou rien fait de compromettant pour lui-même. Il n'est engagé nulle part. Il est à couvert. Quel que soit le gâchis, il en sortira intact.

Quoi qu'on puisse dire contre M. Gambetta, on ne fait tout de même de grande besogne qu'en s'animant et en se compromettant pour quelque chose. Les grandes intelligences n'ont jamais été si prudentes pour elles-mêmes. Chez M. de Saint-Vallier cette puissance d'amour-propre ne fait que témoigner d'une médiocrité avisée et superbe.

M. de Freycinet disait l'autre jour :

— Je ne suis pas un révolutionnaire, je suis un réorganisateur.

Ce qui fit faire cette réflexion auprès de moi :

— Je vois en effet assez bien M. de Freycinet tenant les rênes d'un grand désastre.

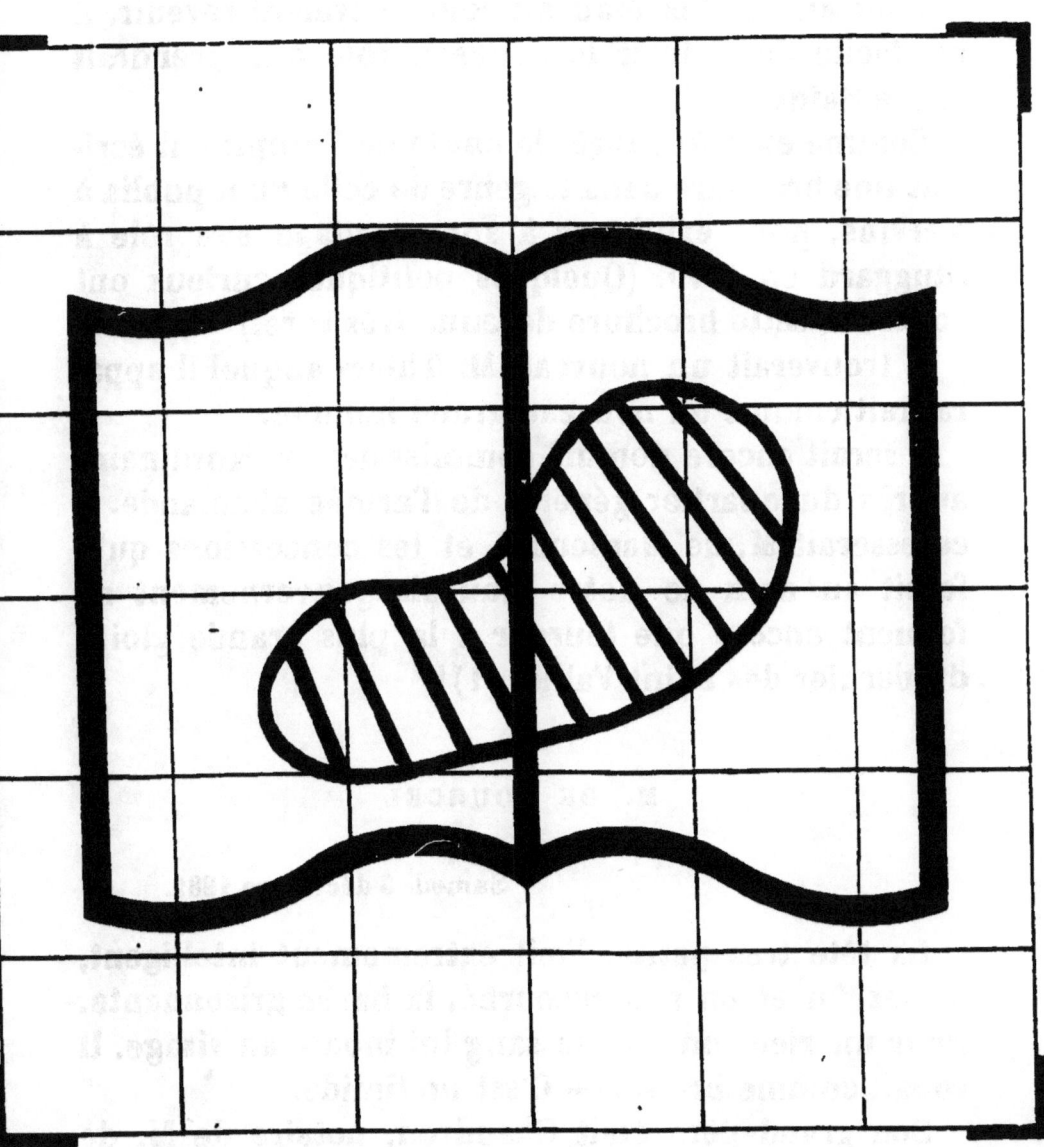

Je ne suis point si pessimiste.

Pourtant, si les mauvais jours devaient revenir, il est facile de prévoir le nouveau rôle que prendrait M. de Saint-Vallier.

Comme en 1870, après la chute de l'Empire, il écrirait une brochure dans le genre de celle qu'il publia à Vervins, pour expliquer à son avantage son rôle à Stuggard en 1870. (Quelques politiques curieux ont conservé cette brochure devenue très rare.)

Il trouverait un nouveau M. Thiers auquel il apparaîtrait comme un nouveau grand homme.

Il serait encore nommé commissaire extraordinaire auprès du quartier général de l'armée allemande. Il caresserait M. de Manteuffel, et les concessions qu'il ferait au nom de notre mauvais gouvernement ne feraient encore que tourner à la plus grande gloire du dernier des Saint-Vallier (1)!

M. DE COURCEL

Samedi 3 décembre 1881.

La tête très petite, l'œil extrêmement intelligent, le nez fin et un peu recourbé, la barbe grisonnante. Pour un rien, un flot de sang lui monte au visage. Il rougit comme braise. — C'est un timide.

Son grand-père était Chaudron, notaire de M. de

---

(1) Depuis, M. de Saint-Vallier a voulu défendre au Sénat la politique de la droite et a subi sans éclat les échecs de l'opinion conservatrice. Sa parole, un peu diffuse, est très loin d'avoir la portée de celle de M. Buffet. Est-ce que l'esprit de M. de Saint-Vallier ne manquerait pas aussi de netteté? J'ai peut-être dans ce cha-

Talleyrand, et son fils, père de notre ambassadeur, accompagna le prince à Londres, vers 1830. Le prince de Bénévent trouva que le nom sonnait faux, et lui fit prendre le nom de Courcel, nom d'une petite ferme, située en face de sa propriété d'Athis, non loin de Juvisy.

Son père épousa Mlle Boulay de la Meurthe, sœur de l'ancien vice-président de la République et de l'ancien président de section au Conseil d'État.

L'homme d'aujourd'hui est solitaire, concentré, vivant en famille. Sauf le temps où il était au cabinet de M. Drouyn de Lhuys et ornait de sa présence assidue et dévouée les salons de Mme Drouyn de Lhuys, on l'a peu vu dans le monde. Il est pourtant du monde. Il plairait en toute circonstance, sans la manie qu'il a de parler anglais avec un déplorable accent français.

C'est un homme d'intérieur, un *uxorius*.

Il a si bien retiré sa vie du monde, qu'il a presque toujours demeuré au boulevard Saint-Michel, là-bas, là-bas, tout près de l'Observatoire.

Le trait est caractéristique.

Le baron de Courcel a l'intelligence vive, les idées générales très claires, un sens très haut de la patrie française.

Il a beaucoup travaillé. Il a vécu quelques années en Allemagne, à Heidelberg. Il est docteur de je ne sais plus quelle Université allemande. Instruit, attentif, consciencieux, il s'est toujours vivement inté-

pitre trop cherché le mobile, trop voulu indiquer la cause. M. de Saint-Vallier m'est apparu depuis, un peu moins calculé, et je l'aime mieux ainsi.

ressé aux choses de l'histoire, ce qui a donné à son intelligence un élan que la vie du bureau au quai d'Orsay semblait devoir retenir. Son style est bon, mais se ressent un peu du séjour en Allemagne.

Il a fait une carrière régulière dans les bureaux du ministère, et les faveurs dont il a été l'objet étaient raisonnables. On dit même qu'il a refusé pendant cinq années d'être lui-même officier de la Légion d'honneur, trouvant qu'un collègue, pour qui il voulait obtenir cette distinction, la méritait mieux.

Ceci ferait aimer l'homme.

M. de Courcel est baron. Les sollicitations de M. Drouyn de Lhuys lui obtinrent ce titre sous le second Empire.

Il en fut longtemps reconnaissant.

Le baron Chaudron de Courcel porte *de gueule à trois petits chaudrons d'or,* mais, depuis 1870, au lieu du **tortil de baron**, je ne sais pourquoi il a adopté une couronne de vidame de fantaisie.

Cet ancien titre demi-ecclésiastique lui convient d'ailleurs assez bien. Il n'est pas en effet d'homme plus religieux que lui. — Il est vrai de dire qu'il est gallican et qu'il a une idée très nette des droits et des devoirs de l'État vis-à-vis de l'Église.

III

M. ED. ABOUT

HOMME POLITIQUE

Mardi 10 janvier 1882.

On ne s'ennuyait pas à Compiègne sous l'Empire.

On chassait, on dansait, on causait de la plus aimable façon. On y faisait des épigrammes sur les gens présents, à commencer par Leurs Majestés. On raillait l'Empereur sur son goût pour les antiquités romaines, l'Impératrice sur sa façon de meubler et d'arranger les appartements de manière qu'on ne pût plus s'y remuer. On laissait s'amuser les personnes qu'on invitait. M. Leverrier montrait dans une lanterne magique la lune et les étoiles photographiées, etc...

L'Empereur était doux, accueillant, indulgent et tenait les gens à distance avec une incroyable affabilité. Souvent dupé, mais sans être dupe et bénévolement. L'Impératrice mettait tout le monde à l'aise, parlant fort plutôt que haut, et riant aux éclats dans le salon auprès de la grande galerie. Le Prince impérial, assis devant la table immense qui se trouvait au fond de la galerie, faisait des reparties et dessinait des zouaves pour le général Bourbaki. — Et M. About calculait déjà « que le prince aurait trente ans en 1886 » !

A peu près chaque soir, pendant le mois qu'on demeurait là, on jouait la comédie. Tantôt l'Empereur commandait un impromptu dont il donnait le sujet, tantôt on jouait une pièce du marquis de Massa. M. de Morny et Mérimée étaient tour à tour, ou en même temps, directeurs, régisseurs, acteurs et auteurs. Ponsard apportait des comédies. M. About lisait des vers — des vers de sa composition dédiés à l'Impératrice, et suppléait Alexandre Dumas pour improviser la charade.

M. About a toujours visé le théâtre sans bien atteindre le succès. L'entrain de ces soirées dramatiques où toute pièce réussissait sans peine, ne devait pas déplaire à l'auteur de *Gaetana*, représentée en 1862 à l'Odéon au milieu des sifflets continus, préparés par les braillards libéraux des écoles.

Comme M. About le dit avec crânerie dans le numéro de son journal du 2 janvier dernier, il est certain qu'au mois de novembre 1866, il passa six jours pleins à Compiègne. Il eût même pu dire qu'il était de la seconde série, que le maréchal de Mac-Mahon, le maréchal Canrobert et Bourbaki durent lui céder la place et qu'il n'arriva pas à temps pour la fête de l'Impératrice. Elle tombait le 15 du mois.

Car M. About, qui, je crois, demeurait alors dans les environs de la rue de Trévise, avait reçu une grosse enveloppe avec le large cachet de cire rouge et timbrée

en bleu de ces mots magiques : *Maison de l'Empereur ;
— service du grand chambellan.*

Il avait lu sur la carte glacée de couleur rose :

Par ordre de l'Empereur, le grand chambellan a l'honneur de prévenir M. E. About qu'il est invité à passer six jours au palais de Compiègne, du 22 au 27 novembre.

Signé : Duc DE BASSANO.

Réponse s'il vous plait.

Comme il l'avoue de très bonne grâce, M. About répondit si bien, qu'avec un peu plus de chance on eût peut-être retrouvé la lettre dans les papiers des Tuileries.

M. About dut alors se préoccuper de la culotte et du collant, du bas de soie noire et de l'escarpin. Il prit le train spécial mis à la disposition des invités à la gare du Nord. Il monta dans l'équipage qui l'attendait à Compiègne et suivit de l'œil la courbe habile de la voiture dorée qui l'amenait devant le perron d'honneur. Il passa devant les cent-gardes rangés dans le vestibule, suivit un huissier, foula les tapis de moquette dans les corridors et s'installa dans une chambre à rideaux de Perse à fleurs. Il s'habilla et descendit pour le dîner. La musique de la garde accompagna discrètement le repas, sans troubler les conversations. M. About prit ensuite le café dans la salle des cartes. Puis, sans doute pour se délasser, et bien que le temps fût humide, il alla prendre l'air, alluma un bon cigare sous les quatre colonnes ioniennes qui soutiennent le portique d'entrée et considéra, au clair de la lune, les statues blanches du parc mêlées aux grandes masses sombres des arbres dépouillés.

Il était chez lui. — Comme partout.

M. About n'avait pas encore trente-neuf ans. Il était alors tout blond, au lieu d'être tout gris comme il est à présent, et n'avait point encore de poches sous les yeux.

Toute sa barbe, le nez un peu fort, l'œil en dessous, mobile et pétillant, les cheveux épais et drus marchant tout d'une pièce, ramassé, râblé, un peu solennel et dandinant, parlant facilement, caustique avec de feintes modesties, tranchant et riant, n'ayant qu'une pointe, mais acérée, — un hanneton nourri de miel et de verjus.

Enfin plus jeune et ressemblant mieux au portrait sur fond bleu que M. Baudry a fait de lui en 1872 ou 1873.

M. About se montrait bon enfant, galant et spirituel, bien qu'on sentît qu'il se lâchât un peu trop dans les mots aussi bien que dans les attitudes et toute la personne. Car il n'a ni le goût parfait, ni la mesure. Ses familiarités soudaines se tournaient facilement en une camaraderie impertinente mais qui n'était voulue que par gêne et manque d'usage. Il se retenait le premier jour, mais il débordait au second. C'était très bien un homme à pousser ce compliment : « Mais, Madame, vous n'êtes pas si sotto que M. X... m'avait dit. » Il a de ces mots qui vous laissent coi. — Bref, il avait l'art d'interloquer les gens par des façons particulières.

On appelle quelquefois cela avoir de l'esprit.

Je veux bien. — Mais ce qui, à coup sûr, en manque, c'est de se jeter tout à coup aux genoux de l'Impératrice pour lui donner l'éventail qu'elle avait oublié sur un fauteuil, en agrémentant le tout de simagrées.

Ceci est mauvais. On peut se mettre aux genoux d'une souveraine pour lui offrir les clefs d'une ville qu'on a prise, par exemple. Mais il y a bien peu d'hommes qui soient en situation de pouvoir se risquer à s'agenouiller ainsi en « la faisant » à la familiarité. Je ne doute pas que M. About ne crût bien faire. Mais l'effet surprenant qu'il attendait ne causa que de la surprise, et la mise à l'aise qu'il cherchait amena ce silence hésitant, ce petit arrêt de gaieté, cette gêne imperceptible qui saisissent tout un salon devant une espièglerie un peu lourde.

Mais la cour était « non seulement très brillante, mais très aimable », comme il dit lui-même, et on ne lui en voulut pas le moins du monde. — On le connaissait. C'était un gros Benjamin gâté, dont les éclats, les coups de dent et les indiscrétions choquaient parfois mais amusaient souvent.

Il avait enfin cet avantage « d'être toujours dans la main » avec un air d'indépendance et de mauvaise humeur qui lui permettait de n'appartenir « ni au gouvernement quand même, ni à l'opposition à tout prix » (1).

M. About n'est pas « un homme d'entre deux eaux »,

---

(1) « M. About, dit Prévost-Paradol, a été longtemps et était naguère encore imbu de la doctrine de la souveraineté du but, et plus que bienveillant pour le gouvernement personnel. Démocrate ardent et convaincu, quoique brouillé dès ses premiers pas avec le parti démocratique, plein de confiance dans la puissance et la bonne volonté d'un seul, admettant volontiers l'existence d'une

— comme il dit, — il nage près du bord, et la tête hors de l'eau, pour mieux voir.

Ce que M. About a dit l'autre jour de la cour de Compiègne lui fait grand honneur. Qu'il ait été « flatté » de cette invitation. Très bien. Qu'il en ait été « surpris ». Non pas!

Du moins non pas autant qu'il veut bien le dire.

En 1864, M. About publiait le *Progrès* (qu'il eût mieux fait d'intituler le *Progrès pécuniaire*, Progrès où tout se paie plus cher) et il faisait cette dédicace extravagante à l'Empereur :

« L'auteur du *Progrès* à l'auteur de tous les progrès. »

Il n'y avait vraiment pas, après cela, de quoi être « surpris » de l'invitation à Compiègne, d'autant plus

sorte de gérant qui exercerait pendant la minorité intellectuelle du peuple français une dictature bienfaisante. M. About portait dans ce genre de chimère une bonne foi dont ses amis pouvaient seuls connaitre la mesure, car ses adversaires et tout le public lui trouvaient trop d'esprit pour croire une telle erreur très sincère. Pour moi, je n'ai pas oublié (il me pardonnera, je l'espère, cette indiscrétion inoffensive et toute à sa louange) le jour déjà bien éloigné où il me proposa, avec une amicale candeur, de venir travailler à huis clos, avec lui et une *troisième personne* au bonheur public. »

Les choses ont parfois plus d'esprit que les hommes. Prévost-Paradol estime qu'il faut de la candeur pour penser l'attirer dans le cabinet de cette « troisième personne » dont il est séparé par l'inflexibilité de ses principes orléanistes. Et peu de mois après il entre, avec une situation d'ailleurs médiocre, dans le gouvernement même de cette *troisième personne*.

Et puis voyez-vous, à mesure que Prévost-Paradol parle, combien on sait gré à M. About de n'être pas un doctrinaire. Eh! eh! le libéralisme autoritaire que vous reprochez à votre ami, du haut de votre fragile rigidité, est-ce donc une chose tout à fait mauvaise ; et votre libéralisme constitutionnel, est-ce donc une chose si évidemment bonne?

qu'il était encore à Saint-Cloud aussi bien qu'aux Tuileries.

Je n'y vois pas de mal. — M. Rouland, certes, valait bien M. Magnin ; M. Haussmann, M. Floquet ; l'amiral Bruat, M. Gougeard ; M. Baroche, Son Exc. M. Cazot, et le duc de Cambacérès, M. Mollard.

La dédicace du *Progrès* à l'Empereur résume tous les menus faits qu'on pourrait citer pour compléter le dossier impérialiste de M. About.

La façon dont M. About s'était engagé avec l'Empire n'avait rien que de très naturel et d'honorable pour un homme sans traditions, sans parti, né de lui-même à force de talent, et bien en cour sans s'être pourtant jamais exterminé pour la chose publique. Ce que, d'ailleurs, on ne lui demandait pas.

Ce n'était pas « un moineau lâché dans une cathédrale », comme il disait l'autre jour en parlant de son ami J.-J. Weiss, à propos de sa nomination aux affaires étrangères, mais c'était aussi un moineau, un moineau sans cage — et très apprivoisé.

Je m'occupe aujourd'hui de l'homme politique et non d'un des bons écrivains que nous ayons, que j'estime infiniment et qui fut assez alerte pour publier plus de trente-cinq volumes, où il s'en trouve beaucoup d'inutiles et quelques-uns d'excellents.

En 1871, le tour s'opère sur l'Alsace, où M. About avait été envoyé pendant la guerre, comme « reporter », dit Vapereau. M. About est né à Dieuze, qui fait aujourd'hui partie du cercle de Château-Salins. L'annexion le désespéra. J'en connais d'aussi sincères que M. About qui se sont moins plaints et ont plus souffert encore. J'ai connu des habitants de Strasbourg qui, pour avoir tout quitté, sont morts, morts de chagrin à Paris. — Mais passons. On ne peut rappeler ces souvenirs sans ramener de profondes émotions, et je ne sais si c'est ici le cas de s'émouvoir.

M. About ne savait où porter sa belle activité. Il était si ahuri et embarrassé que vers 1873, ne sachant plus trop que faire de sa liberté, il se laissa présenter chez le comte de Paris, et lui dit :

— Monseigneur, l'avenir de la France est dans ce salon.

Quelle était l'idée de M. About? Je n'en sais rien.

Mais M. About, qui a l'esprit léger comme une plume, a toujours eu la prétention de vouloir gouverner le monde. Il a eu l'idée d'être notaire dans sa jeunesse, depuis il a voulu être préfet, ministre plénipotentiaire, conseiller d'État. — Être enfin quelque chose d'officiel et de ministériel.

Après avoir publié le *Progrès*, il voulut exposer à Napoléon III ses idées et poser les conditions sociales sur de nouvelles bases. L'Empereur le pria de faire un mémoire. M. About le fit, on n'en tint pas compte; et M. About s'en froissa, car il est à la fois rageur et soumis. — Après 70, même jeu avec M. Thiers, qui lui répondit — et avec assez peu de raison d'ailleurs :

— Dans ma jeunesse, mon cher monsieur About, j'ai fait de la littérature, ce qui était beaucoup plus facile que de faire de la politique.

Enfin, M. Gambetta vint. M. About le trouva assez vaste et d'assez bonne pâte pour y faire son trou comme le rat de la fable.

Il le quitte aujourd'hui, parce que M. Gambetta

n'a pas sans doute tenu compte de ses observations politiques.

Décidément, M. About est né pour servir avec indépendance les gens qui parviennent. C'est la disposition particulière qu'il a de se donner et de se reprendre qui l'a fait à peu près réussir sous tous les gouvernements. Quoi qu'il en dise, c'est cette facilité à suivre les grands courants qui me fait avoir pour sa personnalité politique « cette indifférence aimable » dont il ne veut pas (1).

M. About se prend trop au sérieux comme homme politique.

Il devrait rester tranquille, ne point tant s'agiter de la nomination imprévue de M. J.-J. Weiss, et puisqu'il s'agit d'un vieux camarade, ne point tant faire le méchant.

(1) Voilà une page très caractéristique de M. Edmond About C'est la page sur le portrait du prince Napoléon exposé par M. Flandrin au Salon de 1861 :
« Le voilà bien, ce César déclassé que la nature a jeté dans le monde des empereurs romains et que la fortune a condamné jusqu'à ce jour à se croiser les bras sur les marches d'un trône : fier du nom qu'il porte et des talents qu'il a révélés, mais atteint au fond du cœur d'une blessure visible, et révolté noblement contre une fatalité qui sans doute ne pèsera pas toujours sur lui ; aristocrate par l'éducation, démocrate par l'instinct, fils légitime et non bâtard de la Révolution française ; né pour l'action, condamné à l'agitation sans but et au mouvement stérile ; affamé de gloire, dédaigneux de la popularité vulgaire ; sans souci du qu'en dira-t-on, trop haut de cœur pour faire sa cour au peuple ou à la bourgeoisie, suivant la vieille tradition du Palais-Royal. C'est bien lui qui sollicitait l'honneur de conduire les colonnes d'assaut au siège de Sébastopol et qui est revenu à Paris en haussant les épaules, parce que les lenteurs d'un siège lui paraissaient stupides. C'est lui qui, par curiosité, par désœuvrement, pour éteindre les ardeurs d'une âme active, est allé se promener, les mains

En 1864, après les sifflets de *Gaetana*, M. About trouvait très ridicules les étudiants qui auraient fait des remontrances au directeur de l'Odéon et empêchaient de jouer sa pièce.

M. About lui-même ne semble-t-il pas aujourd'hui faire comme eux? Ne dit-il pas comme eux?

—Oui, monsieur Gambetta, nous voulons bien de votre théâtre, nous aimons et estimons vos artistes, nous n'avons rien contre la pièce; mais nous ne permettrons pas que M. J.-J. Weiss joue son rôle intermittent.

M. About trouvait ce raisonnement stupide quand il s'agissait de lui-même.

Pourtant si le pivot de jalousie sur lequel il a tourné est mal choisi, je ne puis qu'approuver le tour qu'il a fait.

Il me plaît d'enregistrer que les actes du pouvoir et les provocations variées de M. Gambetta l'ont jeté dans les poches, au milieu des banquises du pôle Nord, où sir John Franklin avait perdu la vie. C'est lui qui a pris d'un bras vigoureux le gouvernement de l'Algérie et qui l'a rejeté parce que ses mouvements n'étaient pas tout à fait libres. C'est lui qui, hier encore, au Sénat, s'est placé d'un seul bond au rang de nos orateurs les plus illustres, écrasant la papauté comme un lion du Sahel écrase d'un coup de griffe une victime tremblante, puis tournant les talons et revenant à sa villa de l'avenue Montaigne, où l'on respire la fraîcheur la plus exquise de l'élégante antiquité. Si M. Flandrin a laissé dans l'ombre un côté de cette noble et singulière figure, c'est le côté artistique, délicat, florentin, par où le prince se rapproche des Médicis. On pouvait, si je ne me trompe, indiquer par quelques traits les grâces de cet esprit puissant, délicat et mobile, qui étonne, attire, inquiète, séduit sans chercher à séduire et entraîne les dévouements autour de lui sans rien faire pour les retenir. »

C'est bien là la vraie manière de M. About, il blesse même avec les meilleures intentions du monde, et chez lui l'apologie tourne vite au pamphlet — et sans qu'il le veuille.

dans « l'opposition déclarée », qu'il a trouvé « le gambades du tout-puissant » un peu fortes, les « sifflets » mérités, « l'attente déçue », le « plan de régénération sociale » raté, les « patriotes trompés » — et que l'homme « s'est suicidé ».

Mais si le « suicidé » allait ressusciter et parler ! Car il parlera. Que fera M. About, — si M. Gambetta réussit !

L'abandon de M. About est néanmoins un très bon signe pour ceux qui souhaitent la chute de M. Gambetta. Il a un instinct merveilleux pour abandonner à temps les vaisseaux qui brûlent.

Il n'y a pas trop à s'assurer sur lui pour un gouvernement malheureux, et M. About est fait de telle façon que personne ne s'en étonne, ni ne lui en veut, ni ne l'en blâme, — ni ne l'en loue.

IV

M. L'ABBÉ LOYSON AU CIRQUE

Lundi 24 avril 1882.

L'abbé Loyson (c'est ainsi qu'il s'intitule) ne perd pas une occasion de réclame, et bien qu'il soit dans la nature d'un apôtre de faire de la réclame, j'eusse néanmoins préféré qu'il mît dans les moyens de s'en faire toute l'honnêteté désirable.

L'affiche jaune qui conviait hier le public au Cirque d'Hiver pour entendre l'abbé Loyson discourir sur le *R. P. Monsabré, l'instruction laïque et l'Inquisition*, portait le nom du R. P. Monsabré en lettres aussi apparentes que le nom même de l'abbé Loyson. Ceci n'était sans doute imaginé que pour faire croire aux passants que la discussion publique demandée par l'abbé Loyson au R. P. Monsabré avait lieu en effet dans le moment même.

Eh bien! pas du tout. L'abbé Loyson a parlé tout seul et s'est donné raison, ce qui est bien naturel. Il a vaincu le R. P. Monsabré absent et a fait des mamours au gouvernement.

L'abbé Loyson a d'abord donné la préférence à M. Jules Ferry sur M. Jules Simon, « ce ministre philosophe », en se plaignant que ce dernier ait fait il y a cinq ans, dans ce même cirque, « surveiller et emprisonner sa parole par un commissaire de police ». Il a regretté « l'absence volontaire de son successeur à la chaire de Notre-Dame ».

Il a dit ensuite que « l'Évangile lui suffisait », — qu'il « restait dans la tradition de la Révolution », que « M. Henri Martin était un grand historien et un vrai républicain », — que « l'Église était l'action de Dieu dans le monde », — « qu'il n'accusait pas toujours les papes » mais que l'église de l'Inquisition qui était jadis comme « la hyène et le tigre, était maintenant comme le serpent qui siffle avec insolence », — que « la moitié du clergé de France était avec lui », — qu'il était « prêtre et père, qu'il avait le droit de parler au nom de la paternité » et « qu'il n'était pas manichéen ».

En 1869 le *Rappel* disait déjà, si j'ai bonne mémoire, quand le Père Hyacinthe quitta l'habit : « Le Père Hyacinthe a lâché son couvent, ce qui est sa façon de proclamer la République! »

On n'aime pas les défroqués en France, à quelque parti qu'on appartienne. On ne leur sait gré de rien. Et puis l'abbé Loyson ne touche personne en disant « qu'il demeure en Jésus-Christ et dans son église », et en faisant exposer au Salon de 1880 le triptyque de sa famille avec cette inscription : « J'ai cru en Dieu, et mon fils le servira. »

Le temps n'est pas assez favorable à la religion pour l'être aux réformes religieuses.

M. Loyson, quoiqu'un peu épaissi par l'âge, a conservé un beau profil de monnaie romaine, mais les yeux, gros, sont plus pochés encore qu'autrefois.

Il a bien encore le geste et l'élan du prédicateur, la majesté brutale et l'exaltation ambitieuse qui faisaient toute son éloquence, mais il s'y mêle maintenant une force de rancune, une violence de haine qui replie en lui-même tout son talent, le ramasse en un petit espace, rapetisse l'homme et ramène les controverses les plus élevées à de simples questions de boutique.

Ce qui donnait de l'élévation à l'ancien prédicateur de Notre-Dame, c'est qu'il semblait détaché de lui-même, comme il convient au prêtre catholique. Il parlait de la reconstitution de la famille chrétienne, du père, qui devait être « roi et prêtre dans sa maison ». Il s'attaquait à la morale indépendante, aux « sophistes », aux « corrupteurs », aux « profanateurs », et célébrait « l'amour et le mariage » avec une effronterie lyrique et une enflure romantique qui, pour surprendre les gens du monde, n'en émouvaient pas moins leur curiosité avant qu'ils n'eussent vu à quoi tendait toute cette poétique amoureuse et cette religion imaginative toute prête à déborder dans la réalité.

Ce fut un beau et étrange prédicateur qui tint, pendant cinq ans, la place de Lacordaire au milieu de l'étonnement silencieux des prêtres raisonnables et des catholiques rigoureux.

Mais ce qui avait sa beauté avec le vêtement de

bure brune et le long manteau blanc du carme qui sanctifiait tout, est devenu assez ridicule avec la redingote et le petit col blanc du curé de la Tertullia. Maintenant il cite ses textes une main dans la poche de son pantalon et rejetant de l'autre le parement de sa lévite.

Dans la chaire de Notre-Dame, tout son corps pouvait tout à coup se grandir grâce au petit tabouret dissimulé dans le coffre de la chaire où il se montait au milieu d'une période. De là il planait en imposant ses mains frémissantes sur la foule des fidèles assemblés.

J'ai regretté qu'hier au Cirque il n'ait pu nous ménager cet effet qui faisait bien dans la demi-ombre des hautes voûtes de Notre-Dame. L'orateur était devant nous un peu trop privé de son autorité et de ses moyens, — et, malgré le feu intérieur qui le brûle, il nous a laissé froid. On dirait maintenant un oiseau désailé. On riait parfois. Car le public a la cruauté des petits enfants. Heureusement que de temps en temps ses amis réconfortaient son orgueil par leurs applaudissements.

Et l'abbé Loyson parlait... et je crois même qu'il parlait de bonne foi. Cette bonne foi inféconde pourrait devenir respectable si elle ne l'aidait point à faire un retour perpétuel sur sa propre condition et sur l'état d'âme particulier où il est, — ce qui importe peu en somme et ne fait qu'intéresser un très petit nombre de curieux.

On m'a montré dans l'assistance, en vêtement de deuil, Mme Loyson (dont la courtoisie m'empêche de parler), — et l'abbé Bichery, qui, après avoir été faire amende honorable à Rome, est, paraît-il, revenu à Neuilly, où il s'est remis sans doute à monter des sacs de charbon, et à fournir des dindes truffées. Ce dont il s'était vivement plaint au procès Bichery-Loyson (1). Il est vrai que, depuis, le feu pasteur Stanley, doyen (*dean*) de Westminster, a laissé, dit-on, au fils de M. Loyson une rente viagère de vingt mille francs qui sert à l'entretien du culte.

On m'a montré aussi M. W. J. Crane, le célèbre et excellent dentiste américain de la rue Scribe, musicien consommé qui veut bien, par obligeance, tenir l'orgue à l'église de Neuilly.

On remarquait dans l'assistance, mêlés à la foule ordinaire, quelques protestants hétérodoxes, hommes et femmes, que cette rareté ecclésiastique attirait. Ils se reconnaissaient à leurs têtes ennuyeuses et à la gravité ardente avec laquelle ils suivaient les paroles de l'orateur. Je m'étonne de n'y avoir point vu M. de Pressensé. Mais il y était, n'en doutez pas. En tout cas, M. Henri Martin et Olympe Audouard étaient présents à ce spectacle.

Et puis — dois-je le dire — quelques filles étaient venues là, amusées par l'idée de voir un prêtre marié, — c'est du moins le sentiment qu'à la sortie j'entendis exprimer à l'une d'elles en termes extrêmement vifs.

Et je ne pus m'empêcher de songer au mot que dit un jour l'abbé Senac, — vieux gallican philosophe, ami de Bordas-Desmoulins, — trois ans avant le ma-

---

(1) V. pour ce singulier procès : *Causes criminelles et mondaines* de 1880, par Albert Bataille, pages 107 et suiv.

riage, à Londres, du Père Hyacinthe, de l'Immaculée-Conception :

— Je suis vieux, disait-il, j'ai vu bien des prêtres quitter l'Église et refuser l'obéissance à leurs supérieurs. Tous disent qu'il s'agit de doctrine et de discipline. Croyez-en ma vieille expérience, c'est toujours une affaire de culotte!

V

DARWIN

Samedi 29 avril 1882.

Charles-Robert Darwin, qui vient de mourir (1), était un grand vieillard de soixante-treize ans, ayant la mine robuste, l'air simple, la barbe inculte que les peintres donnent aux patriarches de l'ancienne loi. Aussi bien il vivait en patriarche dans son cottage, au

(1) Darwin est mort le jeudi 20 avril 1882. Il était né le 12 février 1809 à Shrewsbury. Il étudia dans les Universités d'Edimbourg et de Cambridge. Il fit partie de l'expédition du capitaine Fitz-Roy : le voyage dura cinq années. V. *Voyage d'un naturaliste autour du monde*, fait à bord du navire le *Beagle*, de 1831 à 1836, traduit de l'anglais par M. Ed. Barbier. Paris, Reinwald, éditeur, 1875. Ce premier ouvrage donne une bien puissante idée de la vie laborieuse que Darwin mena pendant les cinq années qu'il mit à faire le tour du monde, c'est-à-dire à faire la visite de son domaine.

Darwin est enterré à Westminster, dans les caveaux de l'église, sous la dalle du bas-côté de droite, si j'ai bonne mémoire.

V. *Revue des Deux Mondes* du 1er nov. 1887, un compte rendu du *Life and Letters of Charles Darwin*, 3 vol. in-8. Cette vie et ces lettres ont été publiées par Francis Darwin.

milieu d'une nombreuse famille empressée à le servir. Ses fils Horace et William et ses brus faisaient sans cesse pour lui des observations et des expériences et l'aidaient ainsi à réunir la plus grande somme de faits de nature qui soient jamais entrés dans une cervelle d'homme. Quant à ses petits-enfants, ils lui servaient de sujets, et il a fait, d'après leur rire, leurs larmes et leurs cris, des études de myologie d'une infinie délicatesse.

Le zèle de servir ce grand homme s'étendait de proche en proche. C'est ainsi qu'une dame de Leith-Hill Place, dans le Surrey, recueillit pour les derniers travaux de Darwin pendant toute une année des déjections de vers de terre, dans sa propriété. — « C'est une personne, disait Darwin, sur l'exactitude de laquelle je puis implicitement compter. » Lui-même faisait ses observations avec une extraordinaire sagacité (1).

(1) En voici un exemple. — « Les tubes des corolles du trèfle rouge commun et du trèfle incarnat (*Trifolium pratense* et *T. incarnatum*) ne paraissent pas, au premier abord, différer de longueur; cependant, l'abeille domestique atteint aisément le nectar du trèfle incarnat, mais non pas celui du trèfle commun rouge, qui n'est visité que par les bourdons; de telle sorte que des champs entiers de trèfle rouge offrent en vain à l'abeille une abondante récolte de précieux nectar. Il est certain que l'abeille aime beaucoup ce nectar; j'ai souvent vu moi-même, mais seulement en automne, beaucoup d'abeilles sucer les fleurs par des trous que les bourdons avaient pratiqués à la base du tube. La différence de la longueur des corolles dans les deux espèces de trèfle doit être insignifiante; cependant, elle suffit pour décider les abeilles à visiter une fleur plutôt que l'autre. On a affirmé, en outre, que les abeilles visitent les fleurs du trèfle rouge de la seconde récolte qui sont un peu plus petites. Je ne sais pas si cette assertion, récemment publiée, est plus fondée, c'est-à-dire que l'abeille de Ligurie, que l'on considère ordinairement comme une simple variété de l'abeille domes-

Cet esprit d'observation, Darwin l'eut aussi large, aussi puissant qu'il est possible. Qu'on rappelle le souvenir de tous les grands naturalistes et d'Aristote même, et on se convaincra que jamais la nature ne fut vue par un œil meilleur que celui du grand homme qui vient de mourir et nous laisse une magnifique représentation du monde animé.

Cette représentation ou, si vous aimez mieux, cette théorie, cette hypothèse, vous la nommez avec moi, c'est le *transformisme*.

Darwin a embrassé dans un examen à la fois minutieux et large les sujets les plus neufs : la fécondation des plantes par les insectes, les mouvements et les habitudes des plantes grimpantes ; les mœurs des plantes insectivores qui saisissent les mouches entre leurs griffes, les imprègnent d'une sorte de salive, les mangent et les digèrent.

Notre Institut a cru pouvoir, à la suite de ces magnifiques travaux, nommer Darwin son correspondant

---

tique commune, et qui se croise souvent avec elle, peut atteindre et sucer le nectar du trèfle rouge. Quoi qu'il en soit, il serait très avantageux pour l'abeille domestique, dans un pays ou abonde cette espèce de trèfle, d'avoir une trompe un peu plus longue ou différemment construite. D'autre part, comme la fécondité de cette espèce de trèfle dépend absolument de la visite des bourdons, il serait très avantageux pour la plante, si les bourdons devenaient rares dans un pays, d'avoir une corolle plus courte ou plus profondément divisée, pour que l'abeille puisse en sucer les fleurs. On peut comprendre ainsi comment il se fait qu'une fleur et un insecte puissent lentement, soit simultanément, soit l'un après l'autre, se modifier et s'adapter mutuellement de la manière la plus parfaite, par la conservation continue de tous les individus présentant de légères déviations de structure avantageuses pour l'un et pour l'autre. » V. *Origines des espèces*, traduction Ed. Barbier (Reinwald édit., 1880), pages 102 et suiv.

pour la section de botanique. Il le pouvait sans doute, il pouvait aussi mieux faire et s'associer le grand homme que toutes les Sociétés savantes du monde tenaient à honneur de s'attacher. Mais Darwin inspirait à quelques âmes des inquiétudes touchantes bien que mal fondées, et des colères respectables jusque dans leur puérilité.

L'Institut n'insista pas, il laissa dehors l'homme dangereux, le jugeant digne seulement de correspondre avec le Palais Mazarin pour la botanique :

— Le singe est compromettant, causons des orchidées, semblait-il dire.

Darwin a étudié aussi l'expression des émotions chez l'homme et chez les animaux, et ce sont, comme j'ai déjà dit, ses petits-enfants qui, conjointement avec quelques singes et quelques chiens, ont servi de sujets à cet extraordinaire grand-père. Mais rassurez-vous, ils en ont été quittes pour quelques barbes de plume passées sous le nez et autres menus tourments. Le tout accompagné de bonbons.

Darwin était le meilleur et le plus doux des hommes.

Ces travaux, si capables qu'ils soient d'occuper chacun une âme et une vie de savant, sont accessoires et pour ainsi dire épars dans l'œuvre du grand naturaliste. J'en dirai autant de ses études sur la formation des continents par le corail, qui furent, je crois, ses débuts, et sur la formation de la terre par les vers, qui parurent à Londres en 1881, qui n'ont point encore été traduites, mais dont il a paru une excellente analyse dans la *Revue scientifique* (1).

(1) 21 janvier 1882.

Mais ce qui est la grande pensée de Darwin, ce qu'on appelle justement le darwinisme, est contenu dans trois volumes dont voici les titres : *L'origine des espèces au moyen de la sélection naturelle; — De la variation des animaux et des plantes à l'état domestique; — La descendance de l'homme et la sélection sexuelle.*

Le darwinisme *suppose*... et à ce mot il faut bien nous arrêter.

Aucune théorie, ni celle-ci ni une autre, aucune théorie sortie d'un cerveau sain ne prétend donner une idée vraie et absolue de la nature; car cela n'est pas dans les moyens de la science. Les systèmes en soi sont toujours faux. Ce sont des dressoirs à idées qui permettent un arrangement commode de ce qu'il s'agit de mettre en ordre, ils font voir les choses sous un aspect nouveau. La science en somme aboutit, quoi qu'elle fasse, à une représentation *humaine* des choses, à une vue de la nature, qui n'a de vérité, de sens ou de réalité, que par rapport à l'homme. En d'autres termes, nous ne pouvons jamais sortir de l'anthropomorphisme. Et nous sommes bien sûrs, au moment même où nous observons un fait, que ce fait ne se passe pas en lui-même de la façon que nous le voyons.

Cette idée choque au premier abord et fait qu'on se récrie; mais il faut bien l'admettre à la réflexion, et la tenir néanmoins pour bonne.

Je disais donc, pour rentrer dans le vif de notre sujet, que le darwinisme *suppose* que les espèces ne furent point créées avec leurs caractères distinctifs, qu'elles n'étaient point à leur origine telles que nous les voyons maintenant, mais au contraire qu'elles sont devenues ce qu'elles sont par des changements très lents et constants, enfin qu'elles procèdent toutes de deux ou trois types primitifs.

Ainsi les zoophytes qui peuplaient les mers primitives ont donné naissance à des vers, lesquels, de progrès en progrès, se transformèrent en poissons, en amphibies et en quadrupèdes de toute sorte. C'est à dessein que je n'emploie pas les mots savants qui ont l'avantage d'être exacts et l'inconvénient d'être obscurs. — Les singes vinrent ensuite, puis l'homme.

Nous savons déjà, ce me semble, que l'homme est le dernier venu de la création. La Bible le dit, il y a, à cet égard, une pointe de darwinisme dans la Genèse.

Voilà le darwinisme ou du moins le principe du darwinisme.

Mais ce principe n'appartient pas en propre au naturaliste anglais.

Un naturaliste français du XVIII° siècle, Antoine de Monet de Lamarck, l'exposa le premier en 1809 dans sa *Philosophie zoologique*. Lamarck était plein de science ; il avait l'esprit vaste et vigoureux, mais c'était un mauvais écrivain. Au commencement de ce siècle il était vieux, pauvre et aveugle ; il ne plaisait pas à Bonaparte.

On ne fit point trop attention au malheureux grand homme, qui mourut obscur sous la Restauration.

Alors Cuvier régnait. Et la loi de Cuvier était la persistance des races. Il les voulait immuables. Vous êtes lapin, vous resterez lapin. Vous êtes éponge, vous resterez éponge.

Lamarck mettait au contraire le progrès des organes comme le prix de l'effort des animaux, et faisait sortir les races les unes des autres par voie de transformation.

Cette théorie qui n'avait touché personne en 1809 remua le monde quand Darwin la reproduisit sous une forme originale et nouvelle, il y a moins de vingt ans.

Le naturaliste anglais l'appuyait sur deux principes qui frappèrent tout le monde, savants ou simples lettrés, parce que ces principes sont vraiment naturels et que chacun de nous, pourvu qu'il vive, peut en sentir la profonde, la poignante, la terrible vérité.

Ces deux principes découlent l'un de l'autre et sont : la *Bataille de la vie* et le *Choix*. On a l'habitude entre savants de dire la *concurrence vitale* et la *sélection*. Ces termes sont barbares, mais ils reviennent aux premiers et, après tout, il suffit qu'on s'entende.

Il est certain que la vie est un combat et que les plus faibles sont mangés. C'est le plus clair du plan divin.

Darwin suit ce plan à travers toute la nature animée ; il cherche, il trouve les causes qui ont donné la victoire et la survivance aux uns, la défaite et la mort aux autres ! Et avec la mâle tranquillité d'un naturaliste philosophe, il reconnaît que le combat perpétuel donne perpétuellement l'empire aux meilleurs et aux plus forts.

De là, la loi du *choix* ou de la *sélection* : le faible meurt, le fort seul reste et procrée. La race y gagne.

Quand deux cerfs se sont battus toute une nuit pour une biche, le vainqueur est certes le plus fort et, par conséquent, le plus digne de créer à sa ressemblance.

Il semble en résulter que la force s'ajoutant sans cesse à la force, les espèces, en de très longs espaces de temps, franchissent insensiblement les limites apparentes où elles semblent renfermées et s'acheminent de métamorphose en métamorphose vers un état meilleur, à moins que les efforts des espèces ennemies et les fatalités du climat ne les rendent stationnaires ou ne les forcent à dégénérer.

Le darwinisme ainsi constitué a refait hardiment toutes les classifications des zoologistes et des botanistes et réduit l'idée d'espèce à celle d'un état passager.

Darwin, qui a assez de dire ce qu'il sait, ne dit pas ce qu'il ignore.

Mme Clémence Royer, qui a traduit la première en français le livre de l'*Origine des espèces* (1), n'a point eu de ces réserves. C'est « une rebelle », comme elle dit d'elle-même (2). Dans une préface fort savante et

---

(1) V. *Origine des espèces*, traduit en français par Mlle Clémence-Auguste Royer. Préface et notes, in-12, 1882, Guillaumin éditeur.

(2) Dans la préface des *Jumeaux d'Hellas*, sorte de roman en 2 volumes (Librairie internationale, Bruxelles, 1864), Mme Clémence Royer découvre bien ses violences intellectuelles : « Je veux tout d'abord te déclarer, lecteur, que ce livre est celui d'une rebelle qui le veut être, qui l'est plus dans sa pensée que dans ses actes et qui te le paraîtra moins encore en ces pages qu'elle ne l'est par conviction et par volonté. »

Mlle Royer est née à Nantes vers 1830, d'une famille royaliste. Elle fit en partie ses études au Sacré-Cœur, habita l'Angleterre, puis la Suisse, où elle ouvrit à Lausanne (1859) un cours de logique destinée aux femmes. Aujourd'hui c'est une vieille femme très maigre, qui a l'air d'une bourgeoise évaporée. Elle s'habille mal, met des fourrures en tout temps, fume et est l'amie de M. Pascal Duprat. Mlle Royer est solidement instruite, entendue; mais chez elle l'imagination emporte les facultés rationnelles

très claire, elle a tranché hardiment la question de la descendance de l'homme que Darwin avait réservée.

C'est alors que le scandale éclata.

L'homme descend du singe.

Être capitaine, négociant, chef de cabinet, magistrat, et procéder d'un singe! cela ne pouvait se souffrir.

Darwin ne l'avait pas dit, mais, entre nous, cela sortait tout naturellement de la théorie du *choix* ou *sélection*. Mais ce qui n'en sortait point du tout, c'était l'argument en faveur de la démocratie qui peut faire dire à M. Hovelacque par exemple :

— Darwin est mon homme!

Qu'y a-t-il de démocratique à ce qu'un lion mange une antilope et à ce qu'un chêne étouffe des herbes?

C'est même tout au contraire. Il n'y a pas de conception aristocratique pire que celle de Darwin.

Faut-il déraisonner sitôt qu'on parle politique? La sélection expliquée par Mme Clémence Royer, venant en aide aux démocrates est une rare bouffonnerie.

Darwin se fâcha tout rouge contre cette docte et enragée dame, et accrédita en France un traducteur moins compromettant, M. Edmond Barbier, qui, avec MM. Samuel Pozzi, Richard Gordon et Charles Mar-

---

comme chez les femmes d'amour-propre excessif. Darwin considérait la préface de sa traductrice comme étant l'œuvre d'un cerveau brûlé. Elle avait pris la mouche et s'était mise à régenter le grand homme. Car elle n'a point la bosse de la vénération. Elle sait tout, elle s'assimile tout, mais malgré une culture si variée et si raffinée, elle a des naïvetés d'enfant. Elle fonde en ce moment une société nouvelle de la libre pensée et fait des démarches pour que cette société, patronnée par le gouvernement, soit reconnue d'utilité publique. Cette femme singulière n'est point sans génie.

tens, nous rendirent fidèlement la pensée du maître dans les excellentes éditions Reinwald.

Pendant ce temps, l'Allemagne compromettait dangereusement la théorie de Darwin en l'appliquant à des poèmes géologiques et anthropologiques d'une étrange audace. On ne peut appeler autrement les travaux dans lesquels M. Hæckel vous analyse la psychologie des protistes qui n'ont jamais existé et reconstitue à un muscle près le singe duquel descend l'homme. Ce singe d'ailleurs n'est pas un singe.

Le terrible Hæckel nous est connu, en France, par les traductions et les études de M. Jules Soury, qui ne hait pas l'audace. Mais M. Jules Soury est du moins un écrivain, et quand il fait de la poésie métaphysique au lieu de faire de la science, ce qui lui arrive généralement, sa poésie est poétique. A la bonne heure!

M. Soury ne le dit pas, mais je crois bien que Darwin lui semble un peu faible et timide.

Les colères que souleva en France le darwinisme exaspéré de MM. Haeckel et Soury eurent, si l'on s'en souvient, un effet comique. On en rejeta toute la faute sur M. Littré, qui était pourtant bien innocent.

Littré écrivait tous les mois dans la *Revue de philosophie positive* que le darwinisme était une hypothèse et que la doctrine l'obligeait à rejeter toutes les hypothèses, celle-là comme les autres.

Mais le malentendu persistait et on le traitait sans plus de façon de gorille, de macaque et de chimpanzé : « Je ne sais d'où vient l'homme. — Vous êtes un singe. — Ni d'où vient le singe. — Vous en êtes un autre. »

La belle polémique!

Il en reste des images à deux sous que je recommande aux collectionneurs.

Cependant, le darwinisme ou, pour employer le mot le meilleur, le transformisme devenait une méthode que l'Allemand Schleicher appliqua avec succès à la philologie et le grand Herbert Spencer à la morale. Ces applications sortent de notre sujet, on les trouvera dans ces livres solides et pleins que l'Angleterre produit avec tant de fécondité et qui sont popularisés en France par les éditions Germer Baillière.

Au milieu du tumulte, Darwin resta ce qu'il était : bon Anglais, royaliste constitutionnel et chrétien (1).

Il n'a cessé de considérer Dieu comme le principe et la cause de cette nature dont il donnait une vue nouvelle. — Il désirait « ne pas conclure ». Et ce manque de conclusion n'est pas plus une faiblesse pour Darwin que pour M. Renan, qui, lui non plus, n'aime pas conclure.

Aussi la censure de quelques évêques anglicans affligea Darwin sans le troubler.

L'un d'eux l'ayant plaint de ravaler son origine jus-

(1) Le dimanche qui suivit la mort de Darwin (dimanche 23 avril 1882), le chanoine Liddon parla de ce grand homme dans la chaire de Saint-Paul. Il avait pris pour texte les doutes de saint Thomas. Le chanoine Liddon rappela « le jour où tous les hommes religieux combattaient les doctrines de l'auteur de l'*Origine des espèces* ». Il ajouta « qu'on était bien revenu de ces idées, qu'on savait bien aujourd'hui que les théories de Darwin ne sont pas hostiles aux vérités fondamentales de la religion et qu'il importe peu que l'action créatrice de Dieu se manifeste par catastrophes ou par évolutions progressives, puisque c'est tout de même son action créatrice et que réellement les grandes questions restent ce qu'elles étaient et ne sont pas touchées ».

qu'au singe, il répondit qu'il était plus fier des liens qui pouvaient l'attacher à un innocent animal que de ceux par lesquels il tenait à un orgueilleux prélat.

Et il continua à lire avec foi la Bible !

VI

DE L'HUMOUR (1)

Jeudi 22 juin 1882.

Si l'on demande à un Anglais ce que c'est que l'*humour*, il répondra que c'est un genre de comique d'une qualité supérieure et qu'on ne trouve qu'en Angleterre. Pour peu que vous gardiez quelque doute, il ajoutera que la chose est anglaise, puisque le mot est anglais.

En réalité le mot est habillé à l'anglaise, mais il est français. Voltaire le dit bien dans sa lettre à d'Olivet : « Les Anglais ont un terme pour signifier cette plaisanterie, ce vrai comique, cette gaieté, cette urbanité, ces saillies qui échappent à un homme sans qu'il s'en doute ; et ils rendent cette idée par le mot humeur, *humour*, qu'ils prononcent *yumor*, et ils croient qu'ils ont seuls cette humeur, que les autres nations

(1) A propos de *Diogène le Chien*, par Paul Hervieu (Charavay frères, éditeurs).

n'ont point de terme pour exprimer ce caractère d'esprit ; cependant c'est un ancien mot de notre langue, employé en ce sens dans plusieurs comédies de Corneille. »

En effet, Cléandre, dans le *Menteur*, dit de Cliton, après une bonne repartie : « Cet homme a de l'humeur. » Mais c'est dans Diderot, écrivain tout moderne, que nous trouvons le mot *humeur* dans le sens exactement que nous donnons au mot *humour*. Diderot décrit, dans un de ses *Salons*, une scène de confessionnal et il ajoute : « Cela demandait plus d'humeur, plus de force. »

Voilà pour l'origine ; quant à sa nature, est-ce, comme dit Voltaire, le vrai comique, la gaieté, l'urbanité, la saillie échappée ?

Dans son sens étymologique, l'humour est quelque chose de naturel, de spontané ; c'est l'expression du tempérament, l'effet des *humeurs*, comme on disait autrefois. Mais l'important n'est pas de savoir ce qu'un mot doit vouloir dire ; l'important est de savoir ce qu'il veut dire en effet. Si on ne considérait que les étymologies, on ne se comprendrait pas. C'est à l'usage qu'il faut regarder.

Jean-Paul donne de l'humour une définition qu'on pourrait peut-être résumer en ces mots : L'humour, c'est le comique du pessimisme ; un comique plus fin, plus profond que celui des comiques ordinaires.

C'est la bouffonnerie du sage (le sage n'est jamais optimiste) ; c'est l'alliance de la mélancolie et de la plaisanterie. Il faut être un penseur pour avoir de l'humour ; et cela n'est pas tout à fait nécessaire à un comique.

Rapportez tous les exemples d'humour qu'on cite à la définition de Jean-Paul, et vous reconnaîtrez qu'elle est assez juste. Nous pouvons nous y tenir. Aussi bien l'humour était une chose très chère à Schopenhauer, qui fut lui-même l'humoriste de la philosophie.

« Le mot humoristique, dit-il, est communément employé aujourd'hui dans le sens comique en général ; cela vient de la tendance déplorable qui nous porte à donner aux choses un nom supérieur à celui qui leur convient. De même que chaque auberge s'intitule hôtel ; chaque changeur, banquier ; chaque manège ambulant, cirque ; la moindre salle de concert, académie de musique ; tout potier, sculpteur : de même, le dernier farceur se fait appeler humoriste. Grands mots et petites choses ! »

Il me reste à considérer quel est le mode ordinaire, l'expression favorite de l'humour. M. Taine, qui a bien analysé le talent de l'humoriste, fait entrer dans la composition de ce talent : le goût des contrastes, — le peu de souci du public (l'humoriste se met en pantoufles ; à l'occasion il ôte sa chemise), — l'irruption d'une jovialité violente enfouie sous un monceau de tristesses, — le coup d'aile du poète.

Il y a cela, en effet, et mille autres choses qui dépendent de l'heure et de l'occasion.

Il y aurait mille exemples à citer tirés de Sterne, Swift, Dickens, Gogol, et de l'admirable *Don Quichotte*. Mais pour me placer tout de suite dans le cadre antique que M. Paul Hervieu a choisi dans *Diogène le Chien*, je préfère citer un exemple pris dans l'*Ane d'or*, d'Apulée. Il est d'autant meilleur à donner qu'on a dit que les anciens n'avaient point d'humour.

Lucius conte qu'étranger dans une ville de Thessalie, il se rendit au marché. Sa bourse était fort plate:

Je vis, dit-il, de magnifiques poissons dont on voulait cent écus, et que j'eus pour vingt deniers.

A l'instant même où je sortais, je fis rencontre d'un certain Pythéas, qui avait été mon condisciple à Athènes. Il resta un peu de temps à me reconnaître, puis il me sauta au cou.

— Mon cher Lucius, voilà certes longtemps que nous ne nous sommes vus! Ma foi, c'est depuis que nous avons quitté Athènes et les bancs de l'école. Et quel motif t'amène ici?

— Je te l'apprendrai demain. Mais que je te félicite! Tu as des huissiers, des faisceaux, toute la suite d'un magistrat.

— Je suis édile, me répondit-il, et inspecteur des marchés. Si tu veux quelque bon morceau, je te le procurerai facilement.

Je le remerciai, attendu que j'avais ce qu'il me fallait.

Mais Pythéas ayant aperçu mon panier, secoua les poissons pour les mieux examiner :

— Qu'est-ce que ce fretin, combien as-tu payé cela?

— Vingt deniers, avec toutes les peines du monde.

Ayant entendu ces mots, il me saisit par la main et me ramène dans le marché aux comestibles.

— Quel marchand, me dit-il, t'a vendu cela? C'est se moquer du monde.

Je lui montrai un petit vieillard assis dans un coin. A l'instant, en vertu de ses prérogatives d'édile, il l'interpella rudement :

— Vous n'en finirez donc pas, vous autres, de rançonner ainsi mes amis et tous les étrangers indistinctement. Vendre si cher de méchants poissons! Cette ville, fleur de la Thessalie, vous la rendrez, par le prix des denrées, aussi déserte que le rocher le plus sauvage. Mais vous me le payerez cher. Et toi, Lucius, tu vas voir comment sous mon administration les fripons sont tancés.

Alors, répandant la bourriche sur le pavé, il ordonne à l'officier qui le suivait de marcher sur les poissons et de les écraser tous avec ses pieds.

Se contentant de cet acte de sévérité, mon ami Pythéas m'engagea ensuite à me retirer.

— Cher Lucius, me dit-il, je veux bien me contenter de l'affront éclatant qu'a reçu ce vieillard.

Lucius s'en alla, admirant ce zèle administratif, qui le laissait sans argent et sans souper. Voilà de l'humour antique.

M. Paul Hervieu est un humoriste, dans le meilleur sens du mot.

Comme Sterne, il a ce pessimisme gai qui fait l'humour véritable ; tous les diables bleus de la mélancolie drôle dansent dans sa tête.

Ce petit volume de *Diogène le Chien* est, à cet égard, d'une originalité bien curieuse. Notre littérature en ce temps-ci n'est pas riche en humoristes.

Elle eut Rabelais, Scarron, Sorel, Furetière, La Fontaine, Hamilton, Voltaire, pour donner, chacun selon sa nature et ses forces, le chatouillement de la belle humeur et du bel humour. Elle a aujourd'hui, dans le ton voulu, le *Jean des Figues*, de M. Paul Arène ; quelques *Contes du lundi*, de M. Alphonse Daudet, et certaines parties du *Crime de Sylvestre Bonnard*, de M. Anatole France. Je citerai aussi dans un genre moins discret MM. Émile Bergerat, Rochefort, Grosclaude (1), et M. Eugène Mouton (Mérinos), bien

(1) M. Grosclaude a, depuis deux ou trois ans qu'il écrit dans

qu'il me semble quelquefois trop spécial et hors de mesure.

J'en oublie. Mais il y en a peu, en somme.

C'est généralement la mode des romantiques comme des naturalistes de ne jamais se dérider.

M. Zola craint d'avoir de l'esprit : il a bien tort. M. Paul Hervieu est naturellement spirituel ; et il est spirituel dans la manière que nous avons essayé de déterminer dans cette étude peu approfondie. Quelques lignes tirées de *Diogène le Chien* montreront parfaitement en quoi ce livre se rattache à ceux dont nous venons de parler.

Diogène, à qui son père a confié sa maison de banque, mange avec des courtisanes l'argent des clients ; plaintes, procès :

Diogène prit la fuite ; mais l'heure de la justice était venue. On enferma son vieux père, pour le restant de ses jours, dans une étroite prison.

Ce qui suit est de la plus spirituelle impertinence et ne se commente pas :

Diogène entama des relations avec une jeune marchande

Gil Blas, apporté une note nouvelle à la chronique contemporaine. Le genre d'esprit qu'il emploie est une sorte d'humour très bizarre et très surprenante qui consiste à trouver les analogies les plus lointaines et à les rassembler en des phrases très sobrement écrites.

Je tiens surtout à insister sur ce point qui me semble un cas très particulier dans notre littérature, c'est que M. Grosclaude persiste toujours à très bien écrire en combinant les pensées et les sonorités les plus folles. Le chroniqueur se permet tous les écarts possibles d'imagination sans que son style en soit le moins du monde dérangé. C'est un miracle d'équilibre. Ce style est comme un clown qui, en faisant mille cabrioles, donnerait en

de dattes phéniciennes. Tous deux aimaient à s'égarer, le soir, dans les ramures du Céramique, et ils s'y livraient à des jeux impurs, comme s'ils avaient été réellement mariés. L'intimité dura pendant les mois de thargelion et de sarrophorion, et se termina d'une manière amicale et naturelle, par suite de dégoût réciproque.

Un trait sur l'amour encore, l'amour qui est une chose généralement plus comique que ne le croient les amoureux :

Diogène se brouilla avec ses bons amis pour Nicidia qui le trompa; Nicidia voulut se noyer dans le fleuve Kalys, pour Diogène qui la battit cruellement. Mais le bonheur n'est pas éternel ici-bas. La pauvre Nicidia mourut subitement d'une indigestion.

Une définition des lois. Le propos est tenu à une troupe de voleurs :

même temps l'impression qu'il marche avec la tenue et la fermeté d'un diplomate anglais.
Les gens que M. Grosclaude vise, reçoivent dans le dos, dans la poitrine, sur la tête, sur les épaules et dans les jambes les coups les plus inattendus. Ils se secouent et cherchent d'où tombe cette grêle. Ils se trouvent en face d'un monsieur très comme il faut, immobile, l'œil placide et fort indifférent à tout ce qui vient de se passer. — « Mais, Monsieur, cependant.... dira M. Sarcey, par exemple, en s'apercevant tout à coup que M. Grosclaude l'a mis en chemise une chandelle à la main. — Cher monsieur... » répondra le chroniqueur du *Gil Blas* en saluant M. Sarcey le plus poliment du monde.
Et en voyant dans son adversaire un homme si poli, M. Sarcey éclatera de rire et, toujours en chemise, il tombera dans les bras de cet écrivain en habit noir qui fait rire et ne rit pas, et demeure toujours parfait dans la forme et d'un humour si correct.
Car M. Grosclaude a encore ce don inné chez bien peu d'entre nous, que ses plaisanteries les plus justes et les plus cruelles se changent, comme par magie, en une poudre de farine impalpable qui vous couvre de ridicule mais sans vous blesser.

Nul de vous ne l'ignore : vous tombez sous le coup des lois faites par les hommes pour être appliquées spécialement à ceux qui ne les acceptent point.

Une remarque sur l'honneur :

On peut dire « la croix » ou « ma parole » sans ajouter « d'honneur », parce que les croix et les paroles sont toujours d'honneur. Autrement, il faut spécifier : un garçon d'honneur, un punch d'honneur, un revolver d'honneur.

Je finis par une pensée qu'un homme d'esprit inscrirait volontiers sur la garde de ses histoires et collections de mémoires :

L'histoire est écrite par des gens impartiaux, et comme il y a des gens impartiaux dans tous les partis, il en résulte un complet désaccord.

Dans le *Diogène le Chien* de M. Paul Hervieu, l'ironie est concise et forte. Peu de mots et pleins de sens ; un récit sobre, avec les détails qu'il faut, et ceux-là seuls ; quelques réflexions courtes et qui remuent tout l'homme en nous : voilà les caractères du livre nouveau que j'ai lu et relu avec un intérêt et un goût qui seront partagés.

Ce précieux petit volume est en somme tragi-comique. Cela tient à ce que l'auteur pense hardiment et sent délicatement.

— Le monde, a dit Horace Walpole, est à la fois une comédie et une tragédie : une comédie pour l'homme qui pense et une tragédie pour l'homme qui sent.

VII

LES CURIEUX LITTÉRAIRES (1)

Jeudi 3 août 1882.

Le temps est loin où le petit M. Suard, faisant une préface aux *Caractères*, écrivait : « On ne sait rien de la vie de La Bruyère ; au reste, cela importe peu. » J'avoue que pour mon compte cela m'importe beaucoup et que je sais gré au regretté M. Édouard Fournier d'avoir retrouvé, après force recherches, quelques particularités de l'existence du grand portraitiste.

Un peu de curiosité ne nuit pas. Beffara et M. Eudore Soulié nous ont fait connaître Molière en robe de chambre, et cela valait bien la peine qu'ils ont prise de fouiller les greniers de vingt notaires.

Mais ceux-là, les Soulié, les Fournier, les Jal, sont

(1) Cette étude a été écrite à propos de *La Fontaine et Mme de Villedieu. Les fables galantes, présentées à Louis XIV, le jour de sa fête. Essai de restitution à La Fontaine*, par Louis Ménard. — Charavay frères, éditeurs.

les géants de la *curiosité*. Nous avons vu depuis les nains et les singes.

On vit, il y a une douzaine d'années, un certain Vrain-Lucas qui, faute de trouver des documents inédits, en fabriquait qu'il vendait ensuite fort cher. Il apporta au plus vieux géomètre du siècle, le bonhomme Chasles, des rapsodies copiées sur quelque obscur bouquin et signées Descartes, Pascal, Newton. M. Chasles communiqua la chose à l'Académie des sciences, qui l'examina gravement pendant des semaines et des mois. La docte compagnie s'avisa de tout, hors de mettre en doute l'authenticité du dossier; en sorte qu'elle fut mystifiée sans difficulté par un petit filou. Peu s'en fallut que Vrain-Lucas ne fournît un supplément définitif aux œuvres des plus grands esprits du XVIII° siècle.

Vrain-Lucas croyait les hommes bêtes; il avait raison. Mais il en arriva à les croire plus bêtes qu'ils ne sont.

Cédant à la douceur de se moquer immensément du monde, il glissa, moyennant finance, à M. Chasles une lettre autographe de Marie-Madeleine, datée de la Sainte-Baume, et contenant un éloge fort poétique du climat de la Gaule. Il y ajouta une billet également autographe, et libellé de la sorte:

« Laissez passer le nommé César.

« *Signé :* VERCINGÉTORIX. »

M. Chasles, qui avait puisé dans la pratique des mathématiques transcendantes une certaine quantité de raisonnement, n'admettait pas avec facilité que

4.

Vercingétorix et Marie-Magdeleine parlassent français.

Mais l'admirable Vrain-Lucas, qu'aucun assaut ne démontait, répondit au confiant géomètre que, les deux papiers ayant passé sous Charlemagne dans la bibliothèque d'Alcuin, ce savant homme avait bien pu les franciser en les recopiant.

En ce cas, la pièce était de la main même d'Alcuin. Ce n'est pas la même chose, mais cela vaut toujours bien cent sous.

Le français d'Alcuin est quelque chose qui surprendrait M. Gaston Paris ou M. Paul Meyer.

Néanmoins, les raisons de Vrain-Lucas firent sur M. Chasles une impression si profonde, qu'il les représenta lui-même aux juges, quand il fut cité comme témoin dans l'affaire des faux autographes.

Vrain-Lucas montrait alors sur le banc des accusés sa petite figure chafouine et guillerette de notaire à bonnes fortunes. Il fut condamné à quelques jours de prison ; mais il était content : il avait fait du Descartes, du Pascal, du Newton, du Gassendi, auquel l'Académie des sciences n'avait rien trouvé à dire.

Avec quelle ironie consolatrice ne dut-il pas entendre son arrêt !

La manie de retrouver des ouvrages inédits de nos grands écrivains a troublé bien des têtes de ce temps-ci. On a ajouté aux œuvres complètes de nos tragiques et de nos comiques, çà et là, quelques barbouillages informes, qu'ils croyaient bien avoir jetés au feu ou mis au cabinet. Avec cela on a constitué des œuvres plus complètes encore que des œuvres complètes.

M. Paul Mesnard, qui est un homme instruit et

sérieux (je dis Paul), a bourré son Racine d'un fatras d'extraits, de notes et notules parfaitement insipides. On ne pourra bientôt plus lire Saint-Simon, que le nouvel éditeur, M. de Boislisle, allonge d'une quantité étonnante de variantes. La Rochefoucauld, qui passait avec raison pour concis, est devenu, on ne sait comment, l'auteur de deux billots écrasants.

Ajoutez à cela la manie de réimprimer les vieux textes avec l'orthographe de leurs premiers imprimeurs, et le retour à l'ancienne identification des *v* et des *u*, des *i* et des *j*, comme on voit dans les jolies éditions de Lemerre, identification à laquelle on avait renoncé par cela même qu'elle causait des confusions incessantes ; considérez enfin l'abus des préfaces bibliographiques qui sont proprement de la cuistrerie à la disposition des ignorants, et vous plaindrez les pauvres classiques et leurs pauvres lecteurs.

M. Paul Lacroix, qui évita soigneusement le travers des *s* longs, des *v* voyelles, etc., se fit remarquer du moins par son zèle excessif à compléter Molière et La Fontaine.

Mais M. Paul Lacroix est un vieux bibliothécaire qui remue des papiers depuis soixante ans.

Il s'est amusé ; il a fourré du comte de Modène dans son Molière inédit, et autre chose que du La Fontaine dans son La Fontaine inconnu. Mais il n'a rien commis d'excessif. Il était réservé à M. Louis Ménard de donner à ces sortes de recherches toute la gaieté d'une bouffonnerie.

Cela est très curieux, tout nouveau et mérite de nous arrêter un peu.

Ce M. Louis Ménard, dont je parle, dont tout le monde a parlé, n'est pas le Louis Ménard helléniste, peintre, philosophe, poète, chimiste, historien, économiste, philologue et par-dessus tout bon écrivain qui, chaque jour, parle éloquemment de l'art grec dans le jardin du Luxembourg, avec un chapeau de marchand de mort-aux-rats, une peau de lapin autour du cou et des gants de maître d'armes.

Celui-là est incapable d'une bévue, et c'est un sage — à deux ou trois choses près.

Le M. Louis Ménard à qui nous devons les fantastiques découvertes dont on glose est un brave cultivateur tourangeau. Il a la face large et hâlée, les lèvres fortes, l'œil malin, la voix rude, la carrure épaisse d'un propriétaire campagnard. M. Louis Ménard n'a pas son pareil pour faire pousser des asperges.

Il lui arriva un jour d'acheter du papier pour faire des sacs ; il s'amusa à en déchiffrer quelques feuillets, les soirs d'hiver, à la veillée, faute sans doute d'avoir mieux à faire.

Il trouva cela curieux. On parlait là dedans des poètes de l'antiquité, de Juvénal. M. Ménard tourna le manuscrit dans tous les sens ; il le compulsa, compulsa, compulsa. Il fut longtemps sans y voir goutte, ni y rien comprendre. Mais il se fit peu à peu une idée de la chose.

C'était plaisir de le voir manier, de ses mains gourdes, tremblantes d'émotion, ces cahiers à l'usage du duc de Bourgogne, sur lesquels Bossuet avait mis, comme précepteur, çà et là, un mot ou une rature.

M. Ménard vint à Paris et y publia, tout comme un

autre, ses vieux papiers. C'est ainsi que nous eûmes, chez Didot, le *Juvénal* du cours royal.

Il y avait bien quelques bourdes dans la préface, mais rien de trop marquant.

Et M. Ménard passa tout de go bibliographe, paléographe et biographe.

Heureux s'il s'en était tenu à cette première aventure. Mais il rêvait de nouvelles découvertes ; dès lors il était possédé.

Sachant que beaucoup de manuscrits de la Bibliothèque nationale ne sont pas classés, il en conclut qu'ils n'étaient pas connus ; dès lors cet homme des champs se donna pour mission de les découvrir. Les garçons le virent ouvrir et fermer les volumes avec des airs joyeux et sournois, et copier, copier, copier. Il copia ainsi le *Cantique des Cantiques*, traduit en vers par Bossuet. Des vers de Bossuet! et des vers où l'on parle des *seins* de la Sulamite, de la *bouche* de la Sulamite et des *baisers de la bouche* de la Sulamite, quelle trouvaille!

Et M. Ménard publia sa trouvaille! Hélas! vous savez le reste. Ces vers inconnus étaient dans les œuvres complètes de Bossuet, imprimés tout au long avec les *seins*, la *bouche*, et les *baisers de la bouche*.

Ils étaient dans l'édition Vivès, que tous les curés de campagne achètent aux commis voyageurs moyennant cinq francs par mois.

Le coup était rude : M. Ménard le sentit à peine.

Il avait bien d'autres manuscrits à mettre au jour, entre autres celui de six fables de La Fontaine, qu'il publia dans la *Nouvelle Revue*, l'infortuné! Cette fois, la disgrâce fut complète. Ces six fables se trouvèrent être non de La Fontaine, mais de Mme de Villedieu, ce qui n'est pas la même chose.

Il n'y avait, pour les trouver, qu'à ouvrir un petit tome des œuvres de cette galante dame.

Cette fois-ci, M. Louis Ménard était revêtu d'une splendeur comique qu'il fut seul à ne point voir. Mais, comme c'est un fin Tourangeau, qui ne se laisse pas prendre sans vert, il répondit aux rieurs :

— Vous riez? Rira bien qui rira le dernier. Ces fables sont signées de Mme de Villedieu, soit! Mais c'est La Fontaine qui les a faites à cette jolie personne : il eût fait bien autre chose, tout vieux qu'il était! Je vous le prouverai.

Et voilà en effet que je reçois un petit volume contenant les six fables avec une préface de cinquante pages où l'on trouve des preuves irréfutables, sans doute, mais uniquement des preuves de l'ignorance de M. Ménard.

Le pauvre homme n'est pas au bout de ses découvertes et de ses mécomptes. Il a en portefeuille (je le sais) des vers galants de l'évêque Huet. Je l'avertis charitablement qu'ils sont connus. Mais nous l'avons manqué belle. M. Ménard avait trouvé un opéra inédit de Molière.

M. Louis Ménard en fit part à un archiviste paléographe de mes amis, qui ne se laissa pas éblouir et lui demanda si l'opéra en question n'était pas d'un certain Molier ou Moiller, dit Molière, musicien de son état, et auteur de plusieurs opéras ; ce qui se trouva être justement la vérité.

Si on laisse faire M. Ménard, il découvrira que Mme de Sévigné a écrit des lettres sur le procès Fouquet ; il retrouvera le troisième acte du *Cid* et le cinquième de *Britannicus*. Un hasard unique lui permettra de révéler au monde les *Caractères* de La Bruyère. Il nous publiera les lettres de Ninon de Lenclos sous le nom de Fénelon ; et il restituera à la marquise de Brinvilliers l'*Introduction à la vie dévote*, attribuée jusqu'ici, par erreur, à saint François de Sales.

Et dire que, pour insensés qu'ils soient, ces rêves sont ceux de tous les vrais curieux littéraires !

VIII

ALFRED DE VIGNY

HOMME POLITIQUE

Mardi 10 octobre 1882.

Décidément, le lendemain de la mort est un mauvais moment pour la gloire d'un poète. Voyez Béranger : il était de son vivant le chansonnier national, « la lyre de la patrie » ; maintenant le peuple ignorerait son nom sans la chanson du *Petit Ébéniste*, et les lettrés, qui trouvent que le *Roi d'Yvetot* est une jolie chanson, ne tiennent pas à savoir au juste de qui elle est. Voyez Chateaubriand. Il fit lire pendant cinquante ans, par le monde entier, des ouvrages d'une beauté contestable, et il laissa en mourant un chef-d'œuvre qui n'eut point de lecteurs : car qui a lu les *Mémoires d'outre-tombe*? Voyez Lamartine : il fit pleurer tous ses contemporains ; il fut adoré, il régna. Il semble qu'on ait enterré toutes ses œuvres avec lui.

Alfred de Vigny, qui n'avait jamais remué les foules, mais que la bonne compagnie tenait pour un homme de talent, est tombé, le lendemain de sa mort, dans un oubli profond.

Eh! mon Dieu! il y a en effet une philosophie expérimentale qui excuse, chez les peuples comme chez les individus, un peu d'ingratitude et d'oubli. La foule n'est tenue ni aux longues traditions ni au culte fervent des hautes mémoires. C'est au critique à ne rien oublier et à rappeler à propos ce qui s'efface des esprits.

Je voudrais aujourd'hui ressaisir quelques traits de la figure si effacée d'Alfred de Vigny. Ses éditeurs m'en fournissent l'occasion en achevant une jolie édition miniature des œuvres complètes de l'auteur de *Stello*.

Ce sont des mignons volumes, bien faits pour les rares amis du poète (1).

Vigny fut non seulement poète d'âme et de génie, il le fut aussi d'attitude et de costume. Il était poète comme Mathieu Laensberg était astrologue; c'est-à-dire par la doctrine et par le bonnet pointu. Alfred de Vigny s'enveloppait, chez lui, sur sa chaise longue, d'un manteau semblable à celui d'Oswald dans le tableau de Gérard, le *manteau poétique*. Quand Alfred de Vigny dînait, c'était le poète à table.

Il écrivait à Mme Collet, qui n'était pas qu'une âme, des lettres signées « Stello ». Jusque dans les boucles de ses beaux cheveux blonds qui n'ont jamais blan-

---

(1) Œuvres complètes d'Alfred de Vigny, 8 vol. in-32. Charpentier et Calmann Lévy, éditeurs. Petite Bibliothèque Charpentier.)

chi, il y avait quelque chose de l'idéal séraphique du byronien et du lamartinien.

Ne croyez pas, si je note cette attitude, que ce soit pour la blâmer. Je trouve qu'elle convenait, en somme, malgré trop de tension, au génie candide et pur du poète d'*Eloa*.

Les contemporains d'Alfred de Vigny se faisaient tous une personne et, comme on dit en argot de théâtre, « une tête ». Nous en sourions, parce que c'est la mode d'hier. En fait de modes, il n'y a, pour plaire, que celle du jour et celles des anciens temps. Nous pouvons trouver que nos arrière-grand'mères étaient bien mises; nous ne trouvons pas que nos mères étaient bien coiffées.

Eh bien! oui, Vigny s'arrangeait une chevelure d'ange et se drapait dans son manteau militaire (car c'était un manteau militaire). Pendant ce temps, Béranger se donnait curieusement l'air d'un vieux concierge, afin de plaire au peuple, et il mettait une rose à sa boutonnière, pour qu'on vît bien qu'il n'était pas décoré. Victor Hugo, qui n'était pas encore devenu dieu, n'avait point alors cette figure de père éternel que nous lui connaissons, la figure du Créateur dans les fresques de Michel-Ange, avec les cheveux à la Titus, pour montrer que la divinité est maintenant révolutionnaire et jacobine, et bénit les lecteurs du *Rappel*. Victor Hugo, avant 1848, s'arrangeait pour qu'on s'écriât en le voyant : « Quel penseur ! » Il baissait la tête, sa tête trop pesante, et montrait un front énorme.

Lamartine, plus fatigué et abandonné, portait la redingote de l'homme politique et disait : « J'étais, dans ma jeunesse, le plus beau des enfants des hommes. »

Chez Vigny, du moins, l'attitude était à moitié en harmonie avec la nature de l'homme. Je dis « à moitié » parce qu'il se faisait poète et soldat, tandis qu'il était poète, grand poète, mais pas soldat du tout. Et pourtant il faillit l'être, ayant dix-sept ans en 1814. Mais, en réalité, il fut officier, ce qui est tout autre chose. Officier de cavalerie sous la Restauration, sans campagne, et pour peu de temps.

Quant au poète qu'il fut, je le mets très haut. Le *Moïse* et la *Colère de Samson*, la *Mort du loup* marquent dans ce que la poésie romantique a laissé de plus grand, de plus beau et de plus pur. Mais je ne crois pas bien utile de dire ici comment et pourquoi cela est beau. Sainte-Beuve l'a fait à plusieurs reprises et fort bien, quand on lisait encore Alfred de Vigny (1).

Depuis, on a tout oublié, et je parlerais une langue inconnue. .

Un fait récent m'a complètement découragé. L'an passé, nous avons eu deux traductions en vers d'*Othello* : l'une, de M. Aicard, était ministérielle, et dans les goûts de M. Ferry ; l'autre était radicale et intransigeante, sortant de M. de Gramont et du journal de M. Rochefort.

C'est ainsi que l'opinion les a jugées, car je vois que tous les républicains dits modérés tenaient pour l'*Othello* de M. Aicard, tandis que les anarchistes, les commu-

---

(1) V. Sainte-Beuve. *Portraits contemporains*, tome II, 1835 et appendice 1826. — *Premiers Lundis*, tome III, 1846. — *Nouveaux Lundis*, tome VI et appendice 1864.

nalistes — et les lettrés, — tenaient pour l'*Othello* de M. de Gramont. Dans cette lutte, nul ne prononça le nom de Vigny, qui a pourtant laissé une traduction en vers d'*Othello*, infiniment meilleure que celle de M. Aicard et tout autre que celle de M. de Gramont. Pour parler de l'œuvre de Vigny, il faudrait tout reprendre par le commencement et professer, ce qui n'est guère mon métier.

Mais une chose m'a frappé en relisant le *Journal du poète* publié par l'ami et l'exécuteur testamentaire de l'auteur, M. Louis Ratisbonne, digne de tout point de la confiance que Vigny lui témoigna.

Ce journal, où le poète se peint avec cette affectation dont il avait l'habitude, cet apprêt, cette « manière » qui était devenue sa nature, n'en est que plus sincère, que plus vrai. Il fait honneur à l'homme qui l'a écrit au jour le jour, et qui y montre une âme haute, droite, honnête, avec toute la grâce, toute la fleur de l'honnêteté.

Une pensée jetée dans ce journal en a été tirée pour y servir d'épigraphe : « L'honneur, c'est la poésie du devoir. »

Cette pensée résume bien la vie d'Alfred de Vigny. Mais, je le répète, une chose me frappe en lisant ce journal : c'est de voir le même homme, si ferme dans sa morale, si attaché à ses idées philosophiques, si semblable à lui-même en toutes circonstances, montrer, au contraire, dans les questions politiques, une incertitude, un trouble, une incohérence d'idées, vraiment admirables.

La politique le touche, puisqu'il en parle et y revient souvent. Mais les idées qu'il s'en fait se font et se défont comme des nuages.

Ce n'est pas comme un trait du caractère d'Alfred de Vigny que je note cette inconsistance en matière politique; c'est comme un trait du caractère national depuis cent ans; c'est comme un trait essentiel de la figure de notre société.

Alfred de Vigny fut élevé par un père dont il a laissé un portrait charmant. Ce père était un vieux gentilhomme mutilé dans la guerre de Sept ans et curieux comme un livre de mémoires. « Il me faisait baiser sa croix de Saint-Louis, dit son fils, en priant Dieu le jour de la Saint-Louis, et plantait ainsi dans mon cœur, autant qu'il le pouvait faire, cet amour des Bourbons qu'avait l'ancienne noblesse, amour tout semblable à celui de l'enfant pour le père de famille. »

Mais les Bourbons apparaissaient bien vaguement, du fond du passé et de l'exil, à l'imagination de l'enfant. Napoléon était là et effaçait tout.

Alfred de Vigny écrivait en 1847 :

« Je me souviens encore du jour où mon père revint, triste et les larmes aux yeux, venant d'apprendre la mort du duc d'Enghien. Ce fut la première idée que j'eus des crimes politiques; ce n'était pas mal commencer. L'horreur de cet assassinat passa du front de mon père dans mon cœur et me fit considérer Napoléon comme j'aurais fait de Néron. »

Le Néron, toutefois, si grand dans les batailles, prit à sa chute une étrange beauté qui frappa l'imagination de Vigny comme elle avait touché celle de l' « enfant du siècle » et celle de l' « enfant sublime ». Vigny l'avoue :

« J'eus le cœur ému, dit-il, en voyant l'empereur, du désir d'aller à l'armée. »

Mais le sentiment de vague enthousiasme, qui l'eût mené à Waterloo, le détourne et le conduit au-devant de Louis XVIII.

Il s'arme de deux pistolets et va, une cocarde blanche au chapeau, s'unir aux royalistes.

A-t-il trouvé en ce roi qu'il salue le prince de ses rêves ? Non.

« Sous la Restauration, dit-il, j'étais indépendant d'esprit et de parole, j'étais sans fortune et poète, triple titre à la défaveur. »

Le vieux chevalier de Saint-Louis, son père, avait servi avec moins d'impatience. C'est qu'au fond, le fils n'aimait guère les Bourbons.

Quand vint Charles X, il ne les aima plus du tout.

En 1830, il est avec M. Laffitte contre les ordonnances ; « il flétrit les escobarderies » des ministres ; il méprise « un roi gouverné par de vieilles femmes et les favoris ». Mais quand l'émeute gronde, bien qu'il ne soit plus au service depuis longtemps, il prépare son vieil uniforme.

« Si le roi appelle tous ses officiers, dit-il, j'irai. »

Et il ajoute :

« Sa cause est mauvaise ; il est en enfance ainsi que toute sa famille. »

Et le lendemain, le 29 juillet, il écrit dans son journal :

« Ils ne viennent pas à Paris. On meurt pour eux. Race de Stuarts ! »

Quelle sera son attitude sous la monarchie de Juillet? Favorable, sympathique, puisqu'il est libéral et veut un roi constitutionnel? Point du tout. Il se moque du *couronnement protestant* de Louis-Philippe, et signale le vice d'une souveraineté qui ne s'appuie ni sur le droit divin ni sur l'appel au peuple.

Pourtant, il prend un commandement dans la garde nationale, et, à la première revue, il cède aux avances du roi, comme il l'avoue de fort bonne grâce :

« Le roi Louis-Philippe I*er*, dit-il, après avoir passé devant le front du bataillon, a arrêté son cheval, m'a ôté son chapeau et m'a dit :

« — Monsieur de Vigny, je suis bien aise de vous voir, et de vous voir là. Votre bataillon est très beau, dites-le à tous ces messieurs de ma part, puisque je ne peux pas le faire moi-même.

« Je l'ai trouvé beau et ressemblant à Louis XIV — à peu près comme M*me* de Sévigné trouvait Louis XIV le plus grand roi du monde, après avoir dansé avec lui. »

Vigny se moque de lui-même par bon goût, mais il est gagné.

Cependant, que le roi ne s'y fie pas. Voilà, deux ans plus tard, que notre poète veut faire un hymne à la duchesse de Berry, qui vient, comme une madone,

Son enfant dans les bras et son lis à la main.

Et, si le poète ne cède pas à son envie et n'écrit pas l'hymne, c'est parce que « faire la cour à une infortune aussi belle, c'est se confondre avec ceux qui se préparent des faveurs pour l'avenir ».

Croit-il donc à l'avenir de la branche aînée? Compte-t-il sur la protection de saint Michel pour rendre au trône l'enfant royal?

Ah bien oui! Vigny ne croit plus qu'à la démocratie et à la République.

« Chateaubriand, dit-il, vient de faire une brochure-plaidoirie pour la duchesse de Berry, dans laquelle il est un peu républicain. Le moindre écrivain républicain ne se croit nullement obligé d'être un peu monarchique. Marque certaine que le mouvement des esprits est démocratique. »

Il craint au moins cette République qu'il annonce?

Nouvelle surprise : il la désire avec tiédeur, il est vrai, mais il la désire. Il écrit en 1835 :

« Le seul gouvernement dont, à présent, l'idée ne me soit pas intolérable, c'est celui d'une république dont la constitution soit pareille à celle des États-Unis américains. »

C'en est assez. J'ajouterai seulement que Vigny entra volontiers dans les pourparlers qui eurent lieu quand l'empereur Napoléon III eut l'heureuse idée de choisir l'auteur de *Grandeur et Servitude militaires* pour précepteur du Prince impérial.

L'idée ne fut pas suivie.

Ces contradictions, ce malaise, ces essais, sans cesse renouvelés, de conciliations impossibles, cette incohérence enfin, ce n'est pas seulement, comme j'ai dit, l'état d'une âme isolée, c'est l'esprit public de la France moderne.

IX

M. GRÉVY ET ALFRED DE MUSSET

Samedi 11 novembre 1882.

Depuis un mois, on a beaucoup parlé d'Alfred de Musset, mais personne jusqu'ici n'a parlé des rapports qu'eurent ensemble M. Grévy et le poète. Ces rapports, d'ailleurs, n'intéressaient en rien l'histoire des lettres, et il n'y aurait aucune raison de mettre le public au courant de ces menus faits, si la situation de M. Grévy ne s'était accrue de telle sorte qu'il soit permis de mettre de la curiosité à pénétrer l'homme et à se renseigner sur son personnage.

Musset, comme on sait, était devenu célèbre tout à coup en 1830. A vingt ans, un soir à l'Arsenal, chez Nodier, où se trouvaient réunis, pour écouter une lecture des *Contes d'Espagne et d'Italie*, Lamartine, Hugo, Vigny, Sainte-Beuve, Alexandre Dumas, Taylor, les deux Johannot, Louis Boulanger, Jal, Bixio, Amaury Duval, Francis Wey, etc.

Mais ce n'est point à cette époque que M. Grévy a

connu Alfred de Musset. Il ne connut pas le jeune homme mince et blond, aux moustaches naissantes, aux cheveux bouclés rejetés en touffe d'un côté de la tête, avec l'habit vert très serré à la taille.

Il connut, quelques années plus tard, le Musset plus mûr, devenu vite ombrageux, inquiet et décevant; le Musset défloré, incertain, maniaque et surexcité; le Musset après le voyage à Venise et la brouille avec George Sand; le Musset monomane, qui faisait tenir en équilibre, dans sa chambre, pelles, pincettes, cannes et parapluies, et qui disait d'un air effaré de malade, à ceux qui venaient le voir: « N'approchez pas... » Il connut le Musset des filles banales; le Musset du café de la Régence, installé dans l'ivresse entêtante de l'absinthe et des cigarettes sans nombre; le Musset absorbé dans des parties d'échecs sans fin...

Mais je ne veux point ici me laisser aller à juger Musset, pour ce que M. Théodore de Banville me disait très justement l'autre jour :

— Il faut toujours prendre garde de dire la vérité sur Musset, car on risque fort de ne dire que des mensonges.

La passion machinale que le poète avait pour les échecs le rapprocha du jeune avocat, qui se plaisait déjà aux jeux de toute sorte, et qui occupait les loisirs que lui laissait le barreau à pousser une bille ou un pion pendant de longues heures, avec la gravité attentive qu'on lui connaît. Car M. Grévy jeune était déjà un homme grave.

Grévy était arrivé du Jura à Paris quelque temps avant la révolution de 1830. Il avait fait son droit, suivi les conférences de l'Athénée et était entré au barreau. Mais sa tranquillité paresseuse et son grand besoin de sommeil l'avaient toujours empêché de prendre une place au Palais.

Il demeurait alors, 33, rue de Grenelle-Saint-Honoré, non loin de la rue Coquillière Ce ne fut que plus tard qu'il habita le 15, puis le 45 de la rue Richelieu. Il n'avait, de toute façon, que quelques pas à faire pour être au café de la Régence, et cette commodité fit naturellement de lui un des clients les plus assidus de ce café.

Malgré l'ennui de ses favoris noirs et la solennité juvénile de son front et de ses yeux, M. Grévy n'était pas un mauvais compagnon.

M. Edmond About disait un jour de lui :

— Grévy est buveur, galant et grave, c'est le président qu'il faut aux Français.

M. Grévy, quoi qu'il en parût d'abord, était assez le compagnon qu'il fallait à Musset. Car, bien que le poète eût la manie des calembours, des *je le crains de cheval*, des *avec quel as perds-je* et la connaissance de *Karr à fond*, Musset n'était point gai, il avait aussi sa gravité et son dandysme, et il buvait et il aimait les femmes.

M. Grévy était aussi un lettré à sa façon. On ignore généralement que M. Grévy a une admirable mémoire, et que sa connaissance mnémotechnique des auteurs anciens et modernes passe tout ce qu'on peut croire. Ses récitations en grec, en latin et en français, sont des tours de force curieux à entendre.

Citez lui un vers de Virgile ou de Racine, il continue de réciter par cœur, tant et si bien, qu'il faut l'arrêter.

sans quoi ce serait tout Virgile ou tout Racine qu'il réciterait :

> Oui, je viens dans son temple...

vous vaudrait tout *Athalie*.
Le :

> Arma virumque cano...

amènerait l'*Énéide* à sa suite.

C'était néanmoins un lettré, et même pour jouer aux échecs, faire des calembours, boire et organiser des parties fines, un lettré, ne fût-ce même qu'un récitant, vaut toujours mieux qu'une bête.

M. Grévy ne fut néanmoins pour l'ami du duc d'Orléans qu'une connaissance de café, — et ils se tutoyaient.

Il fallait pourtant que M. Grévy fût de quelque façon agréable ou utile, car Musset, impertinent, hautain et dédaigneux, n'avait ni l'humeur facile, ni la camaraderie engageante. C'était un buisson d'épines, d'après Alexandre Dumas ; il rendait la piqûre pour la caresse : « J'eus l'occasion de lui rendre un service, dit-il quelque part, et il m'en aima un peu moins, je crois. »

On ne peut aimer les gens malgré eux ; — et Dumas ajoutait : « Ne pouvant pas avoir Musset pour ami, j'avais un sentiment étrange que je ne puis rendre que par ces mots : je le regrettais. »

Je ne sais si M. Grévy avait en lui assez de générosité affectueuse pour aimer Musset ou le regretter. Il était de son cercle et mêlé à la vie extérieure du poète. Cela suffisait à l'avocat paresseux, qui se levait tard et n'avait point autre chose à faire qu'à parler de temps en temps et à promener au Palais sa tenue républicaine.

Un de leurs amis communs m'a rapporté que, lorsque l'on montait quelque partie fine dans les conciliabules du café de la Régence, on se demandait les uns aux autres :

— Allons-nous prendre Grévy?

Et Musset répondait :

— Oui, c'est un bon garçon.

Grévy était en effet un bon garçon, bonhomme, gracieux, grave, amoureux et finot.

Grévy rendit d'ailleurs à Musset quelques services. Après la brouille avec George Sand, ce fut lui que Musset chargea de réclamer ses lettres à la maîtresse infidèle. Grévy écrivit une lettre d'avocat : — « Madame, chargé des intérêts de M. de Musset etc... » George Sand répondit qu'elle était en voyage et rendrait les lettres à son retour, ce qu'elle ne fit pas. Et je crois bien qu'elle s'en servit pour son roman, après la mort de Musset.

Pour ceux qui connaissent bien M. Grévy, il n'y a rien que de naturel à le voir mêlé à ces amours fameuses.

M. Grévy a toujours su admirablement parler aux femmes et leur plaire par le goût qu'il a pour elles et l'austérité apparente sous laquelle il cache ce goût. Il a toujours entendu la volupté à sa manière, non point certes comme Musset, avec l'ostentation de débauche, le bruit, la pose de l'amant malheureux, les souffrances désordonnées, les tourments infinis, les fatigues inquiètes et tout le cortège des amours poétiques et déséquilibrées; mais avec une tranquillité aimable, la grâce insinuante, l'activité régulière, la sérénité du fait accompli, le sourire reconnaissant d'un homme plein de sens, d'un homme en pleine possession de lui-même et le contentement exempt de trouble et de lassitude. Car, en vieillissant même, il est toujours resté galant.

Musset et Grévy étaient amoureux de diverses façons, mais capables de s'entendre sur les femmes et les échecs. La liaison passagère qui unit pendant quelques années le poète de *Rolla* et l'avocat du café de la Régence méritait d'être rappelée en passant.

Les petits faits qui marquèrent leur liaison n'ont rien de notable en eux-mêmes, et je n'en aurais point parlé, comme je disais en commençant, si le poste qu'occupe M. Grévy n'attirait pas l'attention sur lui et ne donnait point une sorte d'intérêt à la chose (1).

(1) V. *Mémoires d'aujourd'hui* 1re série, pages 79 et suivantes; *idem*, pages 234 et suiv.

X

ALBERT, OUVRIER

Samedi 23 septembre 1882.

M. Albert, ouvrier, aspire à remplacer M. Louis Blanc (1) à la Chambre des députés, et je ne vois rien à dire à cela.

M. Albert, ouvrier mécanicien, devint membre du gouvernement de la France et y laissa voir un pauvre esprit ignare, emphatique, probe et malfaisant. Il eut peut-être mieux fait de ne point quitter son village, Thury, un joli village dans l'Oise, avec un grand clocher d'ardoise, auprès de la forêt de Heze et du château de Mouchy.

Il avait conspiré, ce pauvre diable, conspiré de tout son cœur contre le gouvernement de Juillet. Il avait la foi du charbonnier et une énergie de somnambule.

L'ignorance est une bien grande force!

Le jeune Martin dit Albert, ouvrier, rêvait très con-

---

1. V. *Mémoires d'aujourd'hui* (1re série), le chapitre consacré à M. Louis Blanc, pages 352 et suiv.

fusément le rêve de Babeuf, de Darthé et de Buonarotti : la République des égaux ; la fusillade comme moyen ; comme but, le partage. Pouvant écrire sur tous les sujets, puisqu'il n'en savait aucun, il entra dans le journal de Louis Blanc, *la Réforme*, qui vivait péniblement de subsides trop rares.

Il y copia, de sa plus belle écriture, les plus vides déclamations du maître : c'est pourquoi, quand le roi Louis-Philippe, chassé par l'émeute, eut pris le fiacre de l'exil sur la place de la Concorde où son père avait été décapité, M. Albert, ouvrier, conspirateur et publiciste, devint un homme du gouvernement. A cette époque, M. Corbon, rédacteur de l'*Atelier* ; M. Catalan, professeur de mathématiques ; M. Flottard, employé, nommèrent M. Garnier-Pagès maire de Paris. Voilà ce qui s'appelle un mandat régulier ! Le gouvernement provisoire fut élu d'une façon à peu près aussi correcte.

Pendant que Lamartine, Ledru-Rollin, Marie et le vieux Dupont se faisaient acclamer par la populace répandue dans le Palais-Bourbon, le petit M. Louis Blanc faisait sa petite liste dans les bureaux du *National*. Cette liste comprenait :

1° Louis Blanc ;
2° Flocon ;
3° Marrast.

Quelques voix crièrent :
— Albert ! Albert !

M. Louis Blanc écrivit le nom d'Albert, ouvrier, plia son papier en quatre, le mit dans sa poche, et s'en alla signifier ces diverses nominations à l'Hôtel de Ville (1).

(1) Voici comment M. Francis Magnard juge la Révolution de

Lamartine, Pagès, Arago, Dupont et Marie y étaient déjà. Le petit M. Blanc les trouva fort enclins à croire que le gouvernement provisoire était au complet. Le petit M. Blanc les en dissuada. Lamartine, qui était bon prince, reconnut Louis Blanc, Marrast, Flocon, comme secrétaires du gouvernement provisoire. Quant à Albert :

— Qui diable est celui-là? se demanda le poète-homme d'État. Je veux être pendu si j'ai jamais connu ce nommé Albert!

Les collègues de Lamartine n'étaient pas mieux renseignés que lui. Mais le petit M. Blanc, qui avait de l'aplomb, expliqua que c'était un mécanicien publiciste, acclamé par la voix souveraine du peuple.

Garnier-Pagès et Marie, qui n'avaient pas l'esprit tourné à la facétie, n'eussent probablement pas ac-

---

1848 et M. Louis Blanc. On ne peut peindre en traits plus vifs la politique et le politicien de 1848 (*Figaro*, 24 février 1887) :

« L'anniversaire du 24 février 1848 va être, comme de coutume, célébré par des banquets où l'on débitera des niaiseries. On a souvent répété à combien de douleurs et de périls eût échappé la France si cette révolution fatale n'avait point abouti. A quoi bon recommencer cette douloureuse constatation!

« Cette année, la fête sera rehaussée par l'inauguration de la statue de Louis Blanc.

« Les générations nouvelles l'ont connu sous les espèces d'un vieillard ratatiné, attristé, désabusé, effrayé peut-être des monstres qu'il avait couvés; mais il faut avoir traversé la fournaise de 1848 avec les sensations d'une enfance très éveillée et très alerte pour se rappeler la terreur extraordinaire que ce petit homme, alors élégant, joli, cambré, une espèce de Déjazet politique, inspirait aux bourgeois de Paris.

« On lui attribuait, dans la journée tragi-comique du 15 mai et dans le drame malheureusement plus sanglant de Juin, une responsabilité qu'il a toujours déclinée et qui, en fait, ne semble pas devoir lui être imputée matériellement; moralement, c'est diffé-

cepté ce collègue. Mais Lamartine se montra fort enthousiaste.

— Un ouvrier, s'écria-t-il, un ouvrier ! Donnons-nous un collègue ouvrier. Cela aura très bon air.

C'est ainsi que Martin, dit Albert, succéda, pour sa part, à Louis-Philippe.

Eh bien, Albert se montra bonhomme au pouvoir, si l'on peut appeler « pouvoir » une réunion d'hommes qui ne peuvent absolument rien. Croira-t-on que le pauvre mécanicien se montra plus courtois, plus humain, plus généreux que Lamartine envers une femme, une princesse ? C'est la vérité.

On avertit Lamartine (on se trompait mais il n'importe) que la duchesse d'Orléans avait été arrêtée à Mantes, et on lui demanda un sauf-conduit pour elle.

rent. Avec ses idées sur l'organisation du travail, sur le socialisme d'État, il avait brouillé les cervelles, amené la création des ateliers nationaux. Il était d'ailleurs de ces théoriciens terribles, incapables de faire ou de vouloir le mal, et tout étonnés quand ils apprennent que le mal est sorti de leurs rêveries et de leur phraséologie.

« Ainsi qu'il arrive souvent, la vieillesse de Louis Blanc valut mieux que sa jeunesse ; il était devenu révolutionnaire honoraire et se tint à l'écart de toutes les conspirations, demandant à sa plume le pain de chaque jour, car il était intègre, ce républicain des vieux temps, et l'idée de lui offrir un pot-de-vin ne fût venue à personne.

« Malfaisant sans le vouloir en 1848, honorable, impuissant et inutile en 1870 et jusqu'à sa mort, ne laissant rien qu'une histoire sophistiquée de la Révolution et de la Royauté de 1830, il ne méritait point une statue solennelle ; toutefois, son médaillon doit être accroché dans une galerie contemporaine... il eut son moment et fut le type de ces dangereuses honnêtes gens qui déchaînent la tempête sur le monde et se croient quittes de tout en déplorant, dans l'intimité, que la tempête ait détruit beaucoup de choses utiles et bien construites. »

— Si le peuple la demande, il faut la lui donner, répondit le poète.

C'est Albert qui exigea qu'un laissez-passer fût délivré à la mère du prétendant.

Naturellement, et avec les meilleures intentions du monde, il fut un conspirateur et un révolutionnaire dans le gouvernement. On ne se refait pas! Ses collègues lui avaient trouvé péniblement une fonction où il eût l'air de faire quelque chose : ils l'avaient nommé *président de la Commission des récompenses nationales*. Il groupait autour de lui tous les condamnés politiques.

Il avait alors une idée, — l'a-t-il encore? — la suppression de l'armée. C'est le petit M. Louis Blanc qui lui avait mis cette belle idée dans la tête. Elle y était à peu près seule et s'épanouissait.

Quand il y eut enfin quelque chose en France, si peu que ce fût, une Assemblée élue, les membres du gouvernement provisoire déposèrent leurs pouvoirs sur le bureau du président, et chaque membre lut un volumineux rapport dans lequel sa propre conduite était favorablement appréciée. Lamartine pour sa part en lut deux : le premier et le dernier. Albert, par contre, ne lut rien du tout.

Là-dessus, l'Assemblée constitua un nouveau pouvoir, dont MM. Albert et Louis Blanc furent soigneusement exclus.

M. Blanc, qui n'était pas un homme simple, en garda à l'Assemblée des rancunes mielleuses et une haine fleurie.

Mais M. Albert, qui était un homme simple, résolut de la flanquer par terre. C'était une idée, cela; mais elle n'était pas heureuse, et elle lui causa, par la suite, des désagréments.

J'ai déjà parlé ici du 15 Mai et la part que M. Louis Blanc y avait prise. Celle de M. Albert est des plus ordinaires. Il se présenta à la tête de la manifestation dans la salle des Pas-Perdus, poussa droit sur Lamartine et lui dit, d'un ton peu gracieux :

— Il y assez longtemps que vous nous faites de la poésie et des belles phrases. Il faut autre chose au peuple : il veut aller parler lui-même à l'Assemblée nationale.

Lamartine prit de ces airs de vieil aigle déplumé qu'il savait prendre, et répondit, les bras en croix pour former une barrière vivante :

— Vous n'entrerez pas; un décret voté par l'Assemblée nationale nous défend de vous y laisser pénétrer. Vous passerez sur mon corps ou vous n'entrerez pas.

Le citoyen Albert pouvait répondre à M. de Lamartine qu'ils étaient entrés tous deux à l'Hôtel de Ville malgré la loi et précisément pour la déchirer. Mais le citoyen Albert était peu éloquent, et il avait d'ailleurs trop de bon sens pour discuter, ayant derrière lui une belle queue d'insurgés. Il donna un bon coup d'épaule dans l'estomac du grand poète, qui, culbuté autant qu'on peut l'être, laissa faire sagement ce qu'il ne pouvait empêcher. On sait le reste.

Le citoyen Albert, traduit pour ce fait devant la haute cour de Bourges, eut une tenue très belle. Il ne daigna rien dire : ses complices s'accusaient les uns les autres, s'injuriaient. L'un deux, Raspail, cachait sous les violences de sa rhétorique les finesses de sa défense. M. Albert ne répondit rien.

Il fut condamné à dix années de détention. Interné à Doullens, à Belle-Isle-en-Mer, qui est un fort joli endroit, puis à Tours, il fut amnistié en 1859 et vécut, sous l'Empire, d'un petit emploi dans les bureaux de la Compagnie du gaz.

Il vit dans l'aisance parce qu'il a peu de besoins.

J'ai raconté sa vie et n'ai pas fait son portrait, parce que les faits où il se trouva mêlé sont des plus curieux, et que la physionomie au contraire est pâle et sans caractère. C'est maintenant celle d'un honnête ouvrier silencieux et rangé.

Ce vieux petit homme horriblement ridé, à barbe blanche ordinaire, date de 1815. Il a perdu toute énergie, tout désir de se montrer. Il demeure actuellement rue de Comines, dans le Marais; met dans la journée des manches de lustrine à son bureau; va, après sa journée faite, jouer sa consommation aux dominos, dans l'estaminet qui se trouve au coin du boulevard du Temple et de la rue des Vosges. Là, il parle peu, mais quand il parle avec de vieilles gens comme lui, c'est de Ledru-Rollin et de la statue qu'on va élever à son ancien compagnon.

Il est centre-gauche, gauche-républicaine, union démocratique, dans la nuance de M. Bernard-Lavergne. Que sais-je?... Il doit lire le *Télégraphe*.

En tout cas, il dit qu'il est « bicamériste », c'est-à-dire qu'il veut deux Chambres.

Il n'est plus à la hauteur. Il ne connaît plus personne, et personne ne le connaît plus.

A Marseille, au mois de janvier 1879, on a dételé

sa voiture sans savoir au juste qui c'était. On fut obligé de faire une conférence au Grand-Théâtre, rue Paradis, pour expliquer qui était Albert.

Que la démocratie est chose changeante, et que tout ce que j'ai dit en commençant semble loin de nous !

XI

M. LABOULAYE

Samedi 27 janvier 1883.

M. Laboulaye a été malade, et gravement. Il a soixante-douze ans. Il gardait déjà la chambre depuis assez longtemps, quand, la semaine dernière, une hémorragie l'affaiblit beaucoup.

Ses amis en marquèrent beaucoup d'inquiétude. Ils donnent, aujourd'hui, de fort bonnes nouvelles du sénateur.

Tant mieux. C'est une figure qu'on aime à voir. Elle n'est point banale. C'est celle d'un petit homme entièrement rasé. On voit qu'il se rase lui-même avec la perfection qu'atteint seul un homme à la fois supérieur et méthodique. Un barbier ne fait pas aussi bien, et c'est merveille de voir le sang couler à fleur de peau sur les joues nettes de ce vieillard propre.

Ses cheveux gris de fer tombent au-dessous des oreilles et sur le col de l'habit. Ils ne sont pas légers, ils ne bouclent guère. Ils ont l'air d'appartenir à quelque quaker aimable, car c'est un quaker qui s'est déridé ou plutôt un homme, gai primitivement, qui a cru devoir être quaker. Il n'y a que les quakers et les républicains de 48 pour porter de ces chevelures-là.

Celle de M. Laboulaye encadre une figure d'une extrême finesse : de petits yeux noirs, agiles, moqueurs, spirituels, un nez de priseur délicat, et une bouche...

La bouche, cette fois, c'est l'homme, car M. Laboulaye est orateur. Hé bien! la bouche de M. Laboulaye est comme celle de Mme Arnould-Plessy.

Il y a quelque temps, me dit-on, Mme Arnould-Plessy, traversant le pont des Arts, fut croisée par un gamin qui s'écria :

— Cette gueule en cul-de-poule!

— Mon ami, lui répondit la comédienne, il y a vingt ans on disait « bouche en cœur ».

M. Laboulaye a toujours la bouche en cœur. Les lèvres d'un professeur au Collège de France ne passent pas comme des roses.

Celles de M. Laboulaye sourient toujours ; mais d'un sourire intérieur, qui s'adresse visiblement à la personne dont elles font partie.

M. Laboulaye se sourit à lui-même, avec une austérité qui fait dire en le voyant :

— C'est à sa vertu que M. le professeur de législation comparée sourit, et ce sourire même est un acte de vertu. Quand on aime vraiment le bien, ne l'aime-t-on pas même en soi?

Et de fait, M. Laboulaye est à la fois un très habile homme et un très honnête homme.

Mais non seulement il se sourit, il s'écoute aussi.

Quand il parle, — ce qui ne lui arrive jamais assez souvent, car c'est, à la tribune comme dans l'intimité, un causeur charmant, — quand il parle, il goûte ses paroles comme un vin qui a du bouquet et qui pèse sur la langue.

On a été jusqu'à dire qu'il « sirote » ses paroles. Fi donc ! il les goûte. C'est un gourmet.

Il fait claquer tout doucement sa langue et se gonfle les joues, tout cela avec une bonhomie qui plaît. Et le voilà faisant son petit discours à demi doctrinaire, à demi satirique.

C'est qu'il est ceci et cela, M. Laboulaye. Il vous a des systèmes et vous fait des épigrammes : le tout est enveloppé d'une douceur de quaker aimable, comme j'ai déjà dit.

Il a une onction imperturbable. Il suit son idée. Je dirais : il suit son modèle, visible sans cesse pour lui seul. Ce modèle, — c'est Franklin, le bonhomme Franklin, « qui ravit la foudre au ciel et le sceptre aux tyrans » — si la citation est exacte — et joua le bonhomme avec beaucoup d'adresse.

Gouverner des États et recoudre soi-même des boutons à son habit, voilà qui est beau. Franklin, qui connaissait les hommes, avait trouvé cela.

M. Laboulaye imagina dès sa jeunesse des combinaisons dans le goût de Franklin. Vers 1840, il publia une *Histoire du droit de la propriété foncière en Europe depuis Constantin*, et, profitant d'une part qu'il avait dans une fonderie dirigée par son père, il signa son livre : LABOULAYE, FONDEUR EN CARACTÈRES.

Il aurait pu le signer : Édouard-René Lefebvre de

Laboulaye ; c'eût été peut-être moins adroit ; eût-ce été moins simple?

Simple!

Ce mot nous arrête court. Il exige tout un chapitre dans la biographie de M. Laboulaye. « Soyez simples, nous dit M. Laboulaye. Je suis simple. »

La simplicité est sa grande affaire. Il y veille, il y vaque.

Ce qu'il aime, ce qu'il choisit, ce qu'il cultive, c'est la simplicité. Il la cherche dans sa personne ; c'est pourquoi il porte curieusement ses cheveux longs et onduleux, comme on voit ceux des sages et des philosophes dans les vignettes de la fin du xviiie siècle. Il la veut dans ses habits : c'est pourquoi il se fait faire des redingotes de clergyman qui cachent le linge, et sont très longues, et moulent la poitrine, et font dire enfin :

— Cette redingote recouvre assurément un cœur chaste, vertueux et tempérant.

C'est pourquoi aussi il a des chaussures hygiéniques et économiques, sur lesquelles un moraliste puisse raisonner.

Il veut la simplicité dans sa vie : c'est pourquoi il a brigué des places dans toutes les assemblées politiques et littéraires, et, en effet, quoi d'étonnant à être simple dans une humble condition ; tandis qu'il est beau de dire : « Je porte au Sénat la simplicité d'un cantonnier. Et vous voyez avec moi Washington et Franklin à l'Institut de France, car ma simplicité est à l'image de la leur. »

Il veut la simplicité dans les écrits, et c'est pourquoi, étant légiste, il n'écrit pas des traités de législation comme ses confrères, qui ne pensent point à être simples. Il y pense, lui, et l'auteur des *Contes bleus* donne à ses travaux de droit constitutionnel la forme d'un conte à la Mme d'Aulnoy ; c'est cela qui est simple !

Enfin, à force de s'appliquer à être simple, et de se composer pour cela, M. Laboulaye est l'homme d'esprit le plus artificieux qu'on puisse rencontrer.

Sa vie de savant homme politique serait tout unie sans l'encrier, le fatal encrier de 1870. M. Laboulaye avait écrit, sous l'Empire, ces deux jolis romans qui lui méritent le titre de « Jules Verne de la politique ». Ne croyez pas que ce titre lui déplaise outre mesure. Il est dans la fonction d'un Franklin de vulgariser toutes choses ; et de réduire par le bon sens les problèmes les plus ardus.

En fait, le *Prince Caniche* n'était pas Napoléon III en personne ; mais M. Laboulaye faisait, dans ses petits romans, la critique du gouvernement personnel. Il se rallia à l'Empire, quand l'Empire devint libéral. Ainsi firent de très honnêtes gens, MM. de Talhouet, Buffet, Daru...

M. Laboulaye déclara qu'il voterait *oui* au plébiscite. On se rappela alors sa candidature indépendante dans la première circonscription du Bas-Rhin et l'encrier que les dames de Strasbourg lui avaient envoyé pour le consoler de son échec électoral.

Ce diable d'encrier valut à M. le professeur de législation comparée au Collège de France, un de ces charivaris comme la jeunesse des écoles en réserve aux hommes de valeur, à Sainte-Beuve, à Royer-Collard, par exemple. La généreuse et intelligente jeunesse des écoles imita, pendant une heure, le cri du coq, et, après avoir tenu tête, pendant une heure, à cet orage, le professeur descendit de sa chaire, pour n'y plus remonter.

Il écrivit, le même jour, à l'administration du Collège de France :

« Dans l'intérêt de la paix publique, je vous demande de suspendre provisoirement mon cours... Je crois qu'il convient à un vieux professeur d'avoir pitié des fous qui outragent en sa personne la liberté d'opinion et la liberté d'enseignement. »

Mais le maudit encrier devait faire encore des siennes (1).

C'était le 16 juin 1874. L'Empire s'en était allé dans de grandes misères et de cruelles douleurs. On avait une gentille République pleine d'académiciens et de professeurs, et dont les princes s'accommodaient. M. Laboulaye, député de Paris, soutenait la proposition Casimir-Périer tendant à la constitution défini-

(1) Depuis, M. Ranc nous a donné la vraie histoire de l'encrier:

« C'est au journal la Cloche que la scie de l'encrier fut inventée, mais c'est à M. Lafont, aujourd'hui député du XVIIIe arrondissement, qu'il convient d'en restituer l'honneur.

« A la suite de l'échec électoral de M. Laboulaye dans la première circonscription du Bas-Rhin, les dames de Strasbourg (et non pas les étudiants comme on l'a écrit à peu près partout) lui avaient offert, en guise de consolation, un superbe encrier. L'objet fut porté à M. Laboulaye par M. Lafont, à qui il avait été adressé de Strasbourg, et par M. Jules Ferry. Vint en 1870 le plébiscite. M. Laboulaye écrivit la lettre dans laquelle il donnait à l'affaire une complète adhésion.

« Le candidat indépendant de Strasbourg se faisait plébis-

tive de la République; il ressemblait plus que jamais à Franklin et il ne songeait pas du tout à l'encrier.

Une voix s'éleva de la droite :

— C'est un plébiscitaire qui parle ainsi.

Il fallut jeter les vieux amis à l'eau. On le fit de bonne grâce, sans se faire tirer l'oreille.

— Oui, répondit M. Laboulaye, un plébiscitaire, et de ceux qu'on a le plus indignement trompés!... J'ai voté la paix, on a fait la guerre...

Aujourd'hui M. Laboulaye n'est pas content. On fait des sottises. Cela agace les gens d'esprit.

On l'injurie chaque fois qu'il ouvre la bouche pour dire quelque chose de précieux, quand déjà sa langue est tout en joie d'avoir à tourner pour un si bel objet; on lui jette l'encrier à la tête. Est-ce là le prix de soixante-douze ans de simplicité? Franklin était simple, mais les deux mondes lui tressaient des couronnes de chêne et de laurier. M. Laboulaye voit qu'il a frayé avec des sots. Il lui reste la sympathie des gens intelligents et le contentement de soi-même. C'est une brillante recrue pour le parti des dupes, qui compta Littré et dont M. Vacherot est maintenant le chef incontesté.

citaire. Le scandale fut grand et vive l'irritation dans le monde républicain et libéral. On dauba fort sur M. Laboulaye. Un soir, à la *Cloche*, Lafont nous déclara que, pour dégager sa responsabilité, il allait écrire à M. Laboulaye et lui réclamer l'encrier. L'idée fut trouvée bonne, et à l'instant j'écrivis un entrefilet où nous annoncions très sérieusement qu'une délégation de patriotes strasbourgeois était arrivée à Paris avec mission de sommer M. Laboulaye d'avoir à restituer le précieux encrier. L'article avait pour titre : « Rendez l'encrier! » et c'était aussi le mot de la fin. Toute la presse le lendemain reproduisit la nouvelle. Ce fut une des gaietés du moment.

« Telle est l'histoire vraie de la légende de l'encrier. » (*Voltaire* 3 juin 1883.)

XII

LA FORCE DE M. JULES FERRY

Samedi 10 février 1883.

M. Jules Ferry va donc être de nouveau ministre. C'est le seul homme qui reste à la République existante en attendant l'autre; c'est le seul adversaire sérieux qu'elle ait encore à opposer à la rouge, et d'autre part le seul bourgeois assez convaincu pour risquer les expulsions de toute sorte.

Cet homme, au moment de reparaître, mérite d'être étudié dans son ensemble, et jugé avant que la démocratie montante l'ait balayé avec le reste.

Je tâcherai d'être juste avec lui, bien qu'il m'en coûte un peu.

Et tout d'abord il n'a donné à personne l'idée d'un homme supérieur et il donne à tout le monde l'idée d'un homme désagréable.

Ce fut le plus terne des gens du 4 Septembre, et les Parisiens l'auraient oublié de bon cœur, sans le pain extraordinaire qu'il leur donna pendant le siège. M. Thiers n'a point pu, malgré toute sa bonne volonté, en faire un ministre de France aux États-Unis, parce qu'il y avait alors, avec les grandes nations, des apparences à garder.

Il était deux fois devenu ministre par les intrigues de M. Gambetta, comme Ruy Blas par les machinations de don Salluste, et il l'était devenu au moment précis où ce n'était plus rien du tout que d'être ministre. C'est ce que j'appelle arriver à point.

Tout en faisant beaucoup dans son département, il était resté piteux. Ceux pour lesquels le pouvoir a encore quelque prestige ne voyaient pas alors en lui l'étoffe d'un président du conseil. Ils ne songeait pas, dans l'espèce, qu'il s'agissait de présider MM. Constans et Cazot et M. Farre.

En pareille compagnie, M. Jules Ferry ne pouvait pas prendre les bonnes apparences qui lui manquaient.

Il était resté fort mesquin, et pourtant il fallait et il faut encore compter avec lui.

M. Gambetta lui-même n'avait pu le jeter par-dessus bord, malgré l'envie qu'il en avait, et M. Paul Bert n'a pas gardé longtemps la peau de lapin de ce grand maître de l'Université.

Il a duré, ce qui est quelque chose, et, malgré certaine avaries, il va durer encore longtemps.

C'est qu'il y a dans M. Jules Ferry une force.

Il est avocat. Il emporta ses premiers succès dans des parlottes, sous l'Empire, où il chipait des discours tout faits à M. Bardoux, à moins que ce ne soit M. Bardoux qui les lui chipât. Je ne me souviens plus. Il écrivit, selon ses forces, dans le *Temps*, et eut la bonne idée de collaborer au *Manuel électoral* de 1866, dont les auteurs ont été bien pourvus depuis, sous la République.

La chicane est une bonne chose. Déployer dans les affaires publiques l'intelligence moyenne d'un avoué de petite ville est une œuvre qui mène loin. Et c'est bien un peu ce qu'a fait M. Ferry.

Quand il montait à la tribune, le petit avocat d'affaires perçait sous le ministre et l'homme d'État.

Il avait une manière de feuilleter son dossier en se passant la langue sur les lèvres ; il avait un : « Permettez, permettez ! » et certain tour de pouce qui réduisait immédiatement les intérêts des congrégations et le sort de nos soldats en Tunisie aux proportions d'une affaire de la compétence d'un juge de paix.

Cela se supportait après un de ces discours dans lesquels M. Cazot semblait, comme un enchanteur, transporter tout le Corps législatif dans un café du quartier Latin. L'effet était réel. Vous étiez dans une tribune ; M. Cazot parlait, vous fermiez les yeux et vous vous croyiez à la brasserie.

Avec M. Ferry, son œil battu, son nez tombant, ses favoris en branches de saule, ses lèvres rasées, sa mine patibulaire ; — avec M. Ferry, dis-je, et son accent des Vosges, la scène changeait et devenait plus noble. Vous vous fussiez cru transporté dans un prétoire de sous-préfecture.

Mais ce n'est pas là une force.

Ce n'est pas ce qui fait que MM. Grévy, Wilson, Freycinet et les autres lui gardent une place, malgré l'envie commune qu'ils ont de l'écraser contre une porte.

Il faut chercher ailleurs le fort de M. Ferry.

Je le dis tout de suite : ce n'est pas la pensée.

Les hommes politiques qui ont fait leur éducation au Palais et qui ont passé le plus clair de leur jeunesse à dépouiller des dossiers, peuvent acquérir des facultés spéciales d'une grande puissance; mais ce qui leur manque généralement, c'est la connaissance des hommes. M. Dufaure était notable à cet égard. Il ne soupçonna jamais que les hommes eussent des passions : il ne leur connaissait que des lois dont il citait les articles. M. Buffet, qui parle avec tant d'autorité, ne connaît, lui non plus, qu'une seule humanité : l'humanité législative.

Quant à M. Ferry, son ignorance des hommes est quelque chose d'achevé.

Je ne lui demande pas de bien connaître le monde et ses différences. On n'exige pas l'impossible. Mais il pourrait avoir au moins, comme M. Gambetta, la pratique un peu canaille du populaire qu'il a flatté en conscience et trompé de bonne foi.

Il devrait connaître un peu ses électeurs et les malheureux qui l'ont acclamé à l'Hôtel de Ville, quand il devait sauver la France. Il y a peu d'hommes dans le Parlement, et pas un seul hors du Parlement, qui ignorent avec tant de candeur insolente les idées et les passions de l'ouvrier.

Voici un petit fait bien oublié, et qui me semble digne d'être rappelé.

Je veux parler de la visite que fit M. J. Ferry aux garde nationaux de Belleville, peu de jours après le 31 Octobre.

On lui avait dit qu'ils avaient un bon esprit. A cette

nouvelle, M. l'administrateur de la Seine (c'était alors, je crois, le titre officiel de M. Ferry) demande à l'administration militaire ce qu'elle a de mieux fait en drapeau. L'administration militaire était déjà, en ce temps-là, douce, innocente et pleine de soumission envers le pouvoir civil. Elle envoie sur-le-champ à M. Ferry un grand diable de drapeau, qu'il fait porter, sans pompe, dans la mairie de Belleville, faute de pouvoir le porter commodément en fiacre sur ses genoux.

A Belleville, il fait ranger les citoyens en bataille, les passe en revue, les harangue, et, s'étant fait remettre le drapeau, le leur décerne pompeusement. Il fait valoir son cadeau. Il leur dit que cet insigne est le « seul de son espèce ». Puis il les engage poliment à aller un peu le montrer aux Allemands.

Là-dessus, il est hué, conspué, et n'a qu'à s'enfuir. Le drapeau monstre fut mis en pièces. Les gens de Belleville s'étaient imaginé que cet avocat ne leur donnait un si grand drapeau que pour les désigner clairement à l'ennemi — et qu'ils étaient vendus et livrés.

Le plus singulier est que M. Ferry n'a pas encore compris la profondeur de cette scène quasi-militaire. Appelé un jour à s'expliquer sur l'aventure, il la raconta avec une naïveté qui paraît sincère.

Mais son plus bel aveu est celui qu'il fit devant la commission d'enquête sur les causes de la Commune. Interrogé sur la journée du 18 Mars, il répondit :

— Elle fut amenée par une série de fatalités.

Cette idée lui sembla belle, et il la développa.

— On a rarement vu, dit-il, un enchaînement de fatalités plus inéluctables.

S'il nous restait en France quelque idée de ce que

doit être un homme d'État, pour cette seule parole
M. Ferry cultiverait à l'heure qu'il est le colza à Saint-
Dié (1).

L'intelligence abstraite et philosophique de M. Ferry
est un peu plus ouverte, bien que terriblement étroite.

Il est positiviste, me dit-on, et positiviste orthodoxe,
selon Auguste Comte. Je ne fais aucune difficulté de
croire qu'il y met plus de sérieux que n'en mettait
M. Gambetta, par exemple, qui était positiviste aussi,
mais semblait faire partie seulement du bas clergé
de cette église.

Ce n'est pas encore là une force.

Bien au contraire.

Si nous perdions notre temps à faire l'histoire des
idées de M. Ferry, depuis l'élection de 1867, contre

---

(1) Le style de M. Jules Ferry est vraiment une chose abomi-
nable. Je cite au hasard les fragments d'un discours que j'ai sous
la main.

« L'Algérie, dit-il, a longtemps *piétiné*, longtemps peiné *dans
les rudes et laborieux sentiers de la colonisation officielle, sous
le régime des concessions gratuites et de la petite culture*. Sa pros-
périté présente, dont l'essor est si magnifique, dont l'avenir paraît
illimité, vient de nouveaux colons qui engagent résolument et
leurs personnes et leurs capitaux. L'Algérie devient de plus en
plus un pays de grande culture, de grande industrie agricole. Ce
qui est vrai de l'Algérie l'est encore plus de la Tunisie.

« Les grands domaines européens s'y multiplient, *la culture de
la vigne s'y développe magistralement*, les industries agricoles, *la
fabrication des huiles, par exemple, s'installent sur une grande
échelle*. On ne tâtonne pas, on sait ce que l'on veut et où l'on va.
Le même esprit de décision et de suite a présidé à l'établissement du régime sous lequel la Tunisie vit et progresse depuis
bientôt six ans. Je puis bien vous parler du protectorat; n'en
suis-je pas un peu le père?... »

(*Discours prononcé à Tunis au mois de mai 1887.*)

M. Augustin Cochin, et les *Comptes fantastiques* (ce calembour n'est pas de lui) jusqu'aux décrets et aux Kroumirs, nous n'y trouverions que faiblesses, violences et contradictions.

Rien en lui ne sort de la banalité.

Sa vie politique est celle des libéraux de l'opposition, jacobins au pouvoir, sans rien qui relève cette brutale imitation.

J'aime mieux ce terrible Veuillot, ce lion de sacristie, qui disait :

— Quand vous êtes au pouvoir, je vous demande la liberté, parce qu'elle est dans votre principe ; quand je serai au pouvoir, je vous refuserai la liberté, parce qu'elle n'est pas dans mon principe.

Le Ferry de 1867 n'eut pas tant de crânerie. Je trouve sur son affiche électorale :

« Entière liberté de la presse.

« Entière liberté de réunion.

« Entière liberté d'enseignement.

« Entière liberté d'association. »

Je dirai, pendant que j'y suis, que cet avocat était alors pour la séparation de l'Église et de l'État. C'est du moins le sens de cette phrase, si tant est qu'il y en ait un : « L'alliance de l'État et de l'Église n'est bonne ni à l'État ni à l'Église. »

Ce n'est pas pour trouver quelque chose de bon ou de vrai, mais pour le triste plaisir de la comédie humaine, que je continue à suivre le Ferry de l'Empire.

En 1870, quand éclata la guerre, il demanda, à la tribune, la suppression de la loi du 25 mai 1834, qui défendait à la presse de parler des opérations militaires.

J'avoue que j'ai souri, malgré bien des tristesses, en songeant à ce que le collègue de M. Farre avait dû penser de cette loi du 25 mai 1834!

Il y a pourtant en cet homme quelque chose qui l'a fait durer et tenir debout.

Ce n'est ni son esprit, qui est borné; ni son talent, qui est petit.

C'est sa probité privée, qui est entière, et un certain tour d'esprit vaillant. Et j'insisterai sur cette dernière qualité de M. J. Ferry, pour le seul plaisir d'être vrai.

M. Ferry n'a pas peur dans l'émeute, et cette disposition naturelle de son âme tranche vivement sur le fond de couardise universelle qu'on voit. D'autres sont aussi effrontés que lui et moins courageux. Rappelez-vous le 18 Mars. — Lecomte et Clément-Thomas ont été massacrés. Thiers, Dufaure, Simon, tous les membres du gouvernement sont partis pour Versailles. Ce qui reste de l'armée est massé au Champ-de-Mars et va s'éloigner. Vinoy en a donné l'ordre. La folie de la peur qui a saisi tout le monde fait qu'on évacue le Mont-Valérien. La Commune est maîtresse de la ville. Cent mille ivrognes dangereux roulent, avec fusils et cartouches, dans les rues. Tous connaissent Ferry et l'exècrent plus encore que Clément-Thomas qu'ils connaissaient moins et qu'ils ont pourtant massacré avec délices. Les chefs de l'armée de l'émeute partagent cette haine et ont donné l'ordre d'occuper l'Hôtel de Ville.

M. Ferry y reste toute la nuit; et pendant que les barricades s'élèvent, lui, maire de Paris, règle minutieusement la translation des services. — Enfin, après une nuit entière dans laquelle il a exercé avec une certaine grandeur, cette fois, son petit génie de paperassier, il entend la fusillade, met le nez au balcon, voit Lullier à la tête d'un bataillon de communards et, l'ayant examiné de son air le plus impertinent, ferme la fenêtre — et il télégraphie au ministre de l'intérieur :

9 h. 55 du matin.

Maire de Paris à Intérieur.

Les troupes ont évacué l'Hôtel de Ville. Tous les gens de service sont partis. Je sors le dernier. Les insurgés ont fait une barricade derrière l'Hôtel de Ville et arrivent en même temps sur la place en tirant des coups de feu.

Ce télégramme a des coquetteries permises. On peut jouer à ce prix au capitaine de navire. En fait, il quittait le dernier son bord, dignement et au péril de sa vie.

Voilà ce qu'il faut dire, pour être vrai, de cet homme médiocrement intelligent mais têtu et obstiné au pouvoir.

Bien qu'il ait le cerveau trop étroit pour que son courage même soit tout à fait intéressant, j'avoue que je crois M. Jules Ferry très capable d'affronter les dangers qui sont imminents et de faire de périlleuses sottises.

Quant à prévenir un seul danger, quant à éviter une seule sottise, ne lui demandez pas cela. — Rien ne l'a instruit, rien ne l'avertira.

XIII

LES DIPLOMATES DE LA RÉVOLUTION

Samedi 3 mars 1883.

M. de Lamartine, qui avait, pour un poète, quelque sens de la politique, disait avec beaucoup d'esprit :

— Comme un gouvernement nouveau ne peut faire de bons choix pour les postes diplomatiques, et puisqu'il ne peut en faire que de médiocres ou de mauvais, il doit préférer les mauvais aux médiocres. La raison en est claire. Un médiocre agent fait quelque chose de médiocre : un détestable agent ne fait rien du tout.

En 1848, il avait envoyé à Naples un ambassadeur choisi conformément à ces maximes. Un de nos compatriotes, qui voyageait en Italie, l'alla voir à l'ambassade et lui dit :

— Eh bien ! comment le roi vous a-t-il reçu ?

— Est-ce que je vois ces gens-là ! répondit l'ambassadeur.

Quand on rapporta le trait à Lamartine, il sourit et dit :

— Vous voyez bien que j'ai eu raison de nommer un ambassadeur détestable. A sa place, un agent passable aurait vu le Roi et aurait compromis une situation que l'autre laisse intacte.

Les gouvernements révolutionnaires, quand ils s'installent, ont le double inconvénient de créer de mauvais fonctionnaires et de gâter ceux de l'ancien régime qu'ils conservent.

On en trouve un exemple curieux dans le livre, non encore paru, dont j'ai les bonnes feuilles sous les yeux : *les Diplomates de la Révolution*, par M. Frédéric Masson (1). On sait que M. Frédéric Masson, qui fut bibliothécaire du ministère des affaires étrangères, tant qu'il put l'être sans rien céder de ses amitiés politiques, connaît dans son détail l'histoire de la diplomatie française.

Il ne s'en tient pas aux pièces officielles ; il travaille sur les documents intimes, lettres et journaux manuscrits. C'est un grand dévorateur de vieux papiers. Il les flaire de loin et sait les dénicher. Il a copié des montagnes de documents. Et ce labeur patient est un don singulier chez un homme jeune, vif, toujours prêt à se jeter dans la vie active, comme est M. Frédéric Masson.

Il a laissé de son passage à la bibliothèque du ministère un monument honorable. Je veux parler du livre intitulé : *le Département des affaires étrangères pendant la Révolution*, et sur lequel M. le duc de Bro-

---

(1) *Les Diplomates de la Révolution*, par Frédéric Masson. Charavay frères éditeurs.

glie fit jadis un bel et bon article. Son édition des *Mémoires et Lettres du cardinal de Bernis*, et son étude sur la *Révolte de Toulon en prairial an III*, ont révélé chez lui une sûreté d'information vraiment rare. Et l'on a lu avec un intérêt curieux la reconstitution qu'il a faite, pièce à pièce, de la vie du petit-fils de Mme de Sévigné, le marquis de Grignan.

Entre autres sujets à réflexion, on trouvera deux figures bien connues dans le livre sur les diplomates de la Révolution. Il est curieux de les rapprocher et de les comparer. L'une, celle du baron de Mackau, représente le diplomate dans l'ancienne manière; — l'autre, celle de Basseville, exprime au vif le jacobin diplomate.

M. de Mackau, d'abord ministre de France à Stuttgard et à Florence, devint ministre de la République à Naples en 1792. Sa situation, délicate dès le début, ne laissa pas de devenir très difficile pendant la captivité et le procès du roi.

Quant à l'exécution de Louis XVI, il essaya de la couler en douceur aux ministres et à la cour. Il prit un air pénétré et risqua quelques condoléances; mais ce fut en vain.

Toute relation était rompue entre le ministre de la République et la cour des Deux-Siciles. Alors, il eut une idée bien singulière et qui montre ce que c'est qu'un homme nul et correct. Il écrivit en France, au ministre des affaires étrangères, pour lui demander si, à l'exemple de la cour des Deux-Siciles, il devait prendre le deuil de Louis XVI.

Ce trait est curieux et très applicable à ceux de nos

ambassadeurs qui demeurent malgré le pas en avant que nous venons de faire.

La vérité est que la situation était impossible et qu'il fallait un sot pour tenir un tel poste dans de telles circonstances.

L'impératrice Charlotte, fille de la reine de Naples, étant accouchée d'un fils, des fêtes furent données à cette occasion, et le corps diplomatique y fut invité. M. de Mackau s'y rendit. Le roi et la reine lui tournèrent le dos à plusieurs reprises et toute la cour accabla de brocards ce pauvre homme qui représentait, à ces fêtes royales, une Assemblée régicide et s'efforçait de plaire. Il reçut de la Cour des Deux-Siciles, le 1er septembre, l'ordre de quitter Naples dans les huit jours.

Le diplomate qu'il faut mettre à côté de celui-là est Basseville, fils d'un teinturier d'Abbeville. Il fut abbé et composa des *Éléments de mythologie* ainsi que des *Mélanges érotiques et historiques, ou les œuvres posthumes d'un inconnu, publiées par un chapelain de Paphos.*

C'était un grand faiseur de dédicaces.

Mais quand les nobles furent proscrits, il retrouva à leur égard toute son indépendance et ne flatta plus que le peuple souverain. La Révolution fit de ce pauvre diable un diplomate.

Il se rendit à Rome, sans délégation régulière, avec une concubine.

Il y fit naturellement toutes les sottises qu'il avait à faire; sa jactance jacobine et sa vanité tapageuse irritèrent les Romains qu'il ameutait tous les jours contre les Français. La fête se termina fort mal pour le malheureux Basseville, à qui un barbier ouvrit le ventre d'un coup de rasoir.

Ah! comme tout cela nous touche. Comme ces histoires-là nous intéressent!

C'est qu'à l'heure où nos ambassadeurs, portant la peine des fautes commises ici, se retirent devant les froideurs des souverains, nous pouvons craindre que le tour des Mackau et des Basseville ne vienne bientôt. Cette réflexion sur nous-mêmes, qu'il est impossible de ne pas faire, donne un intérêt bien aigu au livre de M. Frédéric Masson.

Il est inutile de se flatter. Nous avons des ministres jacobins; nous aurons une armée jacobine; nous aurons une diplomatie jacobine.

Je suis persuadé qu'en lisant les aventures de ce Basseville qui fut un drôle, M. Challemel-Lacour (1), ministre des affaires étrangères, est un assez grand philosophe pour se dire :

— Voilà un symbole!

(1) V. *Mémoires d'aujourd'hui* (1ʳᵉ série), les chapitres consacrés à M. Challemel-Lacour, pages 37 et 227.

XIV

M. SIGISMOND LACROIX

Dimanche 11 mars 1883.

Aujourd'hui, Belleville est convoqué dans ses comices, pour procéder à l'élection d'un député, en remplacement de feu M. Gambetta. M. Sigismond Lacroix, battu à peu de voix d'ailleurs, à la dernière élection, par M. Gambetta, se présente de nouveau aux suffrages de Belleville, et a pour concurrent un ami de son vainqueur, M. Métivier, comme lui membre du Conseil municipal de Paris. M. Métivier emprunte son importance à l'ombre du « grand mort »; mais M. Sigismond Lacroix a une personnalité qui offre quelque intérêt, et que les manifestations, annoncées pour l'après-midi, peuvent mettre en un singulier relief.

Il y a comme cela en France quelques Polonais qui, sans doute pour épargner nos oreilles et parvenir à la réputation, ont changé, modifié ou traduit leurs noms polonais en noms plus aisément prononçables. Leur ambition a cherché à donner des facilités à l'admiration orale de leurs contemporains. C'est ainsi qu'au Palais-Royal, sous l'Empire, M. Choïeski se faisait appeler Charles Edmond (le nom lui en est resté); — que, pendant la guerre, M. Wiefskiewski, l'ami de M. de Freycinet, était plus connu aux états-majors sous le nom de M. de Serres, et qu'au conseil municipal M. Krzyjanowski est devenu M. Sigismond Lacroix (1).

M. Sigismond Lacroix est un personnage à considérer.

C'est un homme de trente-huit à quarante ans. La tête ronde et blonde, la face exsangue et les pommettes un peu saillantes, des yeux bleu d'acier, des lèvres sans couleur, une barbe claire et coupée court. Il est plutôt petit que grand et a les épaules assez développées. Il a la voix blanche et le ton un peu sourd, et dans la conversation ordinaire il parle bas volontiers. Dans le discours public, il expose ses idées très clairement, et très lentement d'abord; mais, après quelques minutes, il se laisse entraîner par la vitesse acquise.

M. Lacroix a le sourire dédaigneux. Il donne l'idée d'un homme qui saura attendre l'heure et qui a assez d'énergie et de confiance en soi pour n'être point pressé de réussir. C'est un calculateur dangereux, mais intéressant, et qui mérite d'être étudié autant pour la qualité de ses idées que pour toute la tenue de son caractère.

1) Conçu en France, M. Sigismond Lacroix est né à Varsovie le 26 mai 1845, d'un Polonais et d'une Polonaise. Son père, fixé en France depuis 1832, se fit naturaliser en 1868. Le nom de Lacroix est, paraît-il, la traduction du nom de Krzyjanowski.

Mais il serait injuste, avant d'aller plus loin, de ne point parler du bon M. Accolas, l'auteur de la *Philosophie de la science politique*, qui fut son éducateur et qui, presque aussi pauvre que M. Lacroix lui-même, trouva moyen, dit-on, d'être encore son protecteur. Ce qui est fort honorable pour tous deux.

Le bonhomme Accolas est haut comme une lampe : de longs cheveux blancs et des favoris qui grisonnent. Une redingote à jupon en lasting ciré, un chapeau hyperbolique et un grand parapluie habillent son personnage. C'est un nain emphatique, qui a beaucoup de science, d'intelligence, et qui met quelque comédie à faire valoir ses combinaisons philosophiques et sociales. Mais il n'y a pas à lui en vouloir, parce que ce rêveur au moins n'a jamais su faire ses affaires, et que ses idées sont désintéressées.

Il doit perdre, sur ses manuels de droit civil. C'est un homme à perdre quarante francs dans une affaire où M. Zola gagnerait honnêtement cent mille francs.

C'est un homme curieux que ce philosophe systématique et ce juriste convaincu de ses systèmes.

Il fut jadis professeur de droit civil français à l'Université de Berne, où il démarqua assez joliment, me dit-on, les idées de Laurent, le doyen de la Faculté de Gand, dont les livres n'étaient point très connus alors, et qu'on n'opposait pas encore aux livres de Demolombe. C'est un habile ouvrier des œuvres des autres. Depuis la République, il professa le droit en chambre, rue Saint-André-des-Arts. Il avait là deux Japonais pour élèves et quelques initiés. Sa chambre était un grand cabinet empli de livres de science.

Là, Accolas se montrait plein de colère contre Platon et d'admiration pour Aristote, — il était, à l'occasion, plein d'horreur pour Renan. — Il n'admettait que la critique de Comte, lui reprochait ses essais de reconstitution, sa religion et le reste. — Il croyait à l'individu, ne croyait qu'à l'autonomie de la personne humaine et ne concevait que les actions des individus. — Il prenait l'organisme social le plus simple. La Commune était la monade sociale et il partait de là pour édifier sa théorie politique. — Il constituait ainsi des corps de plus en plus simples, pour arriver à obtenir le moins de gouvernement possible et à faire cesser l'autorité, la guerre... etc. Il croyait enfin, contrairement à Comte, avec lequel il était décidément brouillé, que le progrès n'est pas une loi, mais, comme Vico, que l'humanité est son œuvre à elle-même, et concluait à la liberté absolue, etc.

Tout cela, d'ailleurs, était dans Proudhon, qui a fait la théorie de l'anarchie. M. Accolas n'a fait que ramener la théorie à la rigueur d'un enseignement juridique.

Qu'on ne m'en veuille pas si j'ai mis quelque désordre et quelque obscurité dans l'aperçu plus que sommaire que j'ai donné des théories politiques et philosophiques de M. Accolas. Je l'ai fait à dessein. Non point que M. Accolas ne soit pas un esprit clair en ses théories, — il n'est pas, au contraire, d'esprit plus net et plus convaincant que le sien, — mais parce que l'exposition des théories mêmes me semble assez inutile, et que d'ailleurs les théories philosophiques et politiques sont des coquetteries d'intellect auxquelles je ne me sens pas naturellement porté.

Deux ou trois fois par semaine, M. Sigismond Lacroix déjeune avec le bonhomme Accolas. L'intelligence sèche et simple de M. Lacroix est séduite par l'exubérance et le volume des facultés de son maître et de son philosophe.

Dans ces tête-à-tête, M. Accolas enfle la voix. Il tâche de maintenir son élève à la hauteur des théories. Il compare ce qui se fait à ce qu'on devrait faire, et il devient amer et souverain.

— Les ministères, dit-il, sont les débris de l'organisation moitié germanique, moitié byzantine de Charlemagne... des abominations féodales.

Et il est très capable de dire de M. Bardoux, pour les actes d'autorité qu'a faits le plus innocent des ministres:

— C'est un brave homme; mais, historiquement, c'est un monstre... une épave du régime féodal.

C'est ainsi que M. Accolas réconforte le sage M. Sigismond Lacroix.

Mais avant lui, hélas! le professeur a eu beaucoup de prosélytes. Ce petit homme a eu une grande influence sur la génération nouvelle de ceux qui sont au pouvoir et qui se réunissaient chez lui sous l'Empire. Ses élèves juraient, sur le bréviaire du parti, d'appliquer, au pouvoir, les théories du maître. Mais, au pouvoir, ses élèves n'ont pas appliqué les principes, et, comme M. Émile Accolas est un homme qui se brouille et n'est point agréable, il les traite tous, les uns après les autres, comme j'ai dit tout à l'heure qu'il était dans son caractère de traiter M. Bardoux.

Le métaphysicien politique croit avoir trouvé en M. Sigismond Lacroix l'exécuteur de ses théories; il le tient, il le couve, son homme politique...

M. Lacroix a des appétits de pouvoir. Il est maître de lui et séduisant d'une certaine façon. C'est ensuite une volonté, une personnalité, une force. Il a un corset, ce qui est quelque chose, dans un temps où tout se lâche. Il n'a avec cela ni dandysme ni *pectus*. Il ne s'échauffera pas. Il n'hésitera pas à faire fusiller s'il est le maître et qu'il le faille ; mais il y mettra de la rectitude.

Ce n'est pas un amateur.

S'il est nommé, comme il est probable, cet homme prendra une grande influence parlementaire. C'est la forte tête du parti, et point du tout un communard de table d'hôte comme est ce bon M. Tony Révillon. Il disciplinera l'extrême gauche. Il dissoudra ensuite le radicalisme de M. Clémenceau. Cela se fera chimiquement, c'est-à-dire sûrement, invisiblement, sans bruit.

Nous perdrons ainsi M. Clémenceau dans cette combinaison. Nous aurons, avec M. Sigismond Lacroix, l'autonomie communale et l'ensemble des lois qu'il faut pour établir cette manière de ne pas gouverner. Il essaiera de pousser jusqu'à l'absurde la logique du laisser-faire et du laisser-passer, ce qui contristera fort MM. Ferry, Waldeck-Rousseau et Challemel. Il saura faire toutes petites les théories de bouleversement, il les rendra votables. Il en fera des pilules sans goût ni saveur, qui s'avaleront facilement, mais dont les effets incommoderont le corps social jusqu'au *miserere*.

Eh! oui, M. Lacroix fera ainsi pour parvenir... Mais, s'il parvient au pouvoir, qui me dit qu'il ne trahira pas son vieux maître Accolas, et ne lâchera pas la religion de la science et tous les principes?

Le partisan extrême du laisser-faire et du laisser-passer, s'il arrive au pouvoir, trouvera bien dans ses malles, comme les autres, les souliers de César et de Napoléon.

On ne fait des programmes et des théories que dans l'opposition. C'est que, malgré M. Accolas, la politique n'est pas une science, mais un art. — C'est comme si l'on disait que l'art de congédier ses créanciers était une science. — C'est qu'il n'y a pas non plus de science de la vie, que la vie est elle-même une chose absurde et déraisonnable ; qu'il est impossible de rien légitimer scientifiquement dans la vie ; qu'on ne vit enfin qu'en pactisant avec ses illusions, et qu'il faut compter avec les préjugés nécessaires qui ont fait l'histoire et font vivre — malgré MM. Accolas et Sigismond Lacroix.

XV

LE « CREST » DE M. WADDINGTON

Samedi 12 mai 1883.

Il y a deux ou trois ans, le tzar assistait un jour aux manœuvres qui se font l'hiver dans le grand manège couvert de Saint-Pétersbourg, lorsqu'au milieu des costumes militaires de toute sorte il remarqua de loin un costume extraordinaire qui venait vers lui. L'empereur interrogea les officiers qui l'entouraient :

— C'est l'ambassadeur d'Angleterre, lui répondit-on.

C'était en effet l'ambassadeur d'Angleterre, qui, n'étant point général et n'ayant point d'uniforme, avait pris tout à coup le titre abandonné de colonel honoraire des milices du Canada et en montrait le costume. M. l'ambassadeur d'Angleterre, ou plutôt M. le colonel honoraire des milices du Canada, avait raison d'ailleurs de faire ainsi, puisqu'on n'approche l'empereur qu'à la manœuvre, et qu'il faut être militaire pour cela.

M. Waddington, lui, pour dignement représenter la

France au couronnement de l'empereur Alexandre III, n'a point eu l'idée, comme son compatriote, de se trouver des titres militaires et de se vêtir d'un costume éclatant. Non point. Le numismate auteur des *Mélanges de numismatique et de philologie*, l'helléniste qui a écrit *Des inscriptions grecques et latines de la Syrie*, n'a prétendu à rien de militaire. Mais, comme il sait que la pompe des costumes et la splendeur des armoiries ne peuvent que le faire prendre en considération dans un État monarchique, M. l'ambassadeur extraordinaire emmène avec lui une voiture portant ses armes et ses couleurs, et une livrée superbe. On en vante déjà l'habit de gala en drap bleu revêtu de galons d'argent, le gilet de drap blanc galonné de même, la culotte de panne blanche, les bas de soie blanche, les souliers à boucles; puis, pour la grande livrée, les aiguillettes d'argent, la culotte en panne bleu ciel et l'écusson dans le dos. Que cela doit être beau, et pourquoi M. Waddington n'allait-il pas aux réceptions de M. J. Grévy en cet équipage héraldique?

Malgré l'écusson qui comporte des fleurs de lis et une devise: *Loyaulté*, et par-dessus lequel est une main brandissant une hache d'armes, je ne crois pas que M. Waddington soit noble ou même anobli. J'incline à croire plutôt que M. Waddington, fils d'un riche filateur naturalisé Français et cousin de l'ancien professeur de philosophie au lycée Saint-Louis, surnommé Kastus, et qui professait encore vers 1865, n'a que le *crest*, sorte de cimier tout sec qui porte impôt en Angleterre et que le premier bourgeois venu peut se payer s'il est riche et honorable.

M. Waddington, avec de la science en plus, est ce bourgeois riche et honorable; ce qui ne veut point dire qu'on doive l'en trop louer, puisqu'on peut demeurer honorable en ne sacrifiant rien de son intérêt.

C'est un petit homme gros et court, avec un excellent tempérament, et qui porte assez légèrement une bonne charpente; les favoris blonds, les cheveux jaune passé et ramenés en accroche-cœurs jusqu'au coin des yeux; les lèvres et le menton bien rasés, la raie très belle, mais point tout à fait au milieu du front. Les yeux clignent, et le regard, caché par les paupières, voile les pensées ou en dissimule l'absence.

Ce qui empêche la vulgarité, c'est que le teint n'est point haut en couleur et que le sang ne se voit point à travers la peau. Il est distingué même, et n'a point le ventre ridicule. Ses mains sont soignées et belles. Il fume des cigares excellents, des cigares énormes, des cigares à lui boucher la bouche, des cigares d'homme discret, des cigares d'homme silencieux. Avez-vous remarqué que la cigarette va bien aux gens nerveux et accompagne les éloquents?

Éloquent, M. Waddington ne l'est point et n'a plus chance de le devenir. Ce n'est pas à cinquante-sept ans qu'un orateur se révèle.

Il s'exprime mal et lentement. Mais ce qui sauve tout, c'est l'accent: non point tout à fait l'accent anglais peut-être; mais un accent assez composite pour donner de l'étrangeté à ce qui serait de la platitude et de la lenteur. Il monte à la tribune pour dire: «Je viens présenter à la tribune des observations particulières...» Cette phrase qui n'est rien du tout, prise en elle-même, devient quelque chose par l'accent qui l'accompagne assez gentiment.

Et puis nous aimons tant les étrangers et leur sommes si indulgents! Vous avez vu, il y a deux ans, Gungl's, un pauvre diable de chef d'orchestre bavarois, plus acclamé à Paris que n'ont jamais été MM. Pasdeloup et Lamoureux.

C'est par son côté anglais libéral et anti-bonapartiste que M. Waddington eut accès auprès des Broglie, chez qui il allait sous l'Empire. L'idée que le duc de Broglie, qui n'est point un flatteur, certes, avait sans doute prise de M. Waddington était que, si M. Waddington était très heureux et très raisonnable, il pourrait être un jour directeur ou même sous-secrétaire d'État dans son ministère. Cette opinion modérée des talents de M. Waddington était bonne tout au plus pour satisfaire M. Waddington sous l'Empire. Il ne trouva pas M. de Broglie assez encourageant et se lassa d'aller chez son collègue de l'Institut.

Depuis treize ans qu'il s'est présenté dans l'Aisne, où il est né, et qu'il a été élu de toutes les façons, il a trouvé des gens plus accommodants dans les commissions législatives, puisqu'il a été trois fois ministre, sous MM. Thiers, Dufaure et Waddington.

Il devenait un personnage. Il cultivait bien pour lui-même, et avec intelligence, cette sorte de médiocrité persistante et de nullité durable, qu'il faut aux ambitieux politiques pour réussir, et qu'il a.

Et à mesure qu'il dure, sa situation s'améliore. Comme il avait plusieurs fois déplu en même temps aux modérés et aux exaltés des deux Chambres, on le croyait perdu avec M. Léon Say. Les choses allaient très mal pour les centre-gauche, qui étaient conspués. Mais, depuis la chute du grand ministère, les sénateurs et même les députés républicains ont compris avec une sorte de logique obscure que la quantité de républicanisme ne suffisait pas, qu'il y fallait encore la qualité d'un Léon Say par exemple, et qu'au besoin M. Waddington pourrait toujours leur resservir, parce que c'est un homme entêté de parvenir au pouvoir et qu'il est faible quand il l'exerce.

Et M. Waddington est content des républicains, et les républicains commencent à être contents de M. Waddington. Autrefois on n'avait jamais recours à ses lumières ; on le gâte à présent moins que M. Léon Say, mais enfin on le gâte : on a voté son amendement et on l'envoie en Russie.

On sent qu'il pourra recommencer. On est sûr de la faiblesse de cet homme froid. Ce centre-gauche, qui veut tomber à gauche, arrivera à servir les plus grandes folies, il sera convenable dans les situations absurdes.

Sous la Terreur, il y a eu des Léon Say et des Waddington. Ces gens-là ne sont pas plus modérés en fait que les Peyrat et les Challemel-Lacour ; ils sont seulement plus dangereux que les autres, parce qu'ils sont faibles et calculateurs, et que, si on leur en demandait trop, ils n'auraient point ces coups de sentiment qui, pour une raison ou pour une autre, feraient dire à M. Testelin ministre, la main sur son programme : « Assez ! » ou : « Encore ! »

Il est comique de songer que M. Waddington s'imagine peut-être faire de la politique à l'anglaise et qu'il est seulement divisé par exemple avec M. de Broglie en ce que lui, M. Waddington, est whig, et M. de Broglie tory.

Ses amis m'ont dit qu'il croyait cela.

Bien qu'il ait fait ses études à Cambridge, je ne pense pas qu'il soit capable en France d'embrouiller à ce point les mots anglais. Il doit feindre de croire à sa *whigerie*. Car ce n'est ni un naïf, ni un sot, certes, ni un malappris, ni un homme malhonnête, ni un homme de cœur; il a seulement — et avec intelligence, comme j'ai déjà dit — cette sorte de médiocrité persistante qu'il lui faut.

Et M. Waddington, notre grand ambassadeur qui a déjà été au Congrès de Berlin, va montrer son *crest* et ses livrées à Moscou, et voir de ses yeux comment on couronne un empereur. Cela n'a l'air de rien; eh bien, vous verrez que, pour ce *crest* en mission, ce bourgeois anglais — qui a toutes les décorations étrangères et n'a point la Légion d'honneur (1) — fera accroire un jour qu'il n'y a que lui au monde capable de ménager à la France républicaine des alliances dans l'Europe monarchique. Il sera le ministre des affaires étrangères de M. Léon Say, si Dieu lui prête vie.

Comme sa première femme, Mlle Lutteroth, qui ne manquait point d'ailleurs de talent d'écrivain, M. Waddington veut écrire son roman français.

1. M. Waddington reçut encore à Moscou l'ordre de Saint-Alexandre Newski.

XVI

LE FOND DU CŒUR DE M. LÉON SAY

Samedi 16 juin 1883.

M. Léon Say est gras; il a la joue lourde et blême. Il a la main belle mais molle, le sourire aimable mais nonchalant. Il est riche et n'a pas à se soucier du lendemain; il soutient en économie politique la théorie joyeuse de l'abondance : « L'abondance, dit-il, est le premier des biens. »

A l'encontre de ces économistes sombres qui se plaisent aux naufrages parce que l'exportation y gagne de nouvelles cargaisons, M. Léon Say ne veut rien perdre, et il applique, dit-on, cette théorie dans sa propre maison. Il aime les grands biens et il a de grands biens. C'est un homme heureux; cela est facile à voir.

Mais, parce qu'il est heureux et parce qu'il est gras, on le croit indifférent.

C'est là une erreur que je ne m'explique guère. Et, si j'ai bien observé M. Léon Say, il est, au contraire, fort agité de passions vives. Il y parait, rien qu'à voir ses yeux clairs et ronds, qui sont fort durs. Ce sont les joues qui semblent douces, parce qu'elles sont molles; mais le regard est sans pitié. La moustache a l'air fâché aussi, et, quand il la tortille, c'est signe de colère. La physionomie, dans son ensemble, est celle d'un vieux matou qui, avec des mines de dormir, vous tord fort bien le cou.

M. Léon Say a des haines très vives. Homme nouveau, issu d'une famille qui passa de la Bretagne en Suisse lors de la révocation de l'Édit de Nantes, tenant par son père à l'industrie; par sa mère, une demoiselle Chevreux, au gros négoce; par sa femme, une Bertin, à la bourgeoisie libérale, M. Léon Say n'aime pas la vieille France, ses lettres, ses mœurs militaires et aristocratiques, son train de guerre et d'amour. Il hait tous nos souvenirs, toutes nos traditions.

Non point seulement les souvenirs de l'ancien régime, mais ceux même qui datent de Marengo et des Pyramides. Il hait, en même temps que la vieille noblesse, ces palefreniers-maréchaux qui disaient : « Nous sommes des ancêtres », et qui disaient vrai.

Et M. Léon Say, qui est un homme heureux, a rencontré, dans ses douze années de vie politique, de belles occasions de satisfaire ses haines inconscientes.

Avec quelle grâce il les a saisies, vous l'avez vu ! Il a vivement voté, le 1er mars 1871, la déchéance d'un régime qui lui avait infligé, deux ans auparavant, un cruel échec électoral. Au mois de mars 1872, étant préfet de la Seine, il se donna la joie de condamner, à propos d'un procès intenté sottement à M. Janvier de La Motte, toute la politique financière de l'Empire. Les virements lui semblaient alors « des choses affreuses ». Il doit les moins craindre depuis qu'il en a vu de près. La fusion, accomplie dans l'automne de 1873, lui inspira un mot d'une méchanceté charmante.

— Rien n'est changé, dit-il ; il n'y a qu'un orléaniste de moins.

Lors de la tentative de restauration qui suivit la fusion, il eut peur. Il n'y avait vraiment pas de quoi, et le roi qu'on nous préparait était suffisamment centre-droit pour rassurer les libéraux. Toutefois, M. Léon Say eut quelque crainte. Il fit beaucoup de manifestes et de circulaires, où il se proclamait « fils de la Révolution », et où il représentait la monarchie comme quelque chose de tout à fait détestable. J'ai sous les yeux quelques-uns de ces petits papiers, et je vous assure qu'ils ne sont point d'un sceptique aimable. M. Léon Say a véritablement horreur de la royauté. Il s'alliera contre elle aux Jacobins eux-mêmes. Il faudrait qu'elle lui offrît au moins la pairie pour le persuader dans son amour-propre.

Après avoir flétri les bonapartistes et barré le chemin aux légitimistes, il eut la bonne fortune de commuer la peine prononcée par la Chambre des députés contre les princes d'Orléans. C'est exactement ce qu'il fit en compagnie de M. Waddington dans des circonstances qu'on n'a pas oubliées. Il fut généreux, et il inclina le Sénat à une indulgence pleine de pitié.

Il agit en cela fort adroitement, et amena ce qui pouvait arriver de pis aux princes.

La haine de la royauté a été pour M. Léon Say une bonne inspiratrice. S'il avait le goût des vieux symboles, il pourrait élever à la Haine une petite statue d'or, dans sa chambre à coucher, avec une inscription pour dire que c'est là sa divinité familière et protectrice. Il lui doit effectivement ses mots les plus spirituels et ses actes les plus efficaces.

M. Léon Say a des amours qui sont en raison de ses haines, ou, pour être plus exact, qui sont l'envers de ses haines.

Eut-il à se féliciter autant de ceux-ci que de celles-là? C'est une intéressante recherche.

Il donna à la République une bien grande marque d'amour. Il fit, pour lui plaire, de mauvaises finances.

Il en dut souffrir, car il est économe. Mais il ne sut rien refuser à M. Ferry et à M. de Freycinet ; il paya leurs folies sans compter, et dépensa en petites écoles et en petits chemins de fer tout ce qu'il fallut pour les contenter. Il alla courageusement au déficit, et vit d'un œil tranquille un désordre financier tel que M. Tirard seul pouvait l'accroître. Il vit sans pâlir les exercices enchevêtrés les uns dans les autres comme au temps de l'abbé Terray, les dépenses ordinaires inscrites dans le budget extraordinaire, et des comptes de quatre, cinq et six ans attendant dans les commissions leur règlement définitif.

Il vit qu'il avait détraqué cette belle machine financière que les ministres de la Restauration et du gouvernement de Juillet avaient entretenue dans son élégante solidité, et dont le second Empire n'avait que légèrement faussé les rouages.

Dans son ardeur à servir ses amis, il aimait mieux être un mauvais ministre que n'être point ministre du tout.

Cela, pourtant, arriva.

Il tomba. Sa chute fut lourde. Comme il était encore étendu à terre, l'ombre de M. Humann lui apparut et prononça ces paroles :

— Léon Say, qu'as-tu fait de mes excédents ? Que sont devenus ce bon ordre et cette économie qui sont la moitié de la probité publique ? J'étais épicier à Strasbourg ; le roi m'a appelé à son conseil ; j'ai dit la vérité au roi Louis-Philippe. Pourquoi n'as-tu pas dit la vérité à M. Grévy ?

Ce discours fit une profonde impression sur M. Léon Say, qui s'attendrit soudainement sur les misères de nos finances.

Dès lors, il reconnut que les chemins de fer de M. de Freycinet sont des joujoux ruineux, que les maisons d'école de M. Ferry coûtent les yeux de la tête ; que les députés, non contents de détruire nos finances en faisant des lois détestables, diminuent le rendement des impôts en protégeant contre le fisc leurs électeurs insolvables. Il en fit un article, il en fit une brochure et déclara qu'il y avait « des choses horribles ». La Bourse en baissa soudain.

Il n'est que trop vrai ; et ces appréciations sont ce qu'on devait attendre d'un financier tel que M. Léon Say. Pourtant, en relisant cet article qui ressemblait à une élégie, je ne puis m'empêcher de songer à un bon vieux professeur d'allemand de ma connaissance, qui alla une fois en soirée. Il y apporta une intolérable odeur de benzine ; et il allait avec assurance de groupe en groupe, disant :

— Ne remarquez-vous pas comme ça sent la benzine ici ?

M. Tirard ne manqua pas de dire que les finances étaient telles que M. Léon Say les avait laissées, ni belles ni bonnes, et que lui, Tirard, ne les avait point gâtées davantage, du moins à sa connaissance.

Et, en effet, M. Tirard est un innocent. Ses raisons parurent excellentes, et l'on considéra publiquement qu'en faisant un tableau de nos maux financiers M. Léon Say avait peint son propre ouvrage.

Aussi, quand il prononça au Sénat son long et aimable discours sur le budget de 1883, il se réconcilia avec les finances de la République, soutint leur faiblesse, cacha leur vices, exalta leurs espérances, se montra leur père, enfin. Et quand on lui cria :

— Vous aviez dit dans votre brochure qu'il y avait des choses horribles.

— Ah! répondit-il, ce que j'ai dit qui serait horrible... ce qui serait horrible, en effet, ce serait d'abandonner les plans de l'honorable M. de Freycinet.

Et cela a été dit avec douceur et bonhomie. En fait, tout le monde était d'accord pour abandonner les grands travaux qui nous mèneraient droit à la banqueroute.

L'histoire des amours de M. Léon Say et de la République est certainement une des histoires les plus divertissantes de ce temps-ci. Mais elle n'est pas finie. Nous en verrons bientôt la suite, car M. Tirard va quitter un de ces jours le portefeuille du baron Louis, non pas parce qu'il est incapable, mais parce qu'on voit qu'il est incapable.

M. Léon Say nous refera des finances rassurantes, qui ne rassureront pas tout le monde et qui finiront par ne rassurer personne.

Alors il se brouillera avec la République. Son hôtel du quai de Billy sera bâti et meublé avec ce luxe sage qui n'emprunte rien à l'art; il pourra s'y retirer et y attendre un changement politique. Il dira, en croisant ses deux mains sur son ventre, par un geste qui lui est habituel :

— Après tout, je ne suis qu'un financier.

Les orléanistes l'ont toujours aimé; ils le considèrent encore un peu plus depuis qu'il a traité leurs princes avec quelque dédain. Ils iront au quai de Billy et diront :

— Quels monstrueux budgets que les budgets de la République !

— Ne m'en parlez pas! dira M. Léon Say.

XVII

SCHOPENHAUER

Samedi 30 juin 1883.

La ville de Francfort-sur-le-Mein va élever une statue à Schopenhauer. Ses compatriotes n'on vraiment point de rancune pour celui qui a écrit ce testament : « En prévoyance de ma mort, je fais cette confession que je méprise la nation allemande à cause de sa bêtise infinie et que je rougis de lui appartenir. »

Il m'importe peu que les Allemands aient raison ou non d'élever une statue à ce patriote; je suis seulement ravi de l'occasion inespérée qu'ils me donnent de parler d'un philosophe qui amuse à sa façon les esprits chagrins et délicats et les intelligences mélancoliques et profondes.

Il y avait à Francfort, vers 1859, un vieillard qui portait l'habit à la française, la cravate blanche et le jabot de dentelle. Il semblait n'avoir point changé d'habitudes depuis le commencement du siècle; il avait grand air. Les yeux, d'un bleu vif et limpide, avaient gardé leur jeunesse ; les cheveux étaient blancs. Quant à la bouche, fine et moqueuse, elle souriait avec malice.

Ce vieillard vivait sans bruit avec son chien Atma, qu'il avait porté sur son testament, ainsi qu'il apparut plus tard. Il avait peu d'amis. Deux disciples, grands buveurs de bière, fumaient dans son jardin la pipe de porcelaine en disputant si le plaisir est négatif et la douleur positive, si la volonté n'est pas identique au mal et si la raison suffisante a quatre principes.

Le vieillard agile et spirituel les ramenait vivement à la saine doctrine et leur parlait, avec une volubilité extraordinaire, un allemand clair et spirituel comme du français.

Avec les Français qui venaient le visiter, comme firent MM. Challemel-Lacour et Foucher de Careil, il parlait français, en citant abondamment Pétrarque et Shakespeare, Chamfort et Cervantès.

Sa bibliothèque, de cinq ou six mille volumes, était grecque, latine, anglaise, française et espagnole. On y voyait peu de livres allemands.

Sa chambre était meublée avec le goût sobre d'un amateur d'art. Dans un angle d'ombre brillait une figure d'or, celle de Bouddha.

Car nous sommes chez Arthur Schopenhauer qui a enseigné en Allemagne, comme Sakya-Mouni dans l'Inde, que la vie est mauvaise et que le Nirvana est la récompense à laquelle aspire le sage.

Toutefois, pour obtenir ce bienheureux néant, Schopenhauer ne se livrait pas aux pratiques de l'ascétisme. Il menait une vie dont le confort était embelli par les arts. Il aimait les tableaux, les statues, les estampes, et ne se lassait pas de relire les poètes. De plus, il faisait de bons placements et gérait sagement son bien. C'était chez lui une idée arrêtée que l'argent est utile au bonheur. Il disait :

— C'est un avantage inappréciable de posséder, tout acquise, une fortune, quand elle ne suffirait même qu'à permettre de vivre aisément, seul et sans famille, dans une véritable indépendance, c'est-à-dire sans avoir besoin de travailler : c'est l'émancipation de la corvée générale qui est le lot des enfants de la terre.

Il voulait être à son aise pour observer et penser, et ne dédaigna pas de corriger en quelque chose le vice initial de la vie. La garder, cette vie, lui semblait faisable ; quant à la donner, c'est ce qu'il ne pouvait souffrir. Il tenait pour criminel de faire des enfants, et ne pardonnait pas aux femmes de se rendre si naturellement les complices du désir perfide de l'espèce.

— Tenez, dit-il un jour, j'ai soixante-dix ans. Si je me félicite d'une chose, c'est d'avoir éventé à temps le piège de la nature ; voilà pourquoi je ne me suis pas marié. Le vrai prix de la continence, c'est qu'elle mène au salut. Préparer la fin du monde, telle est la suprême utilité des existences ascétiques. A force de prodiges et d'aumônes, l'apôtre de la charité sauve de la mort quelques familles vouées par ses bienfaits à une longue agonie. L'ascète fait davantage : il sauve la vie de générations entières. Les femmes, en l'imitant, auraient pu sauver le monde. Elles ne l'ont pas voulu. C'est pourquoi je les hais.

— Voyez-vous, disait-il encore, ces amants qui se cherchent si ardemment du regard? Pourquoi sont-ils si mystérieux, si craintifs, si semblables à des voleurs? C'est que ces amants sont des traîtres qui, là dans dans l'ombre, cherchent à perpétuer la douleur et les angoisses : sans eux, elles prendraient fin. Mais cette fin, ils veulent l'empêcher, comme leurs semblables l'ont déjà fait.

Et il citait sans cesse le proverbe illyrien : « Les femmes ont les cheveux longs et les idées courtes. »

En fait, il s'était arrangé, dans sa jeunesse, de ces animaux funestes et charmants dont les cheveux sont plus longs que les idées ; il avait eu des aventures à Dresde, et l'on sait que dans son voyage d'Italie il ne regarda pas la beauté qu'en peinture.

Voilà qui n'est pas selon la doctrine!

On peut dire, pour l'excuser, qu'il aima des filles et non d'honnêtes femmes. Celles-ci font presque tout le mal. Les autres ne tiennent pas à prolonger la race et le pessimisme peut quelquefois s'accommoder de leurs façons.

Nous sourions : nous avons tort. Il y a dans cette idée, que la vie est mauvaise, quelque chose de solide et que l'expérience confirme tous les jours.

Remarquez que les pessimistes (et Schopenhauer en est un grand exemple) ne sont jamais optimistes, et que les optimistes, au contraire, sont souvent pessimistes. Mme de Sévigné, qui croyait à la Providence et qui jugeait que tout était bien quand elle avait dansé avec le roi, haïssait pourtant, par accès, « cette chienne de vie ».

Lamartine, qui a mis *Speravit anima mea* sur son

caveau funéraire, a pourtant écrit la méditation du *Désespoir*, et il en a fait une rétractation, qui, de son propre aveu, ne vaut rien du tout.

J'ai un ami qui a l'habitude de parler de « la fête de la vie » et trouve la vie bonne. Il le répète au milieu des boutades que lui arrachent des douleurs et des travaux sans nombre. C'est ainsi que Pangloss allait soutenant que tout est pour le mieux dans le meilleur des mondes, et fut pendu sans changer d'avis. L'opinion des juifs est que le monde est bon. Schopenhauer les détestait pour cela, et parce qu'ils ne sont point idéalistes.

Mais je voudrais essayer de vous montrer comment le pessimisme (1) était entré dans l'âme de ce vieillard plein de génie et d'entêtement.

Johanna, sa mère, le fit tout d'abord enrager. C'était la veuve encore jeune d'un homme riche qui avait fait le négoce à Dantzig, et habité dans cette ville un palais dont sa magnificence avait fait un musée.

La veuve s'établit à Weimar, se lia avec Gœthe et vécut dans le même monde que lui. On a même dit qu'elle fut sa maîtresse. Mais être la maîtresse de Gœthe devait être une sinécure, et plutôt consister à disserter qu'à toute autre chose. Elle composait des articles sur les arts, des relations de voyage et des romans. Feuerbach, le père, écrivait de Weimar en 1815 : « Mme la conseillère Schopenhauer, riche veuve, tient

(1) Quant au pessimisme même de Schopenhauer, lisez pour vous instruire l'article que M. Ferdinand Brunetière a publié dans la *Revue des Deux Mondes* du 1er octobre 1886.

ici bureau de bel esprit. Elle parle bien et beaucoup. De l'esprit tant qu'on veut, et pas de cœur ; elle est coquette au possible et se rit à elle-même du matin au soir. Dieu me préserve d'une femme si spirituelle ! »

Le jeune Arthur n'était pas de ce caractère et n'entendait pas la vie de la sorte. Il voyait avec peine sa mère gaspiller en vanités de tout genre un bien qui devait lui revenir. Les galanteries de madame la conseillère l'irritaient profondément. Son humeur s'assombrit, et Johanna, qui n'aimait que les visages gais, le pria de quitter la maison.

— Je ne méconnais pas tes bonnes qualités, lui dit-elle ; ce qui m'inquiète, c'est ta manière d'être et de voir ; ce sont tes plaintes sur les choses inévitables...

On ne sait quelles choses étaient inévitables pour madame la conseillère, et si ce n'était pas de tomber dans ces pièges de la nature que son fils évita quand il eut soixante-quinze ans.

Et Johanna poursuivait :

— ... Ce sont tes mines renfrognées, tes jugements bizarres... Cela me fatigue et m'attriste. Ta manie de disputer, tes lamentations sur la sottise du monde et la misère humaine m'empêchent de dormir et me donnent de mauvais rêves.

Ils se séparèrent. Arthur Schopenhauer publia son premier ouvrage, sous le titre : *De la quadruple racine du principe de raison suffisante*.

— Ah ! s'écria sa mère, c'est un livre pour les apothicaires.

Ce livre de début ne fut pas remarqué, bien que remarquable : non plus que ceux qui suivirent et qui sont aussi profonds par la pensée qu'originaux par l'expression.

Il était fort vieux quand la célébrité lui vint, avec deux disciples qu'il gouverna sévèrement. Son pessimisme grandit dans la solitude.

Il fréquentait les théâtres et il allait chez des femmes galantes. Mais ses concepts philosophiques sur la volonté l'occupaient partout.

Un jour, étant dans le Jardin botanique de Dresde, il s'arrêta longtemps devant une orchidée en fleurs, et, tout absorbé par sa contemplation, il dit à haute voix, en faisant de grands gestes :

— Que veux-tu me dire, ô plante, avec tes formes bizarres? Quelle est la volonté qui se manifeste en toi par ces couleurs éclatantes et par ces feuilles découpées?

Le gardien, qui se méfiait des façons étranges de cet homme, lui dit :

— Qui êtes-vous?

— Mon brave, répondit Schopenhauer, je vous serais bien reconnaissant de me l'apprendre.

En Italie, il allait dans les musées avec un sentiment de respect.

— Il faut, disait-il, se comporter avec les chefs-d'œuvre de l'art comme avec les grands personnages : se tenir simplement devant eux et attendre qu'ils vous parlent.

En présence des hommes, il reprenait le sourire cruel qui est le pli impérissable de sa physionomie.

Il l'avait encore sur son lit de mort. Les deux disciples qui le veillaient s'en allèrent, au milieu de la nuit, fumer leur pipe, et discuter un point de doctrine dans la bibliothèque.

De là, ils entendirent le bruit clair d'un choc dans la chambre où le mort était seul en face du Bouddah d'or. Après quelques hésitations, ils rentrèrent dans la chambre mortuaire et virent avec horreur que leur maître défunt était méconnaissable. Il ne souriait plus ; sa bouche n'était plus moqueuse. Leur étonnement cessa quand ils découvrirent par terre, à côté du lit, le râtelier qui s'était échappé de la bouche du mort et avait fait ce bruit qu'ils ne s'expliquaient pas (1).

Schopenhauer ne ricanait plus.

Mais la physionomie de ses livres garde leur sourire et leur ironie, et le râtelier qu'il a mis aux phrases qui ricanent ne s'échappera point comme l'autre.

(1) Cette anecdote a été citée dans les *Débats*, il y a deux ou trois ans, dans un fait divers tiré d'une correspondance d'Allemagne. Je n'ai point d'autre autorité à l'appui de sa véracité.

XVIII

M. ÉDOUARD BOCHER

Samedi 7 juillet 1883.

Aujourd'hui que la mort du comte de Chambord peut faire des destinées nouvelles à la Maison d'Orléans, on veut connaitre l'homme qui a consacré à cette maison tous les instants de sa vie déjà longue et qui s'est montré grand serviteur des princes.

M. Henri-Édouard Bocher, que le Calvados a envoyé au Sénat après l'avoir envoyé à l'Assemblée nationale, est le plus joli orateur de la Chambre haute. L'âge a laissé à ses yeux tout leur éclat, à sa taille toute sa souplesse, à sa voix toute sa pureté. Il a soixante-douze ans aujourd'hui et sa svelte élégance donne l'idée de la jeunesse.

Il porte avec un art caché des jaquettes de coupe savante qui font contraste avec les redingotes mal faites des vieux parlementaires. Le duc de Broglie porte aussi la jaquette de coupe anglaise, mais il ne la porte pas aussi bien qu'il serait possible. La suprême élégance n'est dans les moyens du duc qu'en matière oratoire.

M. Lambert Sainte-Croix, qui siège à côté de M. Bocher, porte, non point la jaquette, mais le veston. Il a l'air galant ainsi, avec sa grosse tête chauve.

M. Bocher, au contraire, a, comme Lamartine, la tête petite. Le visage est jaune et fatigué. Quant il est au repos, l'expression en est dure. Mais à toute rencontre il s'anime et devient moqueur ou gracieux. Il faut avoir vu les moues et les sourires de M. Bocher pour connaître toutes les expressions que l'esprit peut donner à la face humaine (1).

Quant il monte à la tribune, il a des grâces un peu fatiguées. Il porte à son côté sa main qui est fine et blanche: il s'essuie les lèvres avec un petit mouchoir. Il parle bas. Mais ce ne sont là que les préludes. Les phrases coulent avec limpidité. La voix s'élève et s'enfle, et voilà un grand discours qui se déroule. Le petit mouchoir s'agite dans un geste impérieux, un peu sec, mais très pimpant. Et, quand le discours est

(1) Je transcris ici quelques notes manuscrites qu'un ami commun m'envoie :

« Au Sénat, Bocher siège au centre droit, sur les confins qui touchent au centre gauche. Un étroit sentier les sépare, facile à franchir pour les dissidents de ce dernier groupe. A sa droite, Bocher a Lambert Sainte-Croix, à sa gauche le duc d'Audiffret-Pasquier. Chabaud-Latour n'est pas loin. Tout proches, mais au delà du sentier : Jules Simon, Denormandie, Wallon, etc. En deçà, Batbie, Ancel, Mérode, etc.

« Bocher est très sympathique à tous les partis. Il a un caractère franc, loyal, honnête, qui s'impose. Très net dans ses opinions, vif, emporté parfois, quand elles sont mises en cause, il se laisse aller aux interruptions, aux adresses directes, personnelles ; mais ces violences conservent toujours le ton de la courtoisie. Nul

fini, M. Bocher, l'œil clair et la joue rose, a rajeuni de quinze ans.

C'est un orateur d'affaires qui traite de préférence les questions financières. Il n'apporte jamais de papiers à la tribune. Un dossier! fi! Cela sent l'avocat. Il a dans sa tête tous les chiffres que comporte la discussion, et il les assemble, les sépare et les rassemble avec une facilité qui charme.

Il y a une aisance irrésistible dans ses discours d'affaires : ils semblent ne lui rien coûter, et on le voit qui se joue des difficultés dans lesquelles un autre se débattrait avec angoisses. Il éclaire ce qu'on laissait dans l'ombre; il trouve ce qu'on voulait cacher. Dès 1879, il avait montré le déficit qu'on déguisait encore. Il est très fort dans l'attaque, parce qu'il est clair et précis, et parce qu'il ne semble pas violent. Lui, s'acharner! point du tout! Voyez plutôt son air de langueur et le petit mouchoir dont il se caresse les lèvres. C'est avec la nonchalance d'une chanteuse poitrinaire qu'il étrangle son adversaire.

M. Édouard Bocher entra dans la vie politique avec la monarchie de Juillet. C'était, malgré d'assez fré-

---

ne s'en peut fâcher... Il est aussi grand travailleur. Pendant des mois il prépare ses discours de finance. Il les prepare *à fond*, etc.

« Quand il doit parler, les billets de tribune sont fort demandés par ses amies qui vont l'entendre au Sénat comme elles iraient à Sainte-Clotilde pour quelque prédicateur favorisé. Elles suivent avec intérêt les mouvements du petit mouchoir blanc. Elles répondent aux regards qu'il envoie à la galerie, par leurs plus gracieux, et leurs plus engageants sourires. Il n'a pas seulement du succès, il a des succès. Et si le plus souvent il ne prenait pas la voiture de son ami Lambert, vingt coupés seraient là pour le ramener chez lui. »

quents orages, un bon temps pour un fonctionnaire habile.

Les pouvoirs n'étaient pas confondus comme ils le sont aujourd'hui, et il était possible à un administrateur d'administrer.

L'esprit très précis, très prompt, très agile, de M. Boche , sa prodigieuse mémoire ; cet agrément sous lequel il savait dissimuler une certaine sécheresse qui est son défaut, enfin ce sentiment de l'élégance qui va chez lui presque jusqu'au sentiment de l'art et du beau, toutes ces qualités, cultivées encore par de bonnes études au collège Henri IV et par un stage au Conseil d'État, firent du jeune serviteur de la monarchie de Juillet un sous-préfet d'Étampes, puis un préfet tout à fait excellent que le Gers et le Calvados n'ont pas oublié.

Il était actif, adroit et ferme sans qu'il y parût trop. La nécessité des temps l'obligea à inventer tous les moyens possibles de conciliation ; car les esprits étaient fort agités sous le gouvernement de Juillet.

En 1847, M. Bocher était en voie de devenir préfet de la Seine. Certes, il aurait fort bien administré Paris ; mais, quant à le démolir et à le rebâtir, comme fit M. Haussmann, cela n'était pas, ce me semble, dans le caractère du prudent préfet du Calvados.

Avec lui, nous aurions gardé le vieux Paris. Mais il fallait pour cela garder le roi Louis-Philippe. Sa chute brisa la carrière administrative de M. Bocher.

Il est curieux de voir comment la fatalité des événements plie les intelligences, et comment les esprits se montrent semblables à eux-mêmes dans les diverses attitudes que la force des choses leur a imposées.

M. Bocher, envoyé en 1849 à la Constituante, siégea à droite et se montra législateur consommé dans les uestions de voirie, d'impôts et de comptabilité publique. Mais, comme on le voit dans une vieille image d'un album de Tœpffer, M. Bocher et ses collègues jouaient aux cartes sur le dos d'une baleine. La baleine plongea. M. Bocher avait été nommé, par le roi Louis-Philippe, administrateur des biens de la famille d'Orléans. C'est la troisième phase de sa vie publique et peut-être la plus intéressante. Mais nous ne pouvons entrer dans tout le détail de cette mémorable administration.

Les décrets du 22 janvier 1852 donnèrent fort à faire à M. l'administrateur.

Par le premier de ces décrets :

Le président de la République, « considérant que tous les gouvernements qui se sont succédé ont jugé indispensable d'obliger la famille qui cessait de régner de vendre les biens meubles et immeubles qu'elle possédait en France, » décrétait :

« Les membres de la famille d'Orléans, leurs époux, épouses et leurs descendants ne pourront posséder aucuns meubles et immeubles en France.

« Ils seront tenus de vendre d'une manière définitive tous les biens qui leur appartiennent dans l'étendue du territoire de la République. »

Ce décret s'appuyait sur des précédents choisis avec une cruauté spirituelle : « Ainsi, y disait-on, le 12 janvier 1816, Louis XVIII contraignit les membres de la famille de l'empereur Napoléon de vendre leurs biens personnels dans le délai de six mois, et, le 10 avril

1832, Louis-Philippe en fit de même à l'égard des princes de la famille aînée des Bourbons. »

Ce premier décret n'était pas si terrible qu'il en avait l'air ; il est, avec les interdictions de posséder, des accommodements faciles à pratiquer. On peut racheter en sous-main ce qu'on est forcé de vendre, etc.

Mais le second décret avait des rigueurs à nulle autre pareilles.

Il portait que :

« Le président de la République, considérant que, d'après l'ancien droit public de la France, maintenu par le décret du 21 septembre 1790 et par la loi du 8 novembre 1814, tous les biens appartenant aux princes lors de leur avènement au trône étaient de plein droit et à l'instant même réunis au domaine de la couronne ;

« Qu'aucun acte législatif ne l'avait révoqué le 2 août 1830, lorsque Louis-Philippe a accepté la couronne ; qu'ainsi, par le fait seul de cette acceptation, tous les biens qu'il possédait à cette époque sont devenus la propriété incontestable de l'État,

« Décrète :

« Art. 1er. — Les biens meubles et immeubles qui sont l'objet de la dotation faite le 7 août 1838 par le roi Louis-Philippe sont restitués au domaine de l'État. »

Les autres articles réglaient l'emploi des sommes, évaluées à plus de 35 millions, qui rentraient ainsi au Trésor. Elles étaient affectées aux sociétés de secours mutuels, aux logements des ouvriers, au Crédit foncier à la Caisse de retraite des pauvres desservants, et à certaines dotations dans l'ordre de la Légion d'honneur.

C'était la spoliation.

M. Bocher, agissant comme administrateur des biens de la famille d'Orléans, s'opposa à l'exécution des décrets. Mais ces décrets étaient fort bien faits. Les gens de métier les admirent et disent que ce sont de vrais bijoux.

On était allé chercher, à Vincennes, pour les faire, un pauvre diable de ministre de Louis-Philippe, lequel avait beaucoup de talent. Il avait reçu un méchant pot-de-vin, si petit qu'on en rougirait aujourd'hui, et pour cela avait été condamné à la prison par la Chambre des pairs. Il était habile juriste. Aussi fit-il, à la demande du prince-président, deux décrets plus durs que l'airain contre la famille du roi qui l'avait abandonné et laissé perdre.

M. Bocher épuisa toutes les juridictions, se répandit en mémoires et contre-mémoires, dits, contredits, enquêtes, compulsoires, interlocutoires.

Cela dura des années, mais les décrets ne furent pas rapportés, et l'État garda ce qu'il avait pris, jusqu'à ce qu'enfin, l'Empire étant tombé, M. Bocher, membre de l'Assemblée nationale, fit voter par cette Chambre souveraine, en 1871, la restitution des biens non vendus de la maison d'Orléans.

Vous voyez qu'il ne faut jamais désespérer de rien.

M. Bocher vota la Constitution du 20 février 1875, et se fit républicain par haine de l'Empire.

— J'ai voté la République, disait-il, en 1876, aux électeurs de Calvados, je l'ai votée, parce qu'elle forme le plus sûr obstacle aux revendications téméraires et aux coupables entreprises.

Cela veut dire que, par peur de voir le prince impérial débarquer à Boulogne, l'ami des princes condamna la France à M. Ferry. C'est là une des curiosités de l'histoire contemporaine. Les choses furent alors plus fortes que les hommes. Les politiques furent amenés, par une puissance mystérieuse, à faire ce qu'ils craignaient. Mais il est des retours inattendus, et peut-être M. Bocher aura-t-il bientôt à déposer dans l'urne de fer-blanc un nouveau vote constitutionnel, qui corrigera l'ancien.

Peut-être, au contraire, devra-t-il, comme administrateur des biens de la famille d'Orléans, soutenir de nouvelles luttes contre de nouveaux spoliateurs.

XIX

L'INAUGURATION DE L'HOTEL DE VILLE

Samedi 14 juillet 1883.

C'était l'année dernière, la veille du 14 juillet 1882. M. Grévy assistait à l'inauguration de l'Hôtel de Ville, brûlé par la Commune et rebâti.

Ce fut admirable. Dès cinq heures du soir, la foule était massée sur la place de l'Hôtel-de-Ville, et emplissait la rue de Rivoli, les quais et les ponts voisins. La foule criait déjà. Elle huait avec bonne humeur les cravates blanches qu'amenaient à mesure les voitures lentes à se frayer un passage jusqu'aux portes d'entrée. Vers cinq heures et demie les manœuvres des bataillons scolaires, commandées par un chef de bataillon, vinrent ajouter à la confusion. A six heures moins cinq, M. Grévy se montrait dans la cour d'honneur, où la *Marseillaise*, jouée par la musique d'un régiment de ligne, éclata.

A six heures sonnantes, les invités prenaient place dans la salle des fêtes encore inachevée et décorée d'ornements provisoires. On dînait de bonne heure pour ne pas retarder le plaisir que le peuple allait prendre à être reçu à portes ouvertes par les autorités municipales.

Et la fête commençait autour des trois rangées de tables parallèles sous la lumière éclatante et blafarde des huit foyers électriques. Au fond, et en pendant, étaient les deux tables d'honneur, où l'on voyait MM. Songeon, Grévy, Floquet et les ambassadeurs, d'une part; de l'autre, M. de Bouteiller présidait les sous-secrétaires d'État et les hauts fonctionnaires des ministères.

Le dîner, où l'on donna de la crème de volaille à la Sévigné, du saumon sauce indienne, des foies gras au madère sur glace, du grand ordinaire et du château Le Croch, fut un dîner officiel ordinaire, comme sont beaucoup de dîners, et servi vite, ce qui fut bien.

Au dessert vinrent les toasts. M. Songeon, homme dévoré d'ambition et nul, peignit le vieux navire des armes de Paris. Ce vaisseau « s'élançait, plus confiant que jamais, vers les voies nouvelles que la République ne peut manquer de lui ouvrir ». M. Floquet, qui est Basque, était « fier d'être l'organe de tous les fidèles serviteurs de Paris », et M. Grévy, auquel M. Songeon avait donné de l' « éminent », de la « haute raison », du « noble caractère », et que M. Floquet avait traité de « chef loyal et vénéré », répondit par un de ces petits discours de circonstance, où il est souvent excellent. Il vantait Paris, « patrie des lettres, des sciences, des beaux-arts », et « les sublimes productions du génie qui font le charme de la vie des hommes et la vraie grandeur des nations ».

Tout allait bien jusque-là.

Les invités étaient montés dans la salle du Conseil, où ils burent le café en admirant le buste de la République en bonnet phrygien, et le premier alderman de Londres, sir John Bennett, dont le costume rouge occupa tous ces yeux républicains. M. Floquet avait offert le bras à Victor Hugo et l'avait reconduit jusqu'à sa voiture, et M. Grévy était allé se coucher.

Pendant ce temps, les prodigieux employés de la maison Chevet avaient en une heure plié les cinq cents serviettes, enlevé les deux mille verres et démonté les quatorze tables du banquet. La salle était prête à neuf heures à recevoir les dix mille invités munis de cartes roses.

Mais voilà le moment où les républicains, qui deviennent délicats au pouvoir, eurent à souffrir.

M. Floquet, avec un soin jaloux, avait emmené les invités de choix dans un petit salon à part pour les garder de la foule qui montait de la rue. Là se trouvaient, dans une douzaine de fauteuils, lord Lyons, le duc de Fernan-Nunez, le prince Soutzo ; M. Buls, de Bruxelles ; le bourgmestre d'Amsterdam, etc.

M. Floquet, que j'ai connu plus svelte et plus élégant encore, faisait de son mieux.

M. le préfet de la Seine en était au fort de ses amabilités, quand il vit entrer un titi à chapeau haute forme enfoncé de côté sur la tête. M. le préfet devint pâle. Le titi avait les pouces accrochés dans les bretelles et pianotait des autres doigts sur son gilet blanc. Il prenait une cigarette et se penchait pour mieux voir les personnages. M. le préfet parut troublé et ne dit pas un mot; mais, quand l'homme fut parti :

— Allez donc voir l'huissier du conseil, qu'il leur dise d'ôter leurs chapeaux, dit-il à l'un de ses collègues.

L'huissier du conseil, qui se tenait en bas et annonçait la cohue, dit à mesure à ceux qui se présentaient :

— Votre chapeau, Messieurs.

— Très bien ! répondaient ceux-ci sans se choquer de ce rappel.

Ils n'y pensaient pas, voilà tout.

Pendant ce temps, le maire radical d'une ville étrangère allait disant « que cet air lui faisait mal », tandis que le bourgmestre d'Amsterdam, voyant « qu'on fumait partout », se décida à demander un cigare au préfet.

Il n'y en avait plus.

Ce fut d'ailleurs comme à la soirée que Gambetta donna dans l'hiver de 1880, où dix mille cigares disparurent naturellement en quelques minutes (1).

Cependant les chœurs de l'Opéra, sur le balcon, chantaient la *Marseillaise* qui était reprise en chœur par la foule. L'effet était imposant. Cela était beau en son genre et menaçant aussi. Pendant les intervalles, la foule murmurait. C'était cette foule de concitoyens dont M. Floquet venait de dire sans doute dans son toast, « qu'ils étaient trop nombreux à la peine pour qu'il fût possible de les appeler tous à l'honneur ».

Les privilégiés se méfiaient de ces gens « trop nombreux à la peine ». Ils étaient tous incertains, inquiets.

(1) V. *Mémoires d'aujourd'hui* (1re série), pages 89 et suiv.

Ils allaient de-ci, de-là, et aboutissaient tous à demander à ce pauvre M. Camescasse, l'ami docile de M. J. Ferry :

— Êtes-vous sûr de votre police ?

Que vouliez-vous bien qu'il répondît ? Est-on jamais sûr de quelque chose ! Il faudrait, en tous cas, être sûr du gouvernement pour être sûr de la police.

Les chœurs de l'Opéra essayaient de varier le programme. Ils chantèrent le chœur des Soldats de *Faust*, le « Ra-ta-plan » des *Huguenots*, « Amour sacré de la patrie » de la *Muette*.

Le peuple hurlait sur la place, demandant toujours la *Marseillaise*. M. Clémenceau, inquiet lui-même du bruit qui allait grandissant, disait :

— Le peuple est mécontent.

Et non loin des fenêtres ouvertes d'où l'on voyait vingt mille têtes illuminées par les feux de Bengale, on amenait la musique de la garde républicaine pour calmer ce peuple avec des *Marseillaises* réitérées auxquelles il s'unissait avec une excitation extraordinaire à mesure que la nuit s'avançait.

XX

M. BUFFET

Samedi 21 juillet 1883.

Avant-hier, au Sénat, dans la discussion sur la réforme de la magistrature ou plutôt de la magistrature en réforme, le premier, M. Buffet est monté à la tribune pour combattre le projet de loi gouvernemental.

Quoique souvent M. Buffet donne l'occasion de le peindre, je n'avais point su encore jusqu'ici profiter de l'occasion que, cette fois, je ne veux point laisser échapper. Il y a longtemps que je voulais, en donnant une image de sa vie, dire l'estime profonde qu'il inspire et le repos que son honnêteté donne aux consciences.

Il fut un temps où M. Buffet était surnommé « le beau Buffet ». C'est lorsque, représentant du peuple à la Constituante, il votait la Constitution républicaine. Il avait alors de beaux cheveux noirs, de grands traits et un air grave, mais que l'éclat de la jeunesse tempérait encore.

J'ai là, sous les yeux, un dessin de Cham qui représente « le beau Buffet ». Pour qu'on ne s'y trompe pas, le caricaturiste a donné au corps la forme d'un buffet de ménage, avec un tiroir et deux battants.

C'est, comme vous pensez, une charge des plus simples; pourtant le visage n'y manque pas d'une certaine beauté romantique.

Avec des yeux plus grands et une expression plus mélancolique, on croirait voir, Dieu me pardonne, un héros de lord Byron.

Il naquit pourtant dans les Vosges, à Mirecourt, en 1818. Il fit son droit et montra de bonne heure une âme sérieuse, un peu à la façon de M. Dufaure. Laborieux, entêté aux affaires, naturellement sage, il mena sa jeunesse sans l'amuser ni la dissiper, et se trouva ministre à trente ans.

M. Odilon Barrot, qui le prit dans son cabinet et lui donna le portefeuille du commerce et de l'agriculture, lui reprochait seulement de ne point savoir mettre sa main dans sa redingote, entre deux boutonnières, comme M. Guizot.

Pour son début, M. Buffet ne resta ministre que vingt et un jours, du 11 au 31 décembre 1849. Quand il rentra dans le conseil avec M. Léon Faucher en 1851, il dura six mois et ne finit qu'avec le cabinet dont il faisait partie.

C'est qu'il était, cette fois, parfaitement à sa place, dans un cabinet impopulaire présidé par un homme avide d'impopularité. Je touche là au trait caractéristique de l'âme de M. Buffet; s'il n'a pas, comme M. Léon Faucher, dont le tempérament était irritable et maladif, le désir de déplaire, il n'a aucun désir, aucun besoin de plaire.

C'est là, si l'on veut, dans les affaires, un heureux défaut. Faute de l'avoir eu, M. Bardoux, dont l'amabilité est réelle, tomba et se cassa en mille morceaux, ce qui prouve qu'il ne faut point être aimable trop indistinctement.

M. Buffet aussi est tombé. Il est tombé quatre fois; la dernière chute de cet homme tout de chêne et de fer a été profonde; on l'a vu s'enfoncer à six pieds sous le sol. Mais il était intact et tout entier.

Certes, c'est un homme difficile. En 1870, membre du cabinet Ollivier, il se retira le premier, au bout de trois mois; et il rompit comme un homme qui a plaisir à rompre.

Il ne s'accorda pas très longtemps non plus avec ses collègues du 1ᵉʳ mars 1875 et, devenu président du conseil, il fit à sa tête; il fit si bien qu'il tomba sous les coups de l'Assemblée, qui lui refusa une place dans le futur Sénat, et qu'il se vit repoussé d'abord des électeurs de Mirecourt, sa ville natale, ensuite des électeurs de Commercy, de Bourges et de Castelsarrasin.

Il tomba, haï et respecté.

C'est à ce moment peut-être qu'il faut s'arrêter à considérer M. Buffet comme ministre.

Les échecs lui sont naturels et pour ainsi dire nécessaires. L'entêtement honnête et maladroit de cet homme d'État le conduira toujours à la chute; c'est sa gloire : il tombera où il a voulu et comme il avait voulu.

Il en est tout autrement de M. de Freycinet, par exemple. Celui-ci est au pouvoir comme Pierrot chez Colombine. Pierrot, pour n'être point mis à la porte, se cache dans l'horloge et se fourre entre les matelas ; il ne sait jamais par quelle fenêtre on le jettera dehors.

Au contraire du pâle et souple M. de Freycinet, M. Buffet, en entrant au ministère, choisit sa porte de sortie ; il l'a choisie large et proche, et il y marche d'un pas régulier et inébranlable. Ce Montagnard est comme les porteurs d'eau auvergnats qui laissent la porte entr'ouverte pendant qu'ils remplissent d'eau la fontaine, et s'en vont tranquillement après.

Et remarquez bien que c'est le caractère qui est extrême en lui, et non pas la doctrine. Il veut sans modération des choses modérées.

Il est libéral avec trop d'autorité ; il est conciliant avec trop d'intolérance. Au fond M. Buffet est plus républicain que monarchiste. Il est monté quatre fois au pouvoir sous la République et une seule fois sous l'Empire, encore était-ce sous la présidence d'un républicain et après avoir siégé au Corps législatif dans les rangs de l'opposition libérale. Il a voté une constitution républicaine il y a trente ans, et une autre constitution républicaine il y a six ans ; il était si peu impérialiste, sous l'Empire, qu'il quitta son portefeuille plutôt que d'avouer le plébiscite.

Il ne se gêne pas à la tribune pour condamner l'ancien régime. Il a dit une fois au Sénat :

— Je ne suis pas gentilhomme.

Et cela d'un ton qui n'était pas celui de l'humilité.

Mais, s'il a du penchant pour la République, il n'a point d'affinités avec les républicains.

Autrefois, vers 1875, la gauche trouvait qu'il avait « de bons mouvements ». Maintenant la brouille est complète : il est séparé des hommes de la majorité par sa foi simple et robuste de vieux catholique, par sa probité minutieuse et chagrine qui le rend avare des deniers de l'État; par son respect des droits du citoyen; enfin par la rigueur janséniste de sa morale et par la simplicité de sa vie, qui semble d'un autre âge.

Il faudrait de fort grands changements pour qu'il redevînt ministre. Une restauration n'y suffirait pas. Le souverain, dans sa nouveauté, se tournerait sans doute d'abord vers des visages plus souriants que celui de M. Buffet, et n'appellerait l'honnête Vosgien qu'après plusieurs mécomptes.

Pour dire toute ma pensée, je souhaite que M. Buffet puisse être ministre et ne le soit pas. Je l'aime encore mieux au Parlement qu'au conseil.

Président de l'Assemblée nationale après la démission de M. Grévy, qui, dans son indifférence, aima mieux afficher la correction que servir ses amis en danger, M. Buffet s'assit au fauteuil avec beaucoup d'autorité et de distinction. C'était, si je me souviens bien, un bien beau fauteuil, et comme on n'en a pas vu d'autre; il était fait, il me semble, de lames d'or imbriquées. Et vraiment M. Buffet y avait bon air. Il avait une paire de lunettes dont il se servait pour lire, comme d'une face-à-main, au lieu de la planter sur son nez. Il avait l'œil, l'ouïe, l'accent, la tenue d'un bon président. Il donnait à propos le coup de sonnette et tenait bien la Chambre dans sa main.

Avec cela le plus honnête homme du monde, et bon légiste; mais raide et doué d'une franchise massive dont il vous assommait. Il arriva à je ne sais qui de prononcer un discours absurde.

— Votre discours est absurde, lui dit M. Buffet.

Il avait mille fois raison; mais un président doit être moins bon critique. M. Buffet aurait jeté à toute volée sur l'extrême gauche son verre d'eau, sa sonnette et son fauteuil étincelant, tout lamé d'or, qu'il n'aurait pas soulevé, de ce côté de l'Assemblée, de plus rauques hurlements ni de plus beaux cris de douleur que n'en provoqua ce mot d' « absurde », qui n'était sans doute que juste.

Pour moi, je le pardonne avec empressement à cet homme de bien et j'aime mieux cette généreuse partialité que la partialité sourde et correcte de M. Brisson.

On sait quelle fut la journée historique qui marqua la présidence Buffet. La démission de M. Thiers et la nomination du maréchal Mac-Mahon furent lestement menées. On vota; ce fut enlevé. Nous n'en avons point tiré grand bien. Quant à M. Buffet, il fit au mieux de la République et ne songea pas le moins du monde à la monarchie.

Vous savez le reste, tout s'écroula.

Maintenant, M. Buffet vaincu, vieilli, solitaire, paraît plus grand que jamais. Il a au Sénat une autorité laborieusement conquise.

C'est un robuste orateur. Il est admirable à la tribune, et c'est là qu'il faut le peindre. Il n'est plus le beau Buffet; il ressemble à un vieil arbre noueux et rugueux tout penché et qui résiste. Sa face énergique est tout en angles et en nodosités. Ses yeux fatigués clignent sous des paupières qui pendent comme d'anciens et lourds lambeaux. Il parle et laisse voir des dents pointues qui semblent mâcher l'adversaire. Chacune de ses phrases sort de sa bouche martelée comme une médaille qui porte une légende et point d'ornements.

C'est un orateur sobre, clair et fort. Il y a dans ses arguments quelque chose de la mâle nudité des lutteurs. On les voit s'avancer pleins de muscles. Leur ordre, leur nombre, leur force étonnent. Les Freycinet s'y dérobent; les Ferry en sont écrasés; la gauche se tait.

Tant d'honnêteté, tant de talent, tant de science ont vraiment leur majesté, et M. Buffet n'a pas donné un spectacle vulgaire quand, l'an passé, lors de la discussion du budget, il a mis le crédit de la France au-dessus de l'intérêt des partis.

Il ne se lasse pas; l'âge l'endurcit et le labeur lui fait des callosités qui le protégeront. Il est toujours prêt, toujours armé.

Il a aussi ses gaietés et son rire de bon crocodile; il s'amuse par moments de la bêtise des maîtres du jour. Il écoute encore pourtant avec une attention agressive, car il a plus de confiance, je crois, que les plus jeunes.

Il se dit que cela passera.

Il a vu le sergent-major Boichot et le sergent Rattier; le major Labordère ne le surprend plus. Il a connu les 45 centimes, et, après le financier Garnier-Pagès, le financier Tirard n'a rien qui l'étonne. Puis il a la paix de la foi, la quiétude d'une conscience sans détours. Enfin, il a des espérances par delà les hommes et les temps.

Pour le juger dans toute sa noble simplicité, il faudrait le voir là-bas, sur sa petite terre des Vosges, au milieu de ses nombreux enfants qui le vénèrent.

Il fut quatre fois ministre, et il est pauvre.

XXI

LE MINISTRE DES FINANCES

Samedi 28 juillet 1883.

C'est moins un portrait de M. Tirard que je fais ici, que le type même du ministre des finances tel que l'ont conçu ceux qui nous gouvernent.

M. Tirard a une beauté qu'on lui reconnaît : c'est une beauté de faubourg ; il ressemblait jadis à quelques-uns de ces ouvriers trop beaux pour travailler.

Je l'observais hier sur la place de la Concorde, où il causait avec un ami. Les pantalons trop courts flottaient autour de ses jambes comme de minces drapeaux. Ses cheveux longs tombaient sur ses oreilles et sur son cou en mèches raides et grasses. Il parlait, et, comme il n'a plus de dents, sa barbe lui montait sous le nez chaque fois qu'il fermait la bouche.

Il avait l'air emphatique et minable.

La misère bourgeoise qui l'a rongé pendant quarante ans de sa vie lui colle encore à la peau. Maintenant qu'il mange tous les jours, qu'il a un coupé au mois et un cocher à cocarde tricolore, c'est tout de même un pauvre diable.

Ce qui me ferait respecter M. Tirard, c'est qu'il ne fut pas un des heureux de ce monde : « J'ai gagné ma vie depuis l'âge de quatorze ans, » disait-il l'autre jour à la tribune. Il disait cela, le pauvre homme, du t... et de l'air d'un homme qui enlève des pavés avec ses dents, et avec l'espèce de coup de tête par lequel tous les forains rejettent leurs cheveux en arrière avant d'opérer. Aussi n'a-t-il guère de culture. Mais il est intelligent, et, comme il a toujours été dévoré d'orgueil, il a appris ce qu'il a pu.

Né à Genève, d'une famille dauphinoise, il vint fort jeune à Paris et y vécut d'abord d'une maigre place d'attaché à la direction des travaux de navigation de la Seine.

Il se lassa d'être un plumitif et, fonda vers 1851, une bijouterie en faux qui ne prospéra guère.

Mais le patron voyait le soir, au café, les négociants du quartier et les éblouissait par la facilité de sa parole. Les négociants de Paris sont généralement muets comme des poissons, mais ils aiment l'éloquence. Le bijoutier Tirard devint populaire dans le quartier Bonne-Nouvelle. Sa politique passait incontestablement pour la meilleure ; l'empereur était toisé par le bijoutier entre deux bocks. Et le marchand de toiles cirées du passage s'en allait en disant :

— Ce Tirard ne sait point le commerce ; mais, pour toiser l'empereur, il n'y a que lui.

Eh! oui, M. Tirard expliquait à ses confrères comment l'Empire ruinait la France en faisant de mauvaises finances.

Voyant son petit établissement péricliter, M. Tirard se demanda sérieusement s'il ne pourrait pas se faire une position par sa parole. C'était en 1868 ; une nuée d'effrontés gaillards s'en disaient autant sans avoir même le bagout du futur ministre.

Une excellente occasion s'offrit à M. Tirard. Les élections générales eurent lieu en 1869, et la troisième circonscription, qu'habitait le commerçant en détresse, était disputée entre M. Émile Ollivier, ministre de l'intérieur, président du conseil, et un gros homme nommé Bancel, mi-cuistre et mi-tribun, pion dans des institutions borgnes et orateur sur la borne. Bancel fut l'homme de M. Tirard, qui, laissant là ses boucles d'oreilles, pérora dans toutes les réunions publiques, se déclara irréconciliable, et annonça l'âge d'or après l'élection du gros homme nommé Bancel.

Bancel fut élu, et M. Pierre Tirard revint forcément à ses boucles d'oreilles. Il avait été applaudi par tous les notables commerçants du quartier Bonne-Nouvelle, mais personne ne songeait à faire de l'éloquent confrère un député au Corps législatif.

Et M. Tirard, au lendemain de son triomphe, se sentit fort gueux, et en risque de fermer boutique et de disparaître. Heureusement pour M. Tirard et pour une poignée de pauvres diables turbulents comme lui, l'Empire tomba. Quelle occasion de discourir! M. Tirard ne s'en priva pas. L'invasion est un beau sujet à développer. M. Tirard le développa et la garde nationale sédentaire fut électrisée. Dès lors plus de bijoux. Rien que des phrases. Phrases sur la liberté, l'égalité, la défense du territoire, le souffle de 92 et l'élan irrésistible des volontaires. M. Tirard fut nommé maire du deuxième arrondissement.

Enfin il entrait dans la carrière.

L'administration de M. Tirard fut douce. On l'entendit exposer lui-même, dans le plus singulier langage, une des particularités de cette administration.

Il s'agissait des marchands de journaux de la rue du Croissant, qui criaient toute la nuit et empêchaient les habitants de dormir.

« J'envoyai, dit M. Tirard, des gardiens de la paix rue du Croissant, et je leur donnai la mission de tâcher d'y mettre un peu d'ordre. » Goûtez, je vous prie, le civisme de ce langage. Ce ne sont point des ordres que le maire républicain donne aux agents; c'est une mission qu'il leur confie, et cette mission consiste à faire une simple tentative.

« Mais, ajoute M. Tirard, la population ne les aimait pas; ils ne purent y réussir. »

Et cette population qui chasse les agents de M. Tirard, M. Tirard la juge ensuite « animée des meilleurs sentiments ». Il ne cesse de la flatter. Nous avons à cet égard des témoignages positifs.

Le matin du 18 Mars, M. Tirard s'attendrit encore en songeant au bon esprit des gardes nationaux de son arrondissement et, en général, de tous les gardes nationaux.

Le 92ᵉ surtout lui tire des larmes d'admiration. Il ouvre sa fenêtre et voit le chef de bataillon du 92ᵉ assommé par ses hommes.

A ce moment seulement, un léger doute sur la

sagesse du 92° effleure son esprit. Le soir du 18 Mars, M. Tirard reste enclin à la douceur.

Il annonce à M. Jules Favre l'assassinat des généraux.

M. Jules Favre, qui, étant ministre, ne savait rien des événements de la journée, s'étonne. Puis il s'indigne et parle d'une prompte répression.

— Il faut être conciliant, lui répond M. Tirard.

On sait comment le gouvernement abandonna Paris à l'insurrection. M. Tirard trouva un remède au mal. Il pensa que, pour tout sauver, il fallait nommer commandant de la garde nationale une espèce de brave homme étranger à l'armée, qu'on nommait et qu'on nomme encore le colonel Langlois. M. Thiers y consentit.

Et le colonel Langlois se rendit crânement à l'Hôtel de Ville, où siégeait le comité de la garde nationale, car ce civil est un vieux brave.

Mais le colonel expliqua ensuite à M. Tirard qu'il entendait que son commandement serait pacifique, et qu'au premier coup de fusil il donnerait sa démission.

Ainsi s'évanouit, avec le colonel, la dernière espérance de M. Tirard, surpris par la suite des événements.

Ses fidèles gardes nationaux, si doux, à part qu'ils assommaient leur chef de bataillon, le nommèrent membre de la Commune. Il faut rendre cette justice à M. Tirard qu'il n'alla siéger dans le conseil insurrectionnel que pour protester contre l'illégalité de ce conseil.

Le spectacle qu'il y eut n'était pas de nature à

retenir à l'Hôtel de Ville un commerçant élégant et ambitieux. « On mangeait dans les couloirs et dans la salle. Une odeur de tabac, de vin et de victuailles saisissait à la gorge. »

M. Tirard, un peu secoué par les élus du peuple, put toutefois se retirer sans dommage.

On pouvait prévoir dès lors que M. Tirard serait député. On n'imaginait pas encore qu'il pût devenir ministre. Il le devint toutefois en 1879.

Bien des choses alors étaient devenues possibles. M. Tirard devint ministre de l'agriculture et se signala, dès son début, par je ne sais trop quelle méprise incongrue. Dans un concours agricole, il prit, dit-on, un épi de maïs pour un petit ananas. Il n'y eut que demi-mal. On peut être ignorant à son aise quand on est le maître.

Ce ministre de l'agriculture parlait avec assez d'abondance et de chaleur à la tribune.

En effet, la voix de M. Tirard vous entre dans les oreilles comme un son de trompette fêlée.

Elle crie, craque, couaque, crache, et donne tout de même sa fanfare qui, si rauque et rouillée qu'elle soit, sonne et s'entend de loin.

Il parle de probité républicaine, de bonnes finances, et l'on croit entendre, entre deux périodes, le « tout à treize » des bazars.

En lui le camelot qu'on imagine semble effacer le ministre. Il dit : « Voyez les conventions », et l'on entend : « Voyez la vente ! »

Un tort de M. Tirard est de se croire perpétuellement attaqué dans son honneur. Au moindre mot, il s'élance à la tribune, échevelé, les yeux révulsés, les doigts crispés, enfin dans un état horrible. Il écume, il trépigne.

Il s'écrie d'une voix étranglée :

— Je suis un honnête homme.

Eh! mon Dieu, personne ne le conteste. On ne dit pas que M. Tirard n'est pas un honnête homme. On dit que c'est un pauvre homme, voilà tout.

XXII

CORRESPONDANCE DIPLOMATIQUE DE M. DE BISMARCK [1]

Munich, dimanche 5 août 1883.

Je revenais de Bayreuth en passant par Munich. J'avais assisté aux trois dernières représentations du *Parsifal*, où Mlle Malden fut admirable, et Scaria prodigieux.

Je m'arrêtai quelques heures à Munich. Je rencontrai X.... diplomate autrichien du plus grand mérite. L'honorable diplomate me dit qu'il était décidé que l'entrevue des empereurs d'Autriche et d'Allemagne aurait lieu le 8 août prochain à Ischl et qu'il comptait se rendre dans cette ville en curieux.

Il me montra une lettre où son hôte d'Ischl lui disait que la ville se préparait à recevoir les souverains avec de grandes démonstrations. On taillait des drapeaux.

---

[1] *Correspondance diplomatique de M. de Bismarck 1851-1859*, publiée d'après l'édition allemande de M. de Poschinger sous la direction et avec une préface de M. Th. Funck-Brentano, 2 vol. E. Plon et Cie, éditeurs, 1883.

Sur les plus hautes cimes des montagnes environnantes on devait faire flotter de gigantesques étendards, et un bouquet devait être présenté à l'empereur Guillaume, au nom des dames de la cour, par la princesse Valérie, etc., etc... Il me conta ensuite que le comte Kalnoky, ministre des affaires étrangères d'Autriche, avait eu une entrevue d'une demi-heure avec l'empereur Guillaume, à Gastein, et qu'en cette demi-heure de conversation l'empereur avait conféré l'Aigle-Noir au ministre.

Et il me demanda ce que je prévoyais des résultats de cette entrevue.

Je lui répondis que je me sentais indigne de répondre à une pareille question, étant léger comme sont tous les Français; qu'ensuite ayant à peu près renoncé à m'occuper de politique en France, la politique étrangère me touchait peu; et qu'enfin, pour faire en politique de fausses conjectures même, il fallait avoir entre les mains quelques rapports d'agents diplomatiques, être d'un gouvernement quelconque, initié et plus curieux que je n'étais de ces choses pour le moment.

— Avez-vous lu au moins, me dit-il, la correspondance diplomatique que vient de publier M. de Bismarck?

— Oui.

— Vous auriez eu tort de ne point la lire, car je sais que M. de Bismarck tenait beaucoup à ce que cette publication fût traduite en français.

— Pourquoi?

— Pour se faire admirer en France par les écrivains français, comme Napoléon le fut, en Allemagne, par Henri Heine et autres auteurs.

— Vous n'aimez point M. de Bismarck ?
— Je le trouve dangereux pour mon pays.
— Et de quelle façon ?
— De toutes les façons. Mais avant de vous dire mon avis sur ce point, dites-moi votre opinion, dont je suis très curieux.

Je m'excusai de nouveau.

— J'ai lu légèrement le livre, répondis-je, au point de vue seulement pittoresque, y cherchant des traits de caractère plutôt qu'un plan diplomatique, et une architecture politique ; et je dois vous dire que, lu ainsi, le livre m'a beaucoup intéressé. M. de Bismarck apparaît comme un des esprits les plus vigoureux qui aient jamais été, ironique, plein de naturel, d'indélicatesse, de force et d'intelligence. On le voit vivre, penser et respirer à chaque page, et il nous donne une comédie où l'on rit des autres et où il ne nous donne presque jamais à rire de lui.

Il a une façon charmante de se renseigner auprès des domestiques du duc d'Augustenbourg. Tantôt il grise un diplomate français fort lié avec l'empereur Napoléon III. Tantôt il achète précisément un meuble où se trouvent par hasard les lettres autographes du représentant autrichien ; lettres des plus compromettantes pour l'Autriche, cela va sans dire. Il lit les comptes rendus des dépêches non cachetées du baron de Meuss Hengen. Il ne se gêne pas non plus pour nommer les gens. Il corrompt un membre de la Chambre bavaroise et il le nomme.

Et ce pauvre président de la Diète, qui a *perdu* les papiers que M. de Bismarck possède !

— M. de Prokesch...

— Est-il assez bien traité ! Il sert indirectement M. de Bismarck par ses maladresses, mais celui-ci ne lui en sait aucun gré.

M. de Bismarck ne se gêne avec personne et avec une admirable sécurité, en riant et en plaisantant. C'est par moment un humoriste de premier ordre. Ce qui ajoute encore pour nous à la puissance de cet humour, c'est que l'esprit allemand n'a pas assez de sensibilité ni de goût pour comprendre qu'il y a des choses qu'on fait et ne dit point, et que si cette franchise est amusante, elle aura peut-être cet inconvénient d'être mal interprétée par d'autres. C'est en ne sortant point de lui-même et de l'esprit allemand que M. de Bismarck a osé publier ce livre. Ce n'est plus du tout le diplomate académicien. Il a son franc parler et de bonnes façons de dire simples, nettes, imagées. Au milieu des dépêches politiques, il parlera tout à coup du prix des pommes de terre, des maux d'yeux de Mme de Bismarck, de l'état de son foie, de ses projets de saison à Trouville, et des retards que son fermier met à le payer.

Il montre toutes les phases de sa pensée. Il instruit avec cela de mille façons. Il est le premier diplomate qui se soit servi utilement de la presse en Allemagne, et il fait voir comment. Il a des idées exactes sur tout. Il parle des spéculations de banque, de l'empire scandinave, des Juifs, de Napoléon III, des nouvelles et des anciennes couronnes, comme ferait un philosophe qui aurait vécu... Je ne lui reprocherais que d'attacher lui-même une très grande importance aux décorations, ce qui est très allemand, et de citer quelquefois dans ses dépêches trop de latin, de *per fas et nefas; de igni et ferro, de sævus habendi cupido*, etc.

Je m'aperçus que si les Français étaient légers, ils étaient aussi bavards... Je m'excusai de tout ce verbiage auprès de mon interlocuteur, qui sourit :

— Tout ce que vous venez de dire est fort intéressant... me dit-il, mais ce n'est point là ce qu'il y a d'important dans ce livre...

Et le vieux diplomate me reprocha ma paresse et ma légèreté... Il citait des documents dont il savait les résumés par cœur; il les comparait entre eux. Il me montra que ce livre n'était pas seulement curieux par la nature même des documents publiés et les révélations qu'il donne sur le passé de l'histoire de la Confédération germanique.

Ce livre est surtout remarquable, ajouta-t-il, parce qu'il donne en même temps l'ordre et la marche des moyens grands et petits que M. de Bismarck a employés pour constituer son empire allemand tel qu'il est... Et ce qu'il y a encore de plus remarquable, c'est l'acharnement qu'il met dans la lutte contre l'Autriche, lutte causée par des rivalités qu'il reconnaît dans leurs histoires réciproques depuis des siècles.

Et s'animant un peu en protestant de son dévouement à Sa Majesté impériale et royale :

— Cette lutte existera toujours tant que la monarchie autrichienne conservera son caractère allemand. C'est pour cela que M. de Bismarck tend à le lui faire perdre... La publication de cet ouvrage ne serait pas compréhensible si le chancelier de l'Empire n'avait eu pour idée d'attirer à lui la partie allemande de l'Autriche... Ce n'est que dans cette hypothèse qu'il a pu autoriser la publication de ces documents qui doivent nous convaincre — à ce qu'il paraît — de l'avantage de la domination prussienne, parce qu'elle a su vaincre l'Autriche justement à cause des divisions de race...

Il ressort clairement de ce livre que M. de Bismarck veut faire dans l'Europe centrale un nouvel État slave qui ne serait plus un danger pour l'unitarisme allemand (alors vraiment créé) et qui pourra être un danger sérieux et un adversaire redoutable pour la Russie, en ôtant à cette puissance la direction des doctrines panslavistes... voulant faire ainsi de notre empereur et roi un empereur de Dalmatie ou de Gallicie... Voilà aussi pourquoi ce livre a été audacieusement publié. Voilà aussi pourquoi cette entrevue d'Ischl ne me dit rien de bon, et pourquoi l'Autriche ne peut qu'y être dupe.

Il m'entretint ensuite des États du Sud et des espérances inquiètes que lui inspirait leur versatilité séculaire... Et nous nous séparâmes en parlant de la jaunisse de M. de Bismarck, des maladies de foie en général, du protestantisme en Allemagne et du corps de ballet de Vienne.

XXIII

M. ALFRED NAQUET

Samedi 18 août 1883.

M. Alfred-Joseph Naquet sort d'une famille israélite de Carpentras, et ses traits sont frappés à l'empreinte d'Israël avec une pureté particulière.

Un grand œil ardent, un nez long et courbé, une bouche sensuelle, la chevelure de Samson et la barbe à deux pointes des prophètes.

Mais, si l'on recherche l'expression dominante de cette figure, l'embarras commence. On y trouve des contrastes singuliers. Une sorte d'égarement prophétique, une finesse exquise et toute la malice d'un homme d'esprit, un sensualisme embrasé : l'ardeur têtue du bélier dont parlent les prophètes; et pourtant un calme de bon ton, une froideur polie. Il y a, sur cette face pâle, mobile et chevelue, l'enseigne de l'idéologue, du mystique, du sceptique et de l'homme à bonnes fortunes.

Et je serais tenté de croire que ces enseignes ne trompent qu'à demi.

J'éprouve une grande difficulté à définir le caractère de M. Naquet, et je crois que cette difficulté ne vient pas que de mon insuffisance. Je crois que M. Naquet a un esprit bigarré où mille choses s'opposent les unes aux autres et font des contrastes.

Je crois que sa vaste et vive intelligence ne peut pas toujours s'accorder avec elle-même ; je crois que M. Naquet est un bel hircocerf, suivant la description des bestiaires du moyen âge.

Toutefois, en lui, une faculté commande à toutes les forces, un peu trop indépendantes de son organisme intellectuel. Cette faculté maîtresse est l'activité. Elle lui a permis de vivre plusieurs vies en peu d'années et de faire beaucoup de choses éparses.

Son enfance se passa dans les villes du Midi. Sa famille est fixée dans le Vaucluse.

Naquet veut dire, dans la vieille langue : *valet*, et spécialement « valet de jeu de paume ». Qu'il y ait eu ou non un *naquet* dans cette famille israélite, cela importe peu. Il suffit de noter que M. Naquet père était libre penseur, républicain, démocrate, enfin le plus bel œillet rouge de tout le Vaucluse.

Son fils reçut sur la tête ce petit coup de soleil qui grise si drôlement les jeunes Méridionaux, et leur met dans l'esprit diverses lunes dont la première est de s'emparer de Paris.

Lyon est une étape nécessaire, pour ces jeunes aigles, entre le mas paternel et la brasserie du quartier Latin. Ils s'y acclimatent péniblement. M. Daudet nous a conté, dans le *Petit Chose*, qu'il y eut ses premières tristesses. M. Naquet n'y faisait pas meilleure figure quelques années auparavant. Il s'y promenait, me dit-on, avec mélancolie dans des vêtements bizarres : pantalon et gilet de velours noir usés, houppelande de velours déchirée, chapeau gris, de longs cheveux étalés sur le dos.

Il avait alors pour ami un bohème dont personne ne lui fera compliment, M. Cazot. Ils battaient ensemble le pavé et fréquentaient toute autre société que le monde officiel. Cependant M. Naquet devenait un médecin et un chimiste, et ornait de connaissances étendues la vivacité charmante de son esprit.

Que M. Naquet soit un chimiste distingué, c'est ce que personne ne conteste.

— J'ai passé ma vie dans mon laboratoire, disait-il, en 1871, à l'Assemblée.

Depuis lors il a passé sa vie dans les Chambres. Il a laissé là ses fourneaux encore parfumés d'essence tymique. A l'acide formobenzoïlique et à l'acide alpistolénique, il a préféré les propositions de loi et les ordres du jour motivés.

Je ne veux pas dire pour cela que M. Naquet ne soit pas un savant. Arago a siégé dans les assemblées sans abandonner l'astronomie. Laplace lui-même, le grand Laplace, et avec lui le groupe des grands hommes qui firent du premier Empire l'âge d'or de la science, siégeaient au Sénat, dont ils partageaient les travaux. Je dirai seulement qu'ils furent, dans la politique, moins brillants que M. Naquet.

Il faut reconnaître aussi que de tout temps M. Naquet fut un chimiste facile à distraire.

Il se jeta en 1867 dans ce congrès de Genève que

M. Accolas organisa avec le concours de tout ce que l'Europe avait alors de songe-creux et d'idéologues. M. Naquet y vint, car il est idéologue bien que pratique, et rêveur bien que positif. Ces contradictions, avant d'être réunies en lui, l'étaient également en M. Émile de Girardin. Il y alla donc et y fit une motion :

— Je propose au congrès, dit-il, de ne pas se séparer sans un vote de flétrissure à la mémoire de Napoléon Ier, le plus grand malfaiteur du siècle.

Cela était plus facile à trouver que l'essence tymique. C'était une fortune. La gloire de M. Naquet date de ce jour.

Et vous reconnaîtrez que c'est justice ; car cette motion était bien appropriée à l'assemblée à laquelle elle était soumise : M. Naquet parlait devant quelques fous et beaucoup d'imbéciles. Il fut adroit. Il était sans doute sincère aussi : le duel n'était pas fini alors entre le césarisme et les idéologues ; et c'est Napoléon III que M. Naquet visait. Cette motion et divers autres faits connexes eurent un grand avantage pour M. Naquet : il fut condamné à quelques mois de prison. Cela valait mieux pour lui qu'une préfecture.

Moins de deux ans plus tard, il publia un livre intitulé : *Religion, Propriété, Famille*, qu'il m'est impossible de prendre tout à fait au sérieux.

M. Naquet ne s'y embarrasse de rien et a remède à tout : il change les hommes, et tout va bien.

Il est dit dans ce livre que « le mariage est une institution génératrice du vice » et que « le droit de tester est la consécration d'une monstrueuse injustice ». L'auteur veut « porter la conviction dans les âmes et concourir au progrès humain ».

Ce livre de fantaisie fut sottement traité comme un livre sérieux; l'auteur, poursuivi pour outrages à la morale publique et religieuse, pour attaques contre le principe de la propriété et le droit des familles, fut reconnu coupable envers la morale publique et condamné à quatre mois de prison et à cinq cents francs d'amende; ce jugement a lui-même autant de fantaisie que le livre qui en est l'objet.

M. Naquet, dont j'apprécie l'esprit, le savoir, le bon goût et la politesse, serait bien fâché que j'approuvasse ses travaux politiques. Qu'il se rassure.

Je crois que M. Gambetta, en le nommant secrétaire de la commission d'étude des moyens de défense, fit un choix déplorable; car, sans M. Naquet, la commission n'aurait rien fait du tout, étant composée de civils incompétents et de militaires absents. M. Naquet, dont l'activité est prodigieuse, les rêveries infinies, et qui est fort habile dans ses moyens d'action, imprima aux travaux de la commission une vitesse étourdissante et en fit une officine exemplaire de ruines et de déceptions.

M. Naquet, dont personne d'ailleurs n'a accusé les intentions, a fait de sa conduite à Tours une apologie délicate, adroite, très décente et très bien faite, qui n'a convaincu que ses amis.

M. Naquet parle avec clarté, avec mesure, et énonce facilement les choses les plus difficiles à exécuter. C'est un orateur politique qu'on ne peut trop louer pour le ton et les formes. On lui doit tous les égards qu'il a pour ses adversaires.

C'est donc avec de tels égards que je dirai que les

hommes comme lui, ingénieux à la pratique et chimériques dans leur philosophie générale, respectueux dans la forme et hostiles dans l'esprit à tout ce qui est le passé et le présent du pays, à son organisation, à ses mœurs, à son génie, me paraissent une très mauvaise espèce de citoyens.

M. Naquet fait vite et bien tout ce qu'il fait. Il n'en faudrait pas douze comme lui pour achever ce malheureux pays.

L'Empire commença, comme j'ai dit, la fortune de M. Naquet; le 16 Mai y mit le comble. M. Naquet eut une excellente idée. Il écrivit dans le *Radical de Marseille* : « L'union des 363, c'est l'unique moyen de salut. »

Cela suffit pour qu'il se coulât lui-même tout doucement dans le giron gambettiste dont il était sorti. Dès lors, il ne fut plus un enfant perdu, un bohème à la voix d'or, chantant l'union libre et l'« héritage homicide ». Ce fut un gros républicain comme il faut, rangé et donnant confiance à ses électeurs.

Un préfet comme je les aimerais, si j'étais chef d'État l'avait fait échouer en Vaucluse, pendant le gouvernement du 16 Mai.

Trois mois après, il fut largement élu; et c'est là ce qui prouve d'ailleurs la valeur du préfet de M. de Fourtou et la platitude des électeurs de Vaucluse.

Voici M. Naquet sénateur. Il soutiendra dans la Chambre haute sa proposition de loi tendant au rétablissement du divorce (1).

C'est sur le divorce qu'il semble avoir rassemblé avec le plus de bonheur ses facultés diverses.

(1) Cette loi a été votée comme on sait. Ce vote a fait de M. Naquet l'homme le plus aimé et le plus détesté de France.

Son activité et son talent dans cette affaire sont vraiment admirables. Il y a là, en effet, de quoi satisfaire un esprit charmant et terrible comme celui de M. Naquet, et qui est fort capable de porter de grands coups à cette société française qu'il a le droit de haïr dans ses traditions et qu'il veut mettre à bas poliment.

XXIV

M. ERNEST BERSOT

DIRECTEUR DE L'ÉCOLE NORMALE

Samedi 1er septembre 1883.

M. Scherer nous présente M. Ernest Bersot (1) qui fut son ami, et l'on peut dire, sans crainte de se tromper, que M. Bersot est assez mal présenté.

Le gâchis dans lequel tombe M. Scherer est à peine croyable. Voici, par exemple, une phrase que je trouve dès le début de sa notice sur Bersot :

« L'année 1857 nous montre Bersot à son retour d'Italie, entrant peu à peu dans l'intimité de M. Saint-Marc Girardin, dont l'intervention allait bientôt lui être si utile en faisant de lui un journaliste. »

On n'avait pas encore écrit si mal, et, le pis, c'est que M. Scherer ne saura jamais pourquoi ce que je viens de citer est mal écrit.

(1) *Un Moraliste*. Études et pensées d'Ernest Bersot, précédées d'une notice biographique par Edmond Scherer. — Hachette éditeur, 1882.

C'est une question de savoir comment un assembleur de mots de cette capacité continue à écrire sans passer, en public, pour un extravagant ou tout au moins pour un entêté. La durée littéraire de M. Scherer ne s'explique, à mon sens, que grâce à certaines qualités de sa manière. J'entends que son style est si mou, si flasque, si gris, si terne, si plat, si prodigieusement ennuyeux, qu'on n'y peut rien distinguer du tout, et que les inexactitudes, les incohérences, les niaiseries et les inepties sont entièrement perdues dans ce brouillard, comme les arbres d'une forêt humide qu'enveloppe une nuit sans lune.

Si l'on prend chaque phrase à part, on en voit immédiatement la difformité ; mais il faut y être obligé comme je le suis pour faire cet examen : on n'y a aucun plaisir (1).

Bersot, lui, écrivait très joliment. Il avait l'esprit fin, délicat ; il est de la famille morale de Vauvenargues et de M. Joubert ; toutefois, je n'écrirai pas au-dessous de son buste : « Bersot, moraliste. » Non, je me rappellerai que cet excellent homme fut moins

(1) J'ai déjà développé ce thème dans le chapitre que j'ai consacré à M. Scherer dans la seconde série des *Mémoires d'aujourd'hui* pages 67 et suiv.) ; neanmoins, — et je cherchais depuis quelque temps l'occasion de le dire, — si je n'ai rien à retirer du jugement que j'ai pu faire du psychologue et de l'artiste, je dois dire, pour être juste, combien le philosophe au contraire me paraît admirablement doué pour se mouvoir avec clarté dans les questions abstraites. Sa phrase, immédiatement, y devient courte, lumineuse et éloquente. M. Scherer, qui n'a le sens, ni de la vie vivante, ni du style des écrivains qui en expriment le mieux les passions, a au plus haut point celui de la vie des idées. Il y pénètre très profondément. La pensée pure est son véritable

occupé d'écrire que de professer ; je songerai à son amour pour la maison de la rue d'Ulm, et je mettrai une inscription à peu près tournée de cette sorte :

A ERNEST BERSOT
ÉLÈVE DE L'ÉCOLE NORMALE
IL EN DEVINT LE MAITRE ET EN
RESTA
ALORS MÊME
LE PREMIER ÉLÈVE

MM. About, Taine, Sarcey, sont des normaliens défroqués.

M. Sarcey a même quelque honte de son apostasie, et il affirme qu'il a passé des « potaches » aux actrices sans le faire exprès. En fait, il a gardé un vieux fonds de professeur. L'École normale — l'École, comme ils disent — a laissé son empreinte sur MM. Taine et About, sur M. Ordinaire qui, pourtant, aimait trop la gaudriole et la politique.

Quant à M. Bersot, l'École l'a sculpté à son image, l'a animé de son souffle et vêtu de sa robe.

domaine, et — je le lui dis sans aucune ironie — il devrait se tenir en ces hauts lieux plutôt que de descendre parmi nous.

Lisez en particulier, dans les *Mélanges d'histoire religieuse* (Michel Lévy frères, 1865), l'étude sur Hegel et l'Hegelianisme, qui est un chef-d'œuvre ou vous trouverez, dans les conclusions, un bel exemple de ce que peut être l'émotion d'un penseur. En distinguant auparavant les prétentions de M. Scherer de ses vrais mérites, je me plais à reconnaître que je n'avais peut-être pas assez insisté sur les mérites. Je lui reconnaissais bien, en suivant Sainte-Beuve, « une conscience élevée, une érudition solide, un grand souci de la chose humaine et divine »; mais je ne m'y étais pas arrêté comme il eût convenu. Je tenais sinon à la réparer, du moins à avertir mes lecteurs de cette omission.

C'est le plus bel exemplaire du normalien, et je ne le dis pas en mauvaise part.

Le jeune Suisse (Bersot est compatriote de Tœpffer) ne fut pas difficile à façonner; ses lettres écrites sur les bancs trahissent le parfait élève-professeur. Il y a des phrases qui ne trompent pas. Quand Bersot, par exemple, dit, à propos d'une composition :

« La faiblesse a été générale en histoire. »

Quand il relève avec joie cette appréciation de son maître :

« L'élève Bersot fait en philosophie de grands progrès pour l'exposition... »

Quand il écrit :

« Ma position avec tous mes camarades est fort bonne; j'ai quelque ascendant et je suis aimé... »

Alors les signes sont certains; Bersot a la vocation; il sera professeur, comme un autre sera prêtre.

Il est né à la fois disciple et maître, auditeur et professeur, agent parfait pour cette Université qui fut faite par des moines et qui porte tous les caractères d'une œuvre ecclésiastique.

Il eut la douceur et la fermeté d'un Rollin, les vues simples d'un Lhomond; il fit sa vie de libre penseur pareille à celle de ces prêtres, par la pauvreté, l'obéissance et le célibat.

Bersot était professeur de philosophie : ainsi l'avait décidé M. Cousin, qui disposait de ses agrégés, comme un général des Jésuites dispose de ses religieux. Bersot, philosophe par ordre, enseigna à Bordeaux, puis à Versailles.

Il n'écrivait pas; sa « classe » lui suffisait; il s'y

donnait tout entier, avec toute son âme, qu'il avait grande, et un esprit charmant.

On a gardé le souvenir d'un trait dont il égaya sa classe, un jour, à Versailles.

On était tenu alors de porter la robe, et cette robe le gênait. Un jour, dans un moment d'impatience, il l'ôta et la jeta sur une chaise ; la classe sourit.

— Permettez, Messieurs, dit-il, c'est par respect. Je marchais dessus.

C'est là de l'esprit de professeur, et je ne le cite que pour insister sur le caractère de l'homme.

Bersot refusa le serment à l'Empire et quitta, pour ne la plus remettre, cette robe qu'il avait si honorablement portée. On ne voit pas bien clairement les raisons de cette décision. Son biographe nous apprend qu'après le coup d'État « il parcourait les rues de Versailles comme un être privé de raison ». M. Cousin et les orléanistes voltairiens de l'Université agissaient sans doute sur l'âme de leur élève. Au reste, cette démission fut une excellente affaire pour Bersot, à qui le *Journal des Débats* fut bientôt ouvert. Il y donna de fort jolis articles.

Bersot écrit avec une précision pleine de grâce ; il a de la délicatesse ; il a des traits, mais il lui manque quelque chose qu'on ne définit pas, mais quelque chose d'essentiel.

On a une lettre écrite par Bersot à vingt ans. Il y parle avec enthousiasme de Mlle Mars, qu'il vient de voir dans une pièce nouvelle. Il décrit la représentation de la façon la plus animée, la plus enthousiaste ; et il pense à ajouter qu'il avait prudemment laissé sa montre et sa bourse chez lui, par crainte des voleurs. Ce trait est un trait de nature et fait comprendre ce qui manque à l'écrivain. Si avant qu'il soit dans son sujet Bersot pense à sa montre ou à son mouchoir, sa phrase s'en ressent : elle est petite; elle a le défaut que les timorés portent partout.

Et le souvenir de Mlle Mars ne lui fit pas oublier sa montre.

Il y aura toujours une pièce d'horlogerie entre le beau et lui. C'est le Suisse, cela !

Pourtant, que de belles et bonnes pages, çà et là. dans les articles de Bersot? Je n'en veux détacher qu'une, et fort courte. Elle fait partie des « Pensées ». C'est ce que le recueil a de meilleur. Le talent de Bersot convient bien à ce genre court et rapide.

J'avoue que je relis sans fin La Rochefoucauld; je sens toujours nouvellement le charme d'un style où les deux qualités essentielles de notre langue, la précision et la justesse, sont portées à leur perfection. Sur le fond des choses, je suis tout bonnement de l'avis du genre humain.

La Rochefoucauld ne risque pas de me convertir à sa doctrine, et j'admettrai que l'intérêt est l'unique mobile de nos actions quand on aura retiré de l'âme humaine l'amitié, l'amour, les affections de famille, la sympathie, la pitié, la passion de la vérité, du bien et de la patrie; mais je sais aussi que tout ce qui porte le nom de désintéressement n'est pas désintéressé; qu'il convient de distinguer les choses et le semblant des choses; que les mêmes actions peuvent être faites par des motifs contraires; que les hommes ou ne s'interrogent pas toujours ou ne descendent pas toujours jusqu'au fond de leur cœur; qu'il est bon de le savoir, et que la clairvoyance terrible de La Rochefoucauld y est utile. Pour mon compte, j'ai peu de goût à chercher comment on trompe les autres; mais il me semble très curieux de chercher comment on se trompe soi-même, et je suis persuadé qu'on n'est jamais aussi dupe des autres qu'on l'est de soi. » C'est un effet de cet amour-propre qui est si naturellement en nous, et que La Rochefoucauld a appelé « le plus grand de tous les flatteurs ». Chacun s'aime; quoi d'étonnant? Plus d'un s'adore et se complaît dans la contemplation de ses propres perfections, qui lui dérobent celles des autres. Il se passe un phénomène semblable à celui que des voyageurs ont observé en différents pays de montagnes : l'ombre de leur corps se projette sur le ciel, entouré d'une auréole, et chacun goûte le plaisir de voir son image et son auréole sans rien apercevoir de celles des voisins. Quand on va dans la société, observant cet amour-propre naïf, ou que près de son feu on s'observe soi-même et que l'on reconnaît les pièges où il vous a fait tomber, on se procure un amusant spectacle, et on ressent cette sorte de plaisir qu'on ressent toujours à prendre la nature humaine sur le vif.

De spirituels amis m'ont raconté qu'ils avaient eu dans leurs relations une dame très sourde, qui avait besoin d'un cornet. Dès qu'elle parlait, elle mettait le cornet pour s'entendre; quand elle arrivait à la fin de son discours, qui ne finissait pas vite, elle ne manquait jamais d'interroger les auditeurs : « N'est-ce pas vrai? Qu'en dites-vous? ». Et tout aussitôt elle ôtait son cornet. Quel trait de nature! Comme après cela on voit chacun dans le monde, attentif à ses discours, insoucieux de ceux des autres, mettre et ôter son cornet (1)!

Quand on a dit que Bersot fut un professeur généreux et un écrivain agréable dans son exiguïté même, on n'a pas tout dit. Bersot était aussi une âme forte. Il vit venir la mort avec une tranquillité parfaite sans

(1) V. *Un Moraliste*, pages 335 et suiv.

s'interrompre dans son devoir ni dans sa politesse. Il la vit venir de loin, et bien menaçante, et bien cruelle. Il fut atteint d'un cancer à la joue droite, qui, opéré une première fois après sept ans de progrès, récidiva et causa la mort, après une nouvelle évolution de sept autres années.

Aux premiers mois de 1879, le mal avait troué la joue; il dévorait les gencives et, aux prises avec les nerfs maxillaires, ne laissait plus au patient ni tranquillité ni espoir. Bersot ne relâcha rien de son activité et continua à diriger l'École normale dans les plus menus détails, avec une magnifique délicatesse de cœur. Quand on l'approchait, il veillait à ce que le cancer qui le dévorait ne causât à personne une impression pénible.

Il tenait un mouchoir contre sa joue rougie et souriait.

« Je l'ai vu continuer à parler au milieu d'un accès névralgique, » dit M. Paul Reclus, son médecin. Ce n'est pas tout : la voix, qui ne passait plus seulement par la bouche et s'échappait librement par la plaie béante de la joue, était moins distincte et sourde quelquefois. Aussi, pour ne pas lasser l'auditeur, il essayait d'articuler avec netteté, et sa fatigue s'en augmentait encore.

Une fois, une seule fois, il se plaignit à son médecin.

— Tant que j'ai pu, dit-il, j'ai dissimulé le mal sous ma main. Mais je craignais les maisons où il y avait des enfants... Le soir, je faisais le tour du Panthéon. Je ne sors plus, moi qui, à Versailles, passais ma journée dans les bois.

Ce fut là sa plainte.

Ayant un discours à lire dans une solennité, il passa le manuscrit à un collègue en lui disant :

— Voulez-vous lire à ma place ? Je suis un peu enrhumé aujourd'hui.

Je tiens d'un de ses amis ce trait d'intime héroïsme.

La mort de Bersot fut discrète. Il voulut épargner à sa famille le spectacle de son agonie.

On ne lira pas sans émotion le simple récit des derniers moments de cet homme courageux : — « Ce jour-là contre son habitude, dit M. Paul Reclus, il me parla peu de ses élèves.

« — Je puis mourir tranquille, je sais du ministre que le choix de mon successeur sera bon.

« On vint l'avertir que le dîner était servi. Nous nous rendîmes dans la salle à manger, mais il n'avait pas faim et demanda qu'on lui portât pour la nuit un bouillon dans sa chambre. Après quelques minutes d'une conversation tout intime, où il fut question de sa nièce, de sa sœur et de ses amis qui l'avaient visité dans sa réclusion des six derniers mois, je me levai pour partir ; je voulais revenir dans la soirée. « C'est inutile, « demain seulement vers midi ; je me sens déjà beaucoup « mieux. » Je le quittai, du reste, sans appréhension immédiate : j'avais trouvé sa voix un peu altérée et sa respiration plus pénible, mais son entrain paraissait si naturel et sa causerie si facile que je ne pouvais croire à l'imminence du danger. Sa famille arriva et lui tint compagnie jusqu'à près de dix heures. Elle le trouva plus gai que d'habitude, il voulait leur laisser un souvenir paisible et doux. Au départ, il ne leur donna ni un serrement de main, ni un baiser de plus.

« Je n'étais pas sans inquiétude, et le matin, vers

sept heures, lorsque le jour se levait à peine, j'arrivais à l'école avec M. Minière. La crise avait éclaté pendant la nuit, plus violente et plus prompte que je ne l'avais supposé. Le larynx, à peu près obstrué, laissait à peine passer un peu d'air et notre pauvre ami luttait contre l'asphyxie : il ne répondit pas à notre appel; il avait déjà perdu connaissance. J'envoyai immédiatement chercher M. Broca. — J'avais bien promis d'éloigner les amis et les proches, mais non le médecin : d'ailleurs, dans cette grave conjoncture, je voulais l'avis de mon maître. En moins d'une heure il était là et toute idée d'intervention fut rejetée d'un commun accord. Les lésions du côté du pharynx étaient telles que la trachéotomie aurait prolongé de quelques jours tout au plus, non l'existence, mais l'agonie de M. Bersot.

« M. Broca nous quitta : son hôpital le réclamait. Il devait revenir vers une heure. Nous nous assîmes au pied du lit, désolés de notre impuissance; du moins notre ami n'avait plus le sentiment de la douleur et ce fut notre consolation.

« Que l'aspect de cette chambre était triste! Dans les vastes appartements de l'école, M. Bersot avait choisi une petite chambre adossée à son cabinet : il y avait fait installer les meubles témoins de sa pauvreté à Versailles : une commode, un secrétaire, un lit sans rideaux. C'est là qu'il couchait depuis neuf ans et que maintenant il allait mourir. Les symptômes étaient stationnaires; toujours le même étouffement, la même inspiration sifflante; nous le regardions en silence, tandis que non loin de nous s'agitaient des élèves, des amis, qui ne se doutaient pas de ce deuil prochain et vivaient confiants dans le mieux apparent de la veille. La demeure de la famille qui, le soir, l'avait laissé si calme, est à quelques pas seulement : je faillis violer ma promesse et les faire tous appeler, mais le spectacle était trop navrant, et nous pensâmes qu'il valait mieux rester seuls à en ressentir la tristesse. Vers midi, la respiration se ralentit; à une heure, on percevait à peine sous le doigt la légère ondulation de son pouls; elle disparut bientôt; la figure, jusqu'alors un peu rouge, devint d'une blancheur de cire; le cœur avait cessé de battre (1). »

Ce n'est pas l'Université qui forma l'âme de Bersot : il n'y a pas d'écoles pour faire de telles âmes.

C'est l'Université, au contraire, qui fit sa philosophie ; elle est médiocre et procède du pitoyable éclectisme de M. Cousin ; c'est l'Université qui fit son goût littéraire, qui resta toujours étriqué et rayonna faiblement autour de Voltaire ; c'est l'Université qui consolida et aggrava les pauvretés et les insuffisances de cet esprit si gracieux par de certains côtés.

On oubliera la philosophie pédagogique de Bersot. Mais il est un spectacle au moins digne d'admiration, c'est celui d'un homme dévoré vivant par le *crabe*, comme ont dit les médecins eux-mêmes, pour nommer le mal de Bersot; d'un homme, dis-je, qui, en attendant dans des tortures croissantes la mort certaine, écrit ces lignes lumineuses et sereines :

« La vie n'est que d'un instant; mais cet instant suffit pour entreprendre des choses éternelles. Nous

---

1. *Un moraliste*, p. LXXXIV et suiv.

avons tort de lui demander ce qu'elle ne peut donner, parce qu'elle ne l'a pas : la durée; mais, pendant qu'on se laisse aller à croire qu'elle durera, on pense, on agit, on aime, — et c'est tout l'homme. »

XXV

ÉLISÉE RECLUS

Samedi 8 septembre 1883.

La *Nouvelle Géographie universelle* est parvenue à son huitième volume ; on peut donc être assuré d'un assez prompt achèvement et considérer dès aujourd'hui l'ensemble de cette vaste construction si bien ordonnée.

L'œuvre de M. Élisée Reclus est puissante, originale et facile. C'est un livre de haute science qu'on a voulu que chacun pût lire.

M. Reclus, qui est un grand inventeur en géographie, ne se contente pas de décrire les régions comme Strabon ou Malte-Brun. Il en montre la formation en même temps que la structure et comment le feu et l'eau dessinèrent, à travers les âges, la figure du monde. Et quand cela est fait ; quand il a montré le sol en proie à la vie, il nous enseigne avec une grande sagacité les rapports qui se sont établis entre ce sol et l'homme qui l'habite.

Cette idée d'ensemble comporte des détails infinis, et il est remarquable que le géographe ait pu la suivre à travers les mille et mille développements spéciaux qui donnent tant de charme et d'intérêt à son livre.

Par bonheur l'exécution des cartes et des figures, si importante dans un ouvrage de cette nature, est de tout point satisfaisante, et telle qu'on pouvait l'attendre de la maison Hachette.

La *Nouvelle Géographie universelle* a été précédée de plusieurs ouvrages excellents par la méthode et la simplicité. On y voit que l'auteur est un savant modeste qui n'aime point paraître et qui parle comme tout le monde, pour être lu de tout le monde.

Cet écrivain, qui ne met pas de panaches à ses phrases, est bien le même qui, étant garde national, ne voulut ni plumet ni galons, et se contenta de recevoir des coups de fusil.

Il est intéressant de rapprocher la vie de M. Reclus de son œuvre. Cette vie soulève toute sorte de doutes. On y voit un esprit souverain dans le domaine de la spéculation comprenant les diverses manières d'être de l'humanité, et qui, dans la pratique de la vie, se laisse séduire par des chimères humanitaires dont les sceptiques seuls savent profiter. On y voit un honnête homme pratiquant comme les saints des anciens jours la pauvreté volontaire, aimant la justice, courageux, simple, fidèle à ses amis, et commettant avec la patience d'un saint et l'ardeur d'un héros des actions détestables et ridicules.

Jean-Jacques-Élisée Reclus fut mis fort jeune entre deux feuillets d'une Bible. Né dans une ville huguenote qu'entourent les deux bras de la Dordogne, Sainte-Foy-la-Grande, qui n'est pas grande, l'enfant au nom de prophète était fils d'un pasteur, homme de l'ancienne loi, patriarche comme Enoch, et père de douze enfants.

M. Reclus père était là un patriarche philanthrope. Mais c'était un philanthrope pratiquant.

Il donnait aux pauvres tout ce qu'il pouvait, son argent et ses habits. On m'a raconté que non seulement il donnait ses vieilles redingotes, mais qu'un jour de janvier il donna la neuve. Et tout cela pour l'amour de Dieu, en qui il avait une foi toujours présente.

Une nuit, après un orage épouvantable, il fit lever ses enfants à peine vêtus et les fit ranger tous les douze à genoux sur la terre humide, pour remercier Dieu de les avoir épargnés.

Les douze enfants étaient ainsi élevés en Israël, dans cette ville de Sainte-Foy, renommée à travers la Gironde pour ses bonnets, ses chandelles et sa colonie agricole de jeunes condamnés protestants.

Par bonheur, le vin blanc du cru est vif et chauffe le sang dans les veines. Élisée et ses frères grandirent pleins de force, au chant des psaumes, dans le mas paternel, sur cette terre pierreuse et brûlée qui fut trempée du sang des huguenots.

Quand ces enfants étaient de force et se sentaient des ailes, le père leur laissait prendre leur volée, mais non pas chez les Gentils, non pas dans Babylone qui est Paris après avoir été Rome, mais dans quelque parc où les brebis se nourrissent de Paul et de Calvin. Onésime fut envoyé dans je ne sais quelle université d'Allemagne; Michel-Élie s'en alla tout petit chez les

Frères moraves de Neuwied-sur-le-Rhin; puis il alla se consommer en piétisme à Genève.

Élisée, dont je suis la vie, étudia d'abord à la Faculté protestante de Montauban, et ce fut un dur régime que celui de la sèche et aigre théologie des réformés dans cette ville chauffée à blanc et poudreuse. Là les docteurs ont un nom en *air*, en *ab* ou en *os*, vous forgent consciencieusement un fanatique sur l'enclume de leur satanée dialectique.

Cet enseignement dut avoir une grande action sur Élisée, jeune homme attentif, laborieux et crédule, enclin par sa modestie et malgré ses grandes facultés personnelles à croire la parole du maître.

Je sais bien qu'il s'est vite dégagé de tout le fatras huguenot, et qu'il ne s'arrêta pas longtemps à la grâce suffisante, non plus qu'au sens mystique de la toison de Gédéon. Mais il garda, avec le respect de ses maîtres, leur esprit de révolte béate et de philanthropie révolutionnaire, qui est une des pires sottises de notre siècle.

Les gens qui vous parlent de Jacob, de Sisara et des Machabées, et qui vous expliquent qu'ils veulent changer le monde sans répandre une goutte de sang, sont capables de faire battre père et mère. Il n'est pire peste qu'eux.

Le premier malheur d'Élisée Reclus fut de les avoir connus.

Il quitta Montauban en entreprenant je crois, avec un de ses frères, un voyage jusqu'à Strasbourg. Oh! le singulier voyage! Les deux jeunes gens allèrent jusqu'à Strasbourg en ligne droite et en se réglant seulement sur la boussole. Vallées et montagnes, rivières, forêts, plaines, gorges, plateaux, fondrières, haies, murs, parcs et jardins, ils franchissaient tout, poussant tout droit devant eux.

J'ignore à quelle époque Élisée fit ce voyage caractéristique et s'il poussa ainsi jusqu'à Berlin, où il alla jeune encore pour compléter ses études.

Il trouva à Berlin une diversion au piétisme. Karl Ritter y enseignait alors la géographie. C'était un grand savant et le premier qui ait ouvert aux sciences géographiques les destinées qu'elles traversent aujourd'hui.

En étudiant quelques régions terrestres, et notamment l'Asie antérieure, il recherchait la corrélation intime qui doit exister entre la terre et les êtres qui la peuplent.

Dès 1817, ce savant homme avait publié un grand ouvrage sorti de cette conception et dont le titre est grandement explicatif. Le voici :

De la géographie dans son rapport avec la nature et l'histoire de l'homme, ou géographie universelle comparée, considérée comme base de l'enseignement des sciences physiques et historiques.

Karl Ritter fit une explication spéciale de sa méthode dans une étude intitulée *le Chameau*, et qui semble avoir servi de prototype aux études de Darwin sur la géographie des plantes et des insectes. On voit que Karl Ritter est bien le maître d'Élisée Reclus, et que c'est dans les leçons du vieillard de Berlin que notre compatriote prit la direction qui le conduisit à fonder l'étude de la *Physiologie de la terre*.

Élisée Reclus avait vingt ans en 1851. Le coup

d'État lui tourna la tête. Toute sa famille en avait été secouée, et son frère Michel-Élie exilé. Dès lors il y eut des troubles funestes dans cette tête honnête. Mais actif, homme de devoir, gagne-petit, il travailla dur et ne se laissa pas dévorer tout seul et tout vif par les mauvais oiseaux du socialisme qui tournaillaient autour de lui.

Il voyagea en savant pauvre, supportant sans y penser les privations, et pareil à ces cigales du Midi qui n'ont jamais faim ni soif, et, dans leur travail, font trembler l'air. Il visita les Iles Britanniques, les États-Unis, et s'arrêta dans la Nouvelle-Grenade.

Il y fut précepteur dans une riche fabrique de planteurs. La fille de la maison, qui était jolie, l'aimait et lui fit savoir qu'il pouvait la demander en mariage. Il la refusa, malgré ses sympathies, parce qu'elle possédait des esclaves. Et il épousa une femme de couleur parce qu'elle était esclave.

Ses premiers travaux, publiés dans la *Revue des Deux Mondes*, donnaient l'idée d'une grande rectitude d'esprit, d'une entière sûreté de jugement. Cette rectitude, cette sûreté ne se sont point démenties dans l'ordre de la spéculation pure. Mais, en fait et dans l'action, il n'a pas plus de sens qu'un maniaque, et sa tête fut aussi faible que celle d'un ouvrier innocent et qui boit.

C'est en 1871 que la crise éclata. Après la chute de l'Empire, il eut cette idée enfantine que la France était sauvée puisque l'Empire était perdu. Les gaillards comme Ferry, Hérisson, Tirard et tous les républicains sages enfin, et agréables à la bourgeoisie, s'arrangeaient alors pour s'accroître dans le désastre.

Reclus n'eut que l'idée de donner sa vie à la patrie. Il y mit une gaucherie de savant humanitaire; c'était un triste soldat qui n'entendait rien au métier.

Mais il marcha dans la neige et mangea du pain noir. On voulut lui donner un grade : il le refusa.

Quand la grande insurrection de Paris éclata à la suite du mauvais gouvernement que la ville avait eu depuis le 4 Septembre, Élisée Reclus entra dans la Commune avec l'ardeur d'un fanatique jadis évangélisé au prêche ardent et sombre de Montauban. Il se trouva tout d'un coup à l'unisson des alcooliques auxquels la ville était livrée.

Mais il gardait toutefois son désintéressement et sa philanthropie. Il publia, le 25 mars 1871, dans un journal qui ne voulait que mort et pillage, *le Cri du Peuple*, une sorte de manifeste communard, d'une douceur profonde et d'un zèle véritable pour la concorde et la paix. Ce manifeste était signé également de deux de ses frères, et cela ajoutait au caractère patriarcal de ce morceau.

Élisée Reclus aurait pu être aisément général et avoir sa calèche comme Bergeret; car on sait que l'État-major de la Commune, par une juste défiance du cheval, préférait les voitures. Reclus garda son fusil et servit la Commune avec une docilité touchante et un fatalisme aveugle. Le 5 avril au matin, il faisait partie d'une reconnaissance qui gravit le plateau de Châtillon et fut enveloppé par les soldats de Versailles et pris les armes à la main.

En prison, l'unique réponse qu'on pouvait tirer de lui fut :

— Puisque j'ai été pris les armes à la main, c'est que cela devait être ainsi.

Reclus avait fait usage de ses armes; sept mois après, traduit devant un conseil de guerre, il fut condamné à la déportation. Le brave capitaine Combettes déclara que M. Reclus était le plus honnête homme du monde; mais que, ayant tiré sur les troupes, il était passible des peines édictées par le code.

Je voudrais bien vous voir à la place du capitaine Combettes, et je vous prie de me dire comment vous auriez pu faire votre devoir sans envoyer M. Reclus au bagne.

Ses livres étaient sur la table du conseil. Les militaires qui le jugeaient vantèrent tour à tour son talent, sa probité et son désintéressement. Jamais condamné ne fut si honoré. Je ne pense pas que M. Reclus se plaigne du capitaine Combettes.

Une demande en grâce signée de Darwin et de lord Amberley fut remise à M. Thiers, et la commission des grâces, qui avait plus de peur que de méchanceté, commua la peine du savant en bannissement perpétuel. Cette perpétuité fut grandement abrégée par les avocats qui nous mènent.

On se rappelle le gros discours de Gambetta sur le « lambeau de nos discordes » et le vote de l'amnistie. Elle fut partielle. Reclus y fut compris; mais il déclara qu'il ne rentrerait dans la patrie qu'avec le dernier condamné. Il tint parole, avec cette fermeté qui fait de lui le quaker de la famille.

Il n'est pas guéri. Il a suffi que son élève et ami le savant prince Kropotkine, anarchiste et géographe, écrivit des rêveries humanitaires pour remettre Reclus en goût d'anarchie.

A propos de poursuites dirigées contre le prince et qu'on disait dirigées aussi contre lui-même, il écrivit au juge d'instruction de Lyon une lettre qui ne manqua pas de fierté.

Il nous a donné encore, à propos de ses filles, le spectacle original d'un père qui marie ses enfants sans prêtre ni maire. C'était peu que le père de famille fût prêtre; il fallait encore qu'il fût magistrat. Cette invention vient sans doute encore de Montauban, et est tirée de quelque bible hérétique, aux versets de Melchisédech ou autres. Il faut reconnaître pourtant qu'il a déclaré n'avoir pas fait acte d'autorité paternelle en mariant ses filles. Mais c'est qu'il s'efforce d'imiter la Bible et Bakounine; il est patriarche en démagogie.

D'ailleurs, cette idée de marier soi-même ses enfants et de leur délivrer un acte de mariage me paraît plus impratique qu'immoral et l'on s'est beaucoup trop fâché dans les journaux. M. Reclus renonçait pour ses enfants aux avantages que leur eût donnés le mariage civil. Voilà tout. Cela pouvait être gênant, mais non condamnable en soi. Il mettait les conjoints dans une situation analogue à celle de chasseurs qui chasseraient sans permis de chasse et qui ne pourraient, par conséquent, chasser que dans une propriété close de murs.

Mais laissons cela et disons qu'heureusement ses filles et ses gendres ont un peu régularisé cela depuis, pour faire comme tout le monde.

M. Reclus écrivit à ce propos une lettre violente

qui étonne chez un homme dont l'énergie ne se montre d'ordinaire qu'enveloppée de douceur.

M. Reclus est aussi doux et humain qu'un fanatique peut l'être.

Il ne touche, dit-on, qu'avec répugnance à la nourriture animale, et ne vit guère que de légumes et de lait. Il ne tue pas les insectes. Il met délicatement dans un cornet les mouches importunes et les envoie bourdonner dehors.

C'est un homme petit, trapu, qui parle peu et qui a l'air très énergique.

J'ai essayé de montrer la fissure qui s'est faite dans son cerveau large et compact, et qui est devenue une fente énorme : le trou de la folie. Cette sorte de folie est installée dans un esprit supérieur.

Voilà ce que nous croyons la vérité sur cet homme singulier.

Libre et désintéressé, nous avons pu parler haut et ferme de M. Élisée Reclus. Mais quel homme aujourd'hui au pouvoir a seulement le droit de le regarder en face ?

XXVI

MADAME HENRY GRÉVILLE

Samedi 22 septembre 1883.

Mᵐᵉ Henry Gréville s'agite beaucoup depuis quelques jours dans les journaux, et la voilà en polémique avec M. Strauss, son collaborateur du *Voltaire*, pour expliquer son petit manuel d'*Instruction morale civique* pour les jeunes filles, qui n'a pu qu'être très agréable à M. Jules Ferry.

Je crois que le moment est venu de peindre cette femme de lettres.

Il y a, en effet, à Montmartre, une Mᵐᵉ Durand qui écrit des romans sous le pseudonyme d'Henry Gréville, et qui ne manque pas d'entregent. Elle nous est venue ou plutôt revenue en France vers 1872. Son père était professeur de français à l'Université de Pétersbourg; elle l'avait suivi en Russie, où elle épousa un professeur de droit français; elle-même donnait des leçons dans les familles.

Quand elle revint en France, c'était une grosse personne fort simple en son appareil, et menant un train modeste avec M. Durand. Cette modestie lui convenait; elle avait un air bon et franc, sans prétention, un air de dire : « Je suis toute ronde », qui portait à l'obliger. Rien qu'à voir ses cheveux lissés et tirés en arrière du front et des tempes, on se disait :

— A la bonne heure! elle n'a plus de prétentions; elle ne veut pas forcer les gens à la trouver belle; cela nous met à l'aise.

Et l'on découvrait quelque agrément à cette grosse figure molle, à ces yeux assurés, à ce nez large et court, sentant bien le faubourg, et à ces deux mentons. On ne remarquait pas une bouche énorme, à tout avaler, la mâchoire de requin des paysans normands. Elle avait, au fond de sa malle, quelques manuscrits, des nouvelles, un ou deux petits romans écrits en Russie et qu'elle n'avait pas su où placer. Elle intéressa des vieillards à ces manuscrits. Cela était court, lisible, cela venait de loin; puis l'auteur était si peu une femme de lettres, que cela plut et rassura. Femme de ménage, commère si l'on veut, cette bonne M{ème} Durand, pot-au-feu, oui; mais bas-bleu, pas le moins du monde! Ses petits essais n'en parurent que plus agréables, et l'on ne s'attendait pas à ce qu'elle en ferait d'autres.

On était tranquille.

Dosia parut dans le *Journal des Débats*, et les vieillards qui avaient présenté à M. Bapst l'œuvre de Mme Gréville n'eurent d'abord rien à regretter. *Dosia* parut jolie.

C'était en réalité un ouvrage de dame, quelque chose de propre et d'ordinaire. Pas d'accent, pas de style;

pas de ces traits de nature qui font le prix d'une œuvre. Mais aussi rien de choquant, rien de trop faux, et même quelque chose qui, avec plus de nature et d'art, serait devenu un caractère et un caractère sympathique. Si diffuse, en effet, que soit, dans le romancule de Mᵐᵉ Gréville, la figure de la jeune Dosia, on peut en saisir quelques traits qui, dessinés correctement par une main ferme, eussent été dignes d'intérêt. Il fallait montrer la crânerie d'une jeune fille audacieuse et pure, qui ne sait rien et ne craint rien ; les folies charmantes d'une âme toute neuve, qui fleurit à l'aventure comme une terre riche et vierge.

Dosia est bien cela, mais cela mal vu et comme par une gouvernante honnête et bornée, inflexible pour les coudes sur la table.

Mᵐᵉ Gréville sentit bien que cette figure de Dosia était sa meilleure idée, car elle refit Dosia assez souvent, et, en particulier, dans *Marier sa fille* et dans les *Koumiassine*.

Il y a bien quelque chose de juste et de vrai dans ces *Koumiassine*. La grande dame russe, hautaine et pieuse, qui porte un cilice sous ses robes de bal et fait trembler la maison après s'être agenouillée devant les saintes images, est indiquée, dans ce roman en deux volumes, de façon à faire regretter que Mᵐᵉ Henry Gréville ait un talent si fugitif. J'en dirai autant d'une institutrice effarée que tout étonne, stupéfie et consterne. Mᵐᵉ Gréville nous donne à penser qu'il y avait là un curieux portrait à faire.

Tout allait bien pourtant après *Dosia*, et Mᵐᵉ Gréville goûtait le plaisir délicat d'être louée par des hommes d'esprit qui pensaient au moins la moitié de de ce qu'ils lui disaient.

L'Académie française la couronna; cela semble peu de chose, mais il faut considérer que Mme Gréville faisait de fort petits livres, et que la louange de M. Ernest Legouvé devait suffire à son ambition.

Elle ne suffit pas; la terrible mâchoire à laquelle on n'avait pas pris garde s'ouvrit de nouveau. Mme Gréville était gourmande. Il lui fallut la fortune, Elle ne comprit pas qu'il ne fallait pas récrire, et elle se mit à confectionner, sans cesse ni relâche, une foule de petits romans insipides. Elle en fourra partout et jusque dans le *Petit Journal*. Après les mœurs russes, elle s'en prit aux mœurs françaises, et l'on vit qu'elle n'entendait rien à notre société, qu'elle ne voyait personne et ne tenait à rien.

Elle donna vingt-trois volumes en cinq années, et si sa fécondité s'est un peu ralentie depuis, c'est, je crois, sur les remontrances respectueuses de ses éditeurs, et parce que le public, qui ne s'avise communément de rien, s'est pourtant aperçu que Mme Durand lui servait des fadaises.

Il y a quelque chose d'immodéré et de glouton dans cette envie de lecteurs et d'acheteurs.

On vit que cette bourgeoise était un bas-bleu, et ce bas-bleu une ogresse qui voulait manger M. Octave Feuillet. Le *Journal des Débats*, son parrain, et l'Académie, sa marraine, s'affligèrent de lui voir faire des romans à la douzaine.

Les revues se fermèrent l'une après l'autre, de peur d'être encombrées.

Mme Edmond Adam, elle-même, manquant une belle occasion d'être fidèle au malheur, jeta Mme Durand dehors avec ses manuscrits. Ce fut un coup de balai ; les habitants du Faubourg Poissonnière ont encore les oreilles pleines des cris qu'ils entendirent alors.

Mme Durand, qui est une fine mouche, comprit que les deux ou trois douzaines de livres qu'elle avait jetés au public, comme une poignée de sottises, la rendaient en horreur aux délicats, à tous ceux qui savent et qui goûtent.

Elle comprit qu'elle était brouillée avec l'art et le bon ton. Elle se jeta alors dans l'éducation laïque, où elle pensait bien que ses défauts ne lui nuiraient pas. Ce n'est pas par le goût et la mesure qu'on plaît aux gens qui nous mènent.

Mme Durand composa avec beaucoup d'à-propos un de ces petits manuels de morale civile avec lesquels on enseigne nos écoles.

Celui de M. Bert est célèbre pour les bourdes qu'on y a relevées ; les autres, qui ne sont pas beaucoup meilleurs, restent inconnus. Ils sont tous assez mal rédigés, pleins d'équivoques et de réticences.

Celui de Mme Durand s'adresse aux filles et est intitulé *Instruction morale et civique*.

C'est peut-être le plus confus et le plus mal formulé. On y lit que « la femme doit être un exemple », ce qui ne peut s'analyser ; on y lit encore : « le pays qu'habite une nation s'appelle la patrie », ce qui n'a aucun sens. On y lit aussi qu'un voyageur « va dans un pays nègre » ; si une petite fille s'exprimait ainsi, elle serait reprise par sa maîtresse d'école.

Je rencontre, en parcourant ce petit livre, une phrase bien plus malheureuse. Il s'agit d'une petite fille nommée Jeanne, qu'on nous donne pour le modèle de l'enfance laïque : « Jeanne, nous dit-on, connaît déjà très bien (à onze ou douze ans) ces deux choses inestimables : le prix du temps, la valeur de l'argent. » Voilà donc ce que Mme Durand enseigne aux filles au lieu du catéchisme.

Elle leur enseigne que la valeur de l'argent est inestimable. Ce n'était pas la peine d'enseigner cela si tôt !

La petite Jeanne eût appris cela plus tard et eût vu cela toute seule en grandissant.

Il est vrai qu'avec cet enseignement, Mme Gréville gagne un peu de cette chose qu'elle veut qu'on estime au-dessus de tout.

Le petit tableau que Mme Durand fait de l'ancien régime, dans son *Instruction morale*, est, comme tout ce qui se fait à présent, à l'usage des futures épouses de nos nouveaux dauphins; mais elle s'y est peu appliquée. Je crois qu'il y a dans le mépris qu'elle jette à la France plus d'ignorance que de mauvaise foi.

Quant à Dieu, qui est le grand danger de ces petits manuels laïques, Mme Durand n'en parle pas. Elle fait mine de ne pas le connaître et reste coite. Je vous avais bien dit qu'elle est madrée. Pourtant, si elle y croit, elle devrait en parler, et, si elle n'y croit pas, j'aimerais qu'elle le dît.

Mais ce serait franc et cela sortirait du genre. Les petits manuels républicains sont obliques par nature : plus ils louchent, plus ils se vendent. Et le grand point est de se vendre.

J'ai marqué comment cette pauvre femme a été induite à faire de la morale médiocre après avoir fait, en somme, de la médiocre littérature.

A ceux qui croient que je devais plus d'égard à une femme, je répondrai que les œuvres de l'esprit n'ont point de sexe, et qu'en art on ne doit de respect qu'au talent.

Mme Gréville nous assomme. Elle veut plaire au monde avec ses historiettes russes, et à ce qui n'est pas le monde avec son athéisme sentencieux.

Je ne lui en veux pas plus qu'il ne faut, certes; mais je voudrais qu'une femme pût toujours montrer patte blanche.

XXVII

L'ENFANCE D'ALPHONSE XII

Mardi 2 octobre 1883.

Quelques-uns de nos confrères avaient trop cédé à leur susceptibilité, et, pour un mince sujet, avaient beaucoup trop chatouillé un patriotisme d'épiderme (1).

On a trop bien dit tout ce qu'il y avait à dire à ce sujet pour que j'y revienne aujourd'hui.

Je veux seulement, comme ancien élève du collège Stanislas, rappeler quelques souvenirs personnels sur la présence d'Alphonse de Bourbon parmi nous, et la sympathie qu'il avait inspirée alors, bien que beaucoup appartinssent à des familles légitimistes, qui

---

(1) Ce chapitre fut écrit au moment de la visite du roi d'Espagne à l'empereur d'Allemagne. Alphonse XII venait d'être nommé, par courtoisie, colonel d'un régiment de hulans et en avait pris le costume, comme il est d'usage en pareil cas. Plusieurs journaux s'étaient enflammés à ce sujet et le prince fut fort mal accueilli lors de son passage à Paris.

avaient des préventions contre la branche cadette des Bourbons d'Espagne.

Ce fut, si je me souviens bien, dans les premiers jours du mois de janvier 1869 ; le bruit courut un matin, dans les classes, que le prince des Asturies était entré comme élève demi-pensionnaire, au petit collège.

On sait la curiosité qu'excite autour de lui l'élève entré au collège après l'année commencée. Les habitudes sont prises, les connaissances faites, et les tard venus sont soumis à un examen minutieux. Les titres du nouveau donnaient un élément de plus à la curiosité. Le collège n'est-il pas déjà une image de la société ?

Cet hiver-là, on avait établi des patinoires dans les cours. Pendant la récréation de midi, le prince vint voir patiner. Il allait de cour en cour, donnant la main à son précepteur, courant et riant pour se réchauffer, et comme si la course et le froid le mettaient en belle humeur.

Nous vîmes ainsi passer ce petit homme brun en pantalon long et en jaquette noire. On remarqua surtout son teint olivâtre et ses grands yeux très éveillés.

Ce furent la reine Isabelle et don François d'Assise qui présentèrent eux-mêmes le prince à l'abbé Lalanne, notre directeur, le meilleur des hommes. C'était un petit vieillard, actif, indépendant et généreux, aux mèches de cheveux blanches, rares, longues et ébouriffées, qui faisait des tragédies où l'on voyait des Druides et les quatre fils d'Aymon. Il les faisait jouer avec un enthousiasme admirable et des gestes classiques. Quand il était assis il se frottait la jambe avec le bas de sa soutane en récitant ses alexandrins.

Le prince apprit vite le français. L'enfant était plein de hardiesse et de vivacité. Il avait de la réplique et montrait, dans son air et ses façons, de la fougue et du ressort. Il avait de l' « allant », comme disent les cavaliers.

Le prince avait pour chambellan le comte de Lossa, un vieux gentilhomme à barbe blanche, doux, vénérable et respectueux. Il demeurait toute la journée au collège, lisant les œuvres de sainte Thérèse, et préparait par jour trente enveloppes à lettres, destinées à raviver en Espagne le zèle des partisans du roi. Il y avait pourtant quelque chose de comique à voir ce bonhomme surveiller les leçons qu'on donnait au prince, en français, car ce fidèle serviteur ne consentit jamais à apprendre les mots les plus usuels de notre langue.

Vers le mois de mai de l'année 1869, le prince alla faire à Rome sa première communion. La reine Isabelle avait envoyé son fils à Rome au moment même où le concile était réuni, afin de se mettre en rapport avec les cardinaux et les évêques espagnols et préparer ainsi son retour en Espagne.

On m'a raconté que, pendant que le vaisseau qui l'amenait stationnait devant Civita-Vecchia, le prince fut frappé d'un spectacle charmant dont il a gardé le souvenir. Sa sœur Isabelle, belle-sœur du roi de Naples, venait vers lui en canot. Elle était toute vêtue de noir, et le prince racontait alors comme il avait été « pris par le cœur » en voyant cette gracieuse silhouette de femme se détachant sur les eaux bleues de la Méditerranée.

En revenant de Rome, il visita la reine Christine

aux îles d'Hyères. Il vint ensuite rejoindre sa mère à Trouville.

A Trouville il acheva d'apprendre le français et fut à son retour en état de suivre les cours de la classe de sixième.

C'est vers cette époque que le comte de Lossa fut en quelque sorte remplacé auprès du prince par le brigadier O'Ryan y Vasquez. Ce bon général à moustaches grises, assez grand et un peu voûté, nous paraissait soucieux et affligé. Ce vieux soldat devait être en communication avec les chefs espagnols. Il représentait auprès du prince l'élément militaire, car jamais l'idée d'une restauration prochaine ne quitta la reine ni ses conseillers.

Le prince se montrait de plus en plus entreprenant dans ses jeux, où il était prompt et adroit.

Un jour, par punition, on l'avait enfermé dans son salon d'étude. Il s'en fut dans un cabinet de toilette attenant à la pièce, ouvrit une petite fenêtre qui donnait sur l'escalier intérieur, et, pour s'échapper, fit un saut de trois mètres, au risque de se casser le cou. Mais tout, dans ses petits coups d'audace, était réfléchi.

Le prince aimait à porter l'uniforme. Il n'était point insensible aux compliments, autant que nous pouvions voir, et souriait d'un petit air plein de réserve quand ses maîtres avaient quelque éloge à lui faire. Il répondait en bon français. Il avait la repartie vive et l'esprit caustique. Il éprouvait aussi un plaisir infini à s'écouter parler. Enfant, il avait déjà les belles comédies de l'orateur. Depuis, ce talent lui a beaucoup servi, comme on a pu voir d'après ce qu'on a raconté, ces temps derniers, de sa façon courageuse de parler aux soldats révoltés.

Vers le mois de janvier 1870, le prince fut en état de concourir avec les élèves de sa classe. Il eut un premier prix d'histoire et un cinquième accessit d'arithmétique.

Ce fut à la fin de l'année scolaire qu'il fut confié aux soins du comte Morphy, — un politique. Jusqu'ici ce comte Morphy, qui aujourd'hui accompagne le roi dans son voyage, n'avait fait auprès du prince que de courtes apparitions :

— Je travaille pour vous, disait-il.

Et il retournait à son œuvre, emplissant les journaux d'articles engageants.

C'était alors un homme de taille moyenne, corpulent, assez vif, affairé et ayant au travers de sa barbe blonde un sourire de politique, un sourire indécis, insignifiant et fin, qui lui fermait les yeux. Je ne sais pas s'il faisait grand cas du mysticisme du comte de Lossa et de la vieille bravoure du brigadier O'Ryan : en tout cas, il était peut-être plus capable qu'eux d'entrer dans les conseils d'un roi.

La guerre éclata sur ces entrefaites. Le prince quitta la France et, accompagné du comte Morphy, il alla d'abord à Genève, où, par un hasard assez curieux, il se rencontra avec don Carlos à l'hôtel de la Métropole. Puis il alla à Vienne, où il fit, comme on sait, ses études militaires.

Ici s'arrête ce que je sais de l'enfance du prince. Mais le présent nous le montre tel qu'on pouvait déjà prévoir qu'il serait : sensible, impressionnable, brave et éloquent. Les peuples sont sensibles au courage et à l'éloquence.

Le roi a un air de crânerie qui engage et un à-propos qui plaît.

Après le premier attentat où il faillit périr, il dit en souriant et de la meilleure grâce du monde :

— Ce ne sera pas la dernière fois.

Le roi est fort capable, comme il l'aime à dire, de se faire tuer pour défendre son trône.

Il donne l'idée qu'il est prêt à faire comme il dit, et c'est là une des meilleures chances qu'il ait de vivre en conservant la royauté.

XXVIII

LA SOCIÉTÉ ROMAINE (1)

Samedi 6 octobre 1883.

Le directeur du *Journal de Rome* vient d'être renvoyé devant la cour d'assises de Rome pour répondre au chef d'attaques au plébiscite d'octobre 1870. La question qui est déférée à la cour d'assises de Rome est celle-ci : « Est-ce qu'à Rome on commet un crime en revendiquant, dans un journal, la possession temporelle de Rome par le Pape ? »

Le sujet n'est point si romain qu'on pourrait croire. Sans retomber dans aucune banalité, je puis dire que ce qui se passe à Rome — j'entends la Rome des papes — intéresse la politique de tous les gouvernements.

L'année dernière, autour du Pape, je voyais assemblés le cardinal Pitra, qui est Français; le cardinal Hergenræther, qui est Autrichien; le cardinal Zigliara,

(1) Ce chapitre fut rédigé sur des notes prises à Rome au mois de juin 1881.

qui est Corse; le cardinal Howard, qui est Anglais; le cardinal Hassoun, qui est Arménien, etc... J'ai vu au Vatican des pèlerins français, des pèlerins allemands et espagnols.

Lors des affaires tunisiennes, notre gouvernement a été en froid avec le gouvernement italien. Cette froideur ne s'est guère étendue au delà des sphères diplomatiques. Une brouille avec le Vatican eût eu d'autres conséquences.

C'est donc au point de vue international que je m'occuperai d'intérêts locaux et nationaux. Mais ma conclusion n'échappera à aucun politique.

Le soir, vers sept heures, l'usage des Romains est de se promener en voiture, du haut en bas et du bas en haut du Corso, longue rue qui traverse le quartier des étrangers. Cette promenade était déjà en usage du temps où le président de Brosses vint à Rome. Sur la place Colonna, au milieu du Corso, se rassemble toute une foule de curieux, officiers et bourgeois, qui s'occupent à regarder passer les équipages. Tous ces curieux ne sont pas des Romains. Beaucoup sont des Piémontais, des *Buzzuri*, comme dit, non sans quelque dédain, le peuple de Rome.

Je ne veux point parler ici de ceux qui regardent passer, mais de ceux qui passent en voiture; non des Italiens de toute sorte que l'unité italienne a amenés à Rome, mais des Romains proprement dits, et même plus spécialement de l'aristocratie romaine, qui est encore ici prépondérante.

L'aristocratie était assez fortement attachée aux Papes en théorie; en pratique, elle ne l'était pas. Au

Gesu, l'église à la mode, le denier de Saint-Pierre a rapporté cinquante francs l'an passé. On compte les papalins qui ont risqué leur vie pour le saint-siège. Je crois bien que l'intervention des étrangers (auxquels on sourit volontiers, mais qu'on n'aime point tant que l'on croit) avait écarté bien des Romains du service effectif de la papauté.

Pourtant on ne peut dire que l'aristocratie romaine fût défavorable à la politique piémontaise et vît avec plaisir les progrès des plans de M. Cavour. Elle se tenait dans cette attitude expectante et patiente qui est si naturelle au caractère italien. Ainsi demeura-t-elle pendant les longues alternatives de la politique douteuse que suivait Napoléon III.

Lorsque les Italiens eurent occupé Rome à la faveur de la guerre franco-prussienne et avec la tolérance, sinon la connivence de la Prusse (M. d'Arnim, en habit noir, fut le seul ambassadeur qui assistât au départ des zouaves de Charette), il fallut que chacun choisît son maître.

Même en Italie, il n'est pas donné à tout le monde de servir deux maîtres à la fois.

Une partie notable de la noblesse romaine resta fidèle à la papauté. On peut citer les princes Borghèse, Altieri, Chigi. Massimo, Rospigliosi... ce sont les premiers noms. Derrière eux se rangent par centaines des noms moins illustres et une bonne partie du bon peuple de Rome, qui fut toujours attachée aux Papes.

C'est là le parti que l'on appelle *noir*, ou *papalin*, ou *prêtre*. On l'appelle aussi *codino*, c'est-à-dire portant perruque ou retardataire, de *coda*, qui veut dire *queue*.

Ceux qu'on appelle par contradiction *blancs* sont ralliés au gouvernement italien. Les uns se sont, dès la première heure, ralliés franchement. D'autres ont été plus timides et ont attendu que le temps passât un peu sur les faits accomplis. Les questions personnelles se mêlèrent souvent à la politique pour décider les rapprochements.

Il est une belle et honnête dame qui ne peut se priver du plaisir légitime de briller dans une cour et qui y va seule, car son mari et son père n'ont point consenti à l'y accompagner.

Je n'approuve ni ne blâme personne. Je n'ai pris dans la vie qu'un rôle d'observateur désintéressé.

Au parti *noir* et au parti *blanc* je pourrais bien ajouter le parti *rouge*. Mais celui-ci n'est représenté dans l'aristocratie romaine que par le prince Odescalchi, lequel fait bande à part, étant à la fois « républicain et féodal ». Il l'a dit lui-même.

La société romaine est peut-être plus profondément divisée qu'on n'imagine tout d'abord.

Ce serait mal connaître Rome que de croire que ces divisions paraissent très clairement au dehors. Il y a des *blancs* et des *noirs* dans les mêmes palais et dans les mêmes familles. D'autres que moi nommeront deux charmantes princesses qui sont belles-sœurs et qu'on appelle : la perle blanche et la perle noire.

De *noirs* qui aient poussé jusqu'au bout les conséquences de leur fidélité, je pourrais citer le prince Rospigliosi, qui a quitté Rome, et son fils qui y vit à l'écart et très solitairement. De même vivent à peu près les Altieri et les Chigi.

La plupart des *noirs* se sont décidés à recevoir la société *blanche* et à la fréquenter. Il en eût été difficile autrement.

Mais ici il y a nuance.

Un grand nombre de noirs ne fréquentent que les blancs, qui sont Romains, comme il est juste. De ce monde est le prince Giustiniani Bandini et le prince del Drago, gendre de la reine Christine d'Espagne. Enfin, quelques salons noirs reçoivent tout le monde, et ne font exception que pour le monde gouvernemental. Ainsi fait le prince Gabrielli.

Les *blancs* non plus ne sont pas d'une seule nuance. Beaucoup d'entre eux voudraient accommoder avec le régime de la maison de Savoie des sentiments conservateurs. La princesse Palavicini, qui est alliée aux *noirs* et en même temps dame de la reine, n'avait jamais encore consenti à recevoir Mme Cairoli. Dieu sait combien de propos et de cancans se sont échangés avant et après le bal qu'a donné, l'hiver dernier, le duc de Fiano !

Sur tout cela broche le double monde diplomatique accrédité auprès du Vatican et du Quirinal, qui sert beaucoup pour la transfusion et le mélange des deux sociétés.

Puis les Romains aiment à être tranquillement joyeux et à vivre en bonne amitié.

A les voir s'envoyer des sourires au Corso ou bien dans les admirables villas où l'on se promène au coucher du soleil; à les voir souper chez Morteo, au Ponte-Molle (hors les murs), et revenir gaiement en *tramway* ou en *male*, on ne dirait jamais qu'il y a des *blancs* et des *noirs*. Mais il ne faut point trop se fier aux apparences.

Tout le monde n'a point encore assez de philosophie pour faire comme le prince Doria qui illuminait son palais deux fois en moins de deux mois : une fois pour le couronnement d'Humbert Ier, et l'autre pour le couronnement de Léon XIII.

Ceux que j'appellerai *gris* avec beaucoup de Romains, ont trouvé un remède à cette bizarre situation. Ils voudraient faire entrer les catholiques dans les assemblées politiques italiennes.

On sait que Pie IX leur avait interdit de voter ou de se faire élire : *Ne elettori, ne eletti*, telle avait été la formule.

Je ne veux pas parler ici du P. Curci (1), qui me semble être un vieux brouillon, fait pour compromettre tous les partis; mais je m'arrête au nom de M. Alexandre Ferraioli, qui a exposé son opinion dans une récente brochure, avec une véritable science politique (*Del Pensiero politico in Italia e di un Partito conservatore*).

M. Ferraioli dit un grand nombre de choses sensées et pratiques à ses compatriotes. Il les met surtout en garde contre une imitation servile de la France, qui, depuis cent ans, a fait déjà en Italie le plus grand tort. Nul mieux qu'un Français ne pourrait le confirmer dans ses idées. Nous qui avons nous-mêmes fait tant de sottises, pouvons mieux que personne mesurer la duperie qu'il y a à les imiter.

(1) V. *Mémoires d'aujourd'hui* (1re série), pages 139 et suiv.

Mais il me semble qu'il va trop loin quand il résout la question qu'ont à se poser les Romains.

Il ne faut pas, dit-il, faire de la politique de sentiment. Soit. Mais la politique est une bien triste chose si elle exclut une fidélité décente et reconnaît trop vite le pouvoir du plus fort. Toute la différence est celle-ci : pour les *blancs*, le roi de Rome est Humbert Ier ; pour les *noirs*, ce roi est Léon XIII.

Tant que le Pape n'aura pas renoncé au trône que ses prédécesseurs ont possédé, il semble que l'obligation de lui rester fidèle demeure à ses amis. Le Pape n'y a point renoncé.

Quand j'étais à Rome, je vis dans une salle du Vatican Léon XIII entouré des pèlerins espagnols, qui criaient :

— Vive le Pape-Roi !

Et le Pape les engageait à « considérer la douloureuse condition à laquelle est réduit, *dans son siège même*, le vicaire de Jésus-Christ ».

Je suppose que des catholiques papalins siégeassent dans les Chambres italiennes. Je ne conçois pas, à leur point de vue même, le rôle qu'ils y joueraient. — Il ne faut pas attendre du caractère italien des oppositions irréconciliables. On aurait vite fait de s'arranger tous ensemble. Les choses de la politique n'y seraient point grandement changées, — et le saint-siège aurait perdu de son indépendance.

Je ne parle point ici en homme de parti, quoique j'aie eu toujours le goût d'apporter ma part aux vaincus. — Mais, comme je l'indiquais en commençant, il me semble que l'indépendance du saint-siège importe à tous les peuples. Le jour où le Pape ne serait qu'un évêque concordataire de Rome, il y aurait, je crois, de grands troubles dans toute la hiérarchie politique, et un dommage certain pour les gouvernements qui ont à compter avec les catholiques.

Léon XIII a concédé ce qui était possible : il a enjoint aux catholiques italiens de voter dans les élections municipales. Il ne pouvait faire plus. Quoi que puisse dire un jeune parti actif, intelligent et ambitieux, il me parait bien improbable que, pour l'instant, il accorde plus.

XXIX

M. JOHN LEMOINNE

Dimanche 18 novembre 1883.

M. John Lemoinne vient encore de faire merveille aux *Débats* cette semaine.

C'est un nain que M. John Lemoinne. La rencontre en est étrange, et c'est une surprise de voir venir au-devant de soi cette grosse tête qui semble glisser sur des roulettes, car M. John Lemoinne marche sans lever les pieds.

Il y gagne de surprendre son monde, qui n'entend pas le bruit des pas, et d'avoir je ne sais quel air d'apparition. La tête de ce nain n'est pas commune assurément. Les méplats, comme on dit dans le jargon des arts, y ont un relief extraordinaire, à tenter un peintre. Avec le temps, des bosses qui se sont formées par surcroît sur la mâchoire compliquent le modelé d'une curieuse façon. Les traits sont moyens, les yeux petits et vifs; le visage est encadré d'un collier ras.

L'expression de ce visage... Oh! je ne suis pas embarrassé de le définir. Je sais bien ce qu'exprime la figure de M. John Lemoinne.

Cette figure est à la fois impassible et spirituelle. Pas un muscle ne bouge; l'œil pétille. Cela ne vous rappelle-t-il pas nos amis les clowns?

M. John Lemoinne est semblable à l'un d'eux. Il leur ressemble par le comique froid, l'air de dédain, certaine fantaisie et certaine distinction.

Il a soixante-dix ans, sans qu'il y paraisse; il ne perd rien de sa petite taille et il semble toujours prêt à faire une magnifique cabriole.

C'est un clown !

Mais ne le flattons pas : c'est un clown au repos et même un peu fatigué.

Les bras croisés dans l'hémicycle sénatorial, il regarde les exercices.

Jamais les apparences ne furent moins menteuses.

M. John Lemoinne représente, dans la pensée publique, quelque chose de spirituel, de souple, d'imprévu, de brusque et de liant, un certain humour, une gravité drôle, une gaieté grave, que sais-je enfin? trente-six rares qualités de petit clown; un génie, si vous voulez, mais un génie qui est à la politique ce qu'est le génie du clown au théâtre.

Il a vraiment fait *travailler* (pour employer les expressions techniques) le *Journal des Débats* comme un vieux cheval blanc.

Il l'a fait *changer* de la monarchie légitime, avec

Henri V pour Roi, à la république, avec M. Ricard pour ministre. C'est une *volte*, cela (1) !

Ces *changements* amènent des choses très comiques sur la piste politique.

M. Ratisbonne, par exemple, qui s'était distingué aux *Débats* pendant la Guerre et la Commune, s'obstinant à rester républicain, quitta le journal. Le journal redevint républicain, avec cette sûreté élégante qu'il doit à M. John Lemoinne. Il en résulta que M. Louis

---

1. Je donne les extraits suivants bien moins pour montrer les sauts de ses opinions que pour faire voir les adresses du style :

M. John Lemoinne et le 4 septembre

« Décidement, il faut mettre à ce monde-là des camisoles de force ; c'est un cas de danger public. Nous trouvons déjà le langage du gouvernement de Paris assez imprudent : mais c'est l'innocence même à côté de celui de la délégation de Bordeaux.

« Le comble de la folie, c'est l'assurance avec laquelle ce morceau, ce tesson de gouvernement qui est là-bas, assis sur je ne sais quelle chaise, décrète tranquillement que tous les votes contraires à son decret ne seront pas comptés, et cela pendant que le frère siamois de Paris décrète absolument le contraire. Comme il est rassurant, grand Dieu ! pour une nation qui court après les restes de son existence, de se savoir en de pareilles mains, et de voir de pareils décrets contre-signés par des vieillards tombés en enfance d'abord et de là dans les mains d'un aliéné. »

(5 *février* 1871.)

M. John Lemoinne et le régime parlementaire

« Au besoin, pour expliquer pourquoi le gouvernement parlementaire n'a jamais jeté parmi nous de solides racines, nous pourrons montrer qu'il n'est pas conforme au génie, aux mœurs, à l'histoire et à la religion de notre nation ; que la plupart des Constitutions écrites qu'on a tenté d'imposer à la France depuis soixante ans étaient contraires à sa propre constitution, à son éducation monarchique, catholique, unitaire, à la tournure logique, presque mathématique, de son esprit. Et en ce sens, nous pour-

Ratisbonne, pour la seule raison qu'il était républicain, cessa d'écrire dans un journal républicain.

Le chapitre des *exercices* de M. John Lemoinne est des plus amples. Il serait curieux de rechercher ce que M. John Lemoinne pensa tour à tour de la monarchie, de la République, des libertés républicaines, des Prussiens, de Napoléon III, de l'unité allemande, du régime parlementaire et du gouvernement du 4 Septembre.

rions nous trouver d'accord avec le préambule de la Constitution signée : « Louis-Napoléon. »

. . . .

« La tribune ne sera jamais plus ce qu'elle a été. Le symbole même en a disparu. Ce n'est plus qu'un meuble d'Académie. »

(1852.)

M. John Lemoinne et l'unité allemande

« M. Thiers voit déjà 40 millions d'Allemands donner la main aux 25 millions d'Italiens pour se liguer ensemble contre la France. Qu'il nous soit permis de faire cette simple question : Pourquoi ? Est-ce parce que le siège de M. Thiers est fait ? Il en a tant fait dans sa vie !

. . . .

« Les temps de la vieille politique sont passés... Il se fera plus que probablement une Allemagne comme il s'est fait une Italie, comme il s'est fait une France et une Angleterre. Si ce n'est pas aujourd'hui, ce sera demain. Après tout, ce n'est pas là que sont les Barbares, et nous ne voyons pas bien clairement ce que nous aurions à craindre de la Constitution d'une Allemagne puissante entre la Russie et l'Occident. »

(7 mai 1866.)

M. John Lemoinne et Napoléon III

« Sur les plus grandes questions politiques ou économiques, discutées ou réglées dans ces derniers temps, nous nous sommes trouvé beaucoup plus d'accord avec le pouvoir exécutif qu'avec le Sénat et le Corps législatif, et nous n'hésitons pas à dire qu'à nos yeux l'empereur a montré un sens plus libéral et une plus véri-

Je ne lui en veux pas du tout de ces variations. La vie est faite du caprice des choses.

Il fit seulement toutes ses pirouettes d'une façon amusante, qui fit rire et sourire.

L'apprêt, la couleur et les mouches de ce visage sont de fabrique anglaise.

M. John Lemoinne est né en Angleterre, de parents français. Entré, vers 1840, au *Journal des Débats*, il y rédigea d'abord la correspondance anglaise et il n'a cessé depuis de suivre les affaires du Royaume-Uni.

table compréhension de son temps que n'en ont montré les Chambres. »

(19 *janvier* 1867.)

M. John Lemoinne « Prussien »

. . . .

« Pour M. Thiers, quiconque n'est pas de l'avis de M. Thiers n'est pas Français. Ce n'est pas un argument, ou du moins c'en est un qui ne nous émeut pas du tout. Nous l'avons déjà dit plus d'une fois pendant la guerre de 1866, nous n'avons pas la moindre objection à être traités de Prussiens... On sentait bien que la victoire de l'Autriche, c'était la victoire de la contre-révolution dans toute l'Europe ; c'est pourquoi, à la nouvelle de Sadowa, la reine d'Espagne a répandu toutes les larmes de son corps, et le cardinal Antonelli s'est écrié : « Le monde croule ! » Voilà pourquoi ayant à choisir entre la Russie et l'Autriche, nous avons formé ouvertement, et nous formerons encore, très décidément, des vœux pour la Prusse. »

(16 *décembre* 1867.)

M. John Lemoinne et les libertés

« Que la République soit la tyrannie, la dictature, la répression, l'état de siège, ils en prennent leur parti, pourvu qu'elle s'appelle la République. Quand ceux-là nous traitent de sceptiques, nous les appelons des matérialistes.

« Ce que nous cherchons dans une forme de gouvernement, c'est la meilleure garantie de nos libertés religieuses, politiques et civiles, et, si le gouvernement qui nous les assure est en même

mais personne moins que lui n'a l'esprit d'un homme d'État anglais. Il s'en faut de toute la ténacité britannique, qui est aussi grande que celle de M. John Lemoinne est petite. Il n'a de l'Anglais que le sérieux comique et la légèreté avec laquelle il saute.

Il ne s'entête pas. C'est une justice à lui rendre. Si la République, qui l'avait nommé, il y a trois ans, ministre plénipotentiaire à Bruxelles, compte qu'il sera son dernier défenseur, elle se fait illusion. Il ne tient à elle que par le monde des princes et de l'Académie,

temps celui qui donne le plus de gages à la sécurité publique, nous n'hésitons pas à l'accepter. »

(24 *octobre* 1873.)

M. John Lemoinne et la République

« Les membres du centre gauche qui ont déclaré de nouveau que, pour eux, « la République conservatrice est la plus sûre « garantie de l'ordre comme de la liberté », ont, nous le craignons bien, commis un anachronisme...

« La République conservatrice peut avoir toutes les qualités possibles, et ce n'est pas nous qui les lui contesterons. Mais elle a, comme dans un proverbe célèbre, un grave inconvénient, c'est d'être morte, et cet inconvénient compense toutes ses qualités.

« La République conservatrice est donc désormais reléguée dans la catégorie des ponts suspendus qui, en subissant l'épreuve du chargement, sont très proprement tombés dans l'eau, et nous avons à faire maintenant l'expérience de la République républicaine.

« Or, c'est précisément à cette expérience que le pays se refuse... Eh bien! le pays, selon nous, ne veut point recommencer. »

(25 *octobre* 1873.)

M. John Lemoinne et la Monarchie

« Si nous devons revoir la royauté, ce ne sera pas parce qu'elle vient du ciel, mais, au contraire, parce qu'elle est le produit de la terre de France, le résultat de sa longue histoire... Nous aimons mieux une monarchie libérale qu'une République despotique... On

et quels que soient ses culbutes, ses toupets, ses rubans, ses sacs, ses cochons, ses oies, ses cerceaux, son tapis est l'orléanisme.

Pour moi, je lui pardonne tout parce qu'il écrit une langue limpide et vive, et qu'il était un journaliste excellent quand on n'avait point la liberté de la presse.

Il est moins bon maintenant, qu'on a le droit de tout dire. On s'aperçoit que son fonds d'esprit est un peu clair. Quand on achète maintenant un journal, on nous a reproché d'avoir attendu plusieurs mois avant de dire ces vérités... C'est qu'il s'est passé, dans cet intervalle, un fait important. Oui, un fait très important, et, nous le dirons clairement, ce fait, c'est la visite du comte de Paris au comte de Chambord. Beaucoup diront que, dans notre temps de libres penseurs et de doctrines égalitaires, les mouvements de personnages princiers sont aussi ordinaires que des déplacements de saison. On a beau dire et beau faire, on ne peut pas abolir l'histoire ; un pays, surtout un ancien et grand pays comme le nôtre, est composé de son passé, de ses traditions, d'un héritage accumulé de lois et de mœurs qui font partie de son être. On n'empêchera pas que les destinées de la maison de Bourbon, qui s'appelle la maison de France, ne soient liées aux destinées de la France elle-même.

« Quand nous avons dit que si la République, compromise par les folies de ses sectaires, subsistait encore, ce n'était point par ses propres forces, nous avons voulu dire qu'elle avait vécu surtout par la division des partis monarchiques... Or, cette division n'existe plus. La démarche du petit-fils de Louis-Philippe ne constitue pas une fusion, comme on le dit improprement : elle est la reconnaissance d'un droit, elle est un acte de soumission, et ceux qui voudraient lui ôter cette signification ne lui en laisseraient aucune. L'année 1830 est effacée non pas du calendrier, non pas de l'histoire, mais du répertoire des constitutions, et, s'il convient à la France de se donner au roi, elle n'en a plus qu'un seul devant elle. Il s'est donc produit, dans notre politique intérieure et nationale, non pas certainement une solution, mais une simplification. Si l'on veut traiter, il n'y a plus en face l'un de l'autre qu'un seul roi et qu'un seul peuple. »

(30 *août* 1873.)

demande plus de gaieté pour quatre sous que coûtent les *Débats*.

Néanmoins, M. John Lemoinne est un vrai lettré, et il convient de beaucoup l'estimer en un temps où les lettres sont encore le seul honneur qui reste debout.

XXX

M. CAMILLE PELLETAN

Samedi 24 novembre 1883.

M. Camille Pelletan s'est cassé le bras l'autre jour, et on a fait un fort écho parlementaire. C'est que ce jeune homme est devenu un personnage et a pris dès aujourd'hui une meilleure place que son père. Il y aura bientôt à compter avec lui, et, si j'en parle, c'est qu'il est utile pour les conservateurs de savoir à qui ils ont affaire et qui ils auront à combattre.

Je me souviens d'avoir lu, dans les *Mille et une Nuits*, l'histoire d'un malheureux pêcheur qui, ayant ouvert un vase de plomb scellé du sceau de Salomon, en vit sortir une colonne de fumée. Cette fumée prit insensiblement la forme d'un homme qui, tel que je me le figure, devait fort ressembler à M. Eugène Pelletan.

On dirait une chouette énorme, étirée en long. Une voix rauque s'échappe de sa barbe inculte; sa pensée est nuageuse. On voit bien que cet homme n'est que fumée; on est suffoqué à son approche, et il répand au loin un âcre et sombre ennui. Il fut déiste et républicain et fit, dans un style composé, qui procédait des lamentations de Jérémie et des articles de M. Havin, plusieurs livres que personne n'a lus, tous cousus de lambeaux de l'Évangile et d'outrages aux bonapartistes, avec des compliments à Dieu et au suffrage universel, ses deux dadas. Par un prodige, cette créature de fumée enfanta un homme d'esprit, nommé Camille.

On commença de voir Camille vers 1868 dans le quartier Latin.

Dès qu'il y parut, il y fut populaire, son amitié semblait une gloire pleine de douceur, et l'on reconnaissait ses intimes à la façon hautaine dont ils portaient la tête. Dans les grandes journées, comme celles de *Gaëtana*, où l'Empereur traversa la place de l'Odéon aux cris de : *Luxembourg ! Luxembourg !* Camille était entouré, suivi et mis avec enthousiasme sur les tables des cafés.

L'émotion devenait violente quand on découvrait sur le dos de Camille une « marque faite à la craie par les mouchards ». Cette marque apparaissait d'autant plus souvent que Camille se frottait à tous les murs et brossait rarement ses habits. Avec quel zèle on effaçait la marque attribuée à des mains infâmes !

Cette faveur lui plaisait infiniment, mais il n'en était jamais étourdi. Il avait la parole brève et mordante. Ses triomphes ne furent jamais emphatiques ou larmoyants. Il y gardait tout son naturel, et quel naturel c'était !

Sous une chevelure en tête de loup, des yeux noirs, les plus vifs et les plus malins du monde, un nez d'une gaminerie, d'une impertinence, d'une finesse achevées, vraie enseigne d'une boutique de malices, une grande bouche expressive d'improvisateur napolitain, et, dedans, fourrées aux hasard les petites dents pointues de cinq ou six jeunes crocodiles. Au menton une barbe noire qu'il ne tailla jamais. Cette tête assez laide, fine, rare, délicate, brillante d'esprit porté en avant et tout de travers sur un corps mince, maigre, desséché, infatigable.

Il parlait le cou allongé, avec des façons amusantes d'ôter et de mettre son pince-nez, et en zézayant; son langage était précis et imagé. Il avait de l'esprit jusqu'au bout des ongles, qu'il portait longs et noirs. Selon le précepte qu'a suivi M. Renan, il se gardait des amitiés particulières et ne s'acoquinait à personne; il était déjà tout à tous comme un homme public.

Il est à remarquer qu'au milieu du délire anti-bonapartiste qui agitait le quartier Latin aux approches de l'Année terrible, Camille Pelletan ne se livrait jamais à aucune déclamation politique, et s'en tenait toujours à de petits arguments serrés ou à de petits mots drôles. Il semblerait que le fils de *nuage* se méfiât de son origine et recherchât la précision comme le seul vrai bien.

Il s'étendait davantage dans les questions littéraires et y montrait un esprit critique d'une subtilité intéressante.

Sachant tourner autour d'une idée et varier infiniment ses aperçus, il apportait à la discussion des ressources inattendues. Il en menait d'admirables sur

Baudelaire, dont l'art et la philosophie lui plaisaient plus que tout.

Baudelaire serait devenu sa manie, si un esprit aussi lucide et ouvert à toutes choses avait pu consentir à durer sur une seule. Il faisait alors des pantalonnades en petits vers et suivait les cours de l'École des chartes. Il se livrait sur les vieux textes français à un travail écrasant, mais il mettait son amour-propre à cacher son activité comme une faiblesse; on ne devinait sa fatigue qu'à un léger clignement de l'œil. Après une journée de travail, il passait la nuit en promenade, avec des camarades *à idées*. Bien souvent, la lune a dessiné sur le pavé solitaire du boulevard Saint-Michel sa silhouette démantibulée et fait couler le long des murs son ombre de chèvre maigre et barbue.

Il était charmant alors, couleur de lune, parlant de toutes choses, et des femmes de cafés, avec deux ou trois poètes ou chimistes du quartier.

Il sortit de l'École avec une thèse sur la *Formation et la composition des chansons de geste* qui passe de beaucoup l'ordinaire de ces petits travaux innocents. Mais il n'était ni dans la destinée ni dans la nature de M. Camille Pelletan de devenir un rat de bibliothèque et de consumer sa vie sur de vieux textes. Son esprit actif et pratique, son ambition précise ne s'accommodaient pas des lentes spéculations de la science; il jeta par sa fenêtre chartes et diplômes, et s'en alla porter des articles au *Rappel*.

On trouva à sa manière de la vivacité et de la logique. Mais sa phrase était trop rocailleuse; il avait le style caillouté, avec des pointes et des tranchants àchaque pas. Une condamnation à un mois de prison le mit en vue. L'Empire était bien bon, en vérité. Il distribuait ainsi, dans la sixième chambre, par le ministère de M. Delesvaux, des brevets de popularité à tous ceux qui en faisaient la demande à haute voix.

En suite de cette promotion, M. Camille Pelletan fut tenu pour le meilleur collaborateur de M. Vacquerie. Et c'était justice. Son grain de sel assaisonnait agréablement la méchante cuisine d'un journal que, je pense, son fondateur fit bête tout exprès.

Il fallait tout l'esprit de M. Vacquerie pour si bien réussir à l'exécution de ce plan scabreux. M. Camille Pelletan en eût compromis le succès, si on l'avait laissé faire. Mais il fut tenu habilement à distance et relégué pendant plusieurs années à la correspondance.

C'est comme correspondant du *Rappel* qu'il envoya d'Égypte des lettres qui n'ont point été réimprimées et qui étaient bonnes à conserver; car elles contiennent une suite de petits tableaux qui semblent justes et d'une couleur exacte. Je ne connais rien qui peigne mieux le Nil, les Pyramides, les pylônes, le désert.

M. Camille Pelletan a un œil de peintre et le don de voir. Cela le rend tout à fait original et singulier au milieu des hommes politiques qui ne savent jamais rien distinguer dans l'art et la nature.

La chute de l'Empire fut avantageuse à M. Camille Pelletan et à ses amis; on peut même dire que jusqu'ici elle n'a été avantageuse qu'à eux.

Toutefois, M. Camille Pelletan se montra peu pendant le siège : il n'est pas dans sa nature de crier et de gesticuler.

M. Camille Pelletan représente, dans le parti des violents et des fous, la mesure, la finesse, la patience, l'esprit d'examen et de méthode scientifique. Il comprit, en 1870, que son heure n'était pas venue, et de moins avisés l'auraient compris comme lui.

Il resta journaliste et n'essaya pas, du moins en personne, de faire de la garde nationale l'instrument de la régénération universelle. Je ne suis pas dans le secret de ses pensées, mais je crois qu'il sourit plus d'une fois, dans sa barbe, en écoutant ses amis exhaler leurs fureurs ou se confier leurs espérances.

Pour lui, je crois bien qu'il n'eut jamais de colère et que l'espoir ni la foi ne sont ses vertus.

Il crayonnait alors pour le *Rappel* des croquis parlementaires, et donnait au jour le jour des scénarios de ce qu'il appelait le théâtre de Versailles : c'était du joli pamphlet, plein d'esprit, de gaieté, et d'un style animé, mené dans une allure de singe et d'écureuil qui étourdit et amuse.

C'est en crayonnant ainsi des bonshommes politiques que M. Camille Pelletan atteignit sans dommage l'année 1878.

Il avait fondé, un peu avant, avec M. Clémenceau, un journal où son talent ne semble pas à l'aise et qui passe pour fermement ennuyeux.

En 1879, le moment était bon pour flatter les communards qui, par un retour naturel des choses qui ne me choque guère, passaient tout doucement alors du bagne aux emplois publics. M. Camille Pelletan appliqua à cette tâche profitable un esprit de logique et d'exactitude qui ne l'abandonne jamais. Il fit deux petits mémoires, pleins de faits groupés avec un art spécieux, et desquels il résulte que les défenseurs des libertés publiques ont été méchamment tués par des prétoriens ivres. Une si belle œuvre ne manqua pas d'être récompensée, et le suffrage universel, dont l'instinct est infaillible pour achever la France, fit en 1881 à M. Camille Pelletan deux belles élections à Aix ainsi qu'à Paris, dans les alentours de la rue d'Hauteville, où logent de notables négociants.

M. Pelletan est frileux comme un lézard, et il aime le Midi avec cette passion d'un artiste exact et précis que la lumière contente quand elle arrête toutes les formes et accuse tous les détails. Il opta pour les Bouches-du-Rhône. La politique détermina ce choix ; mais le goût particulier de l'élu en fut certainement satisfait.

Au Parlement, condamné à l'agitation impuissante que M. Clémenceau a imprimée à son groupe, M. Camille Pelletan réussit du moins à faire écouter ses discours d'une Chambre qui n'écoute jamais. Sa manière est neuve et tient de la causerie. Elle comporte une brièveté louable, qu'il ne manque pas d'annoncer dès le début :

— Je serai court, dit-il.

— ... Je n'ai pas l'intention de vous tenir longtemps ; je ne vous tiendrai pas deux secondes...

— Au point où en est la discussion, il suffit de très peu de mots pour...

Il n'a pas l'esprit juridique ; il procède par hyperboles et donne une saillie extrême à son argumentation ; il plaît par la vivacité, le relief, la couleur ; il est artiste. Sa voix un peu faible, dont le zézayement est assez agréable, ne le sert pas trop mal, non plus que son espèce de gentillesse mal peignée.

Chemins de fer, politique étrangère, asiles d'aliénés, organisation judiciaire, tous les sujets lui sont également bons, parce qu'il les étudie avec la même méthode d'ancien chartiste et qu'il les revêt d'une forme rapide et imagée, par l'effet spontané de son organisation originale.

C'est l'ami de Glatigny qui faisait de la philosophie au clair de la lune; c'est le bohème qui, lui aussi, rimait des arlequinades; c'est l'homme qui sait son Baudelaire, et qui porte sur son masque sensuel l'empreinte des sensations raffinées; c'est le croyant qui a, comme les vrais artistes, un magasin de formes et de couleurs en ordre dans la tête. Et cela fait vraiment une figure fantastique.

Maintenant, si vous me demandez ce qu'il croit et s'il croit, je vous répondrai que je n'en sais rien et qu'il n'en sait probablement rien lui-même. Ce n'est pas avec son tour d'esprit et de caractère qu'on a ce qu'on nomme des principes. Il a bâti en l'air son petit édifice de société gâchée au pétrole. Il ne sait pas comment cela tient, et, en vérité, cela ne tient pas.

M. Camille Pelletan est tout aussi insuffisant que ses amis : mais il l'est dans une manière originale et intelligente, qui étonne, amuse et plaît.

XXXI

M. PEYRAT, SÉNATEUR

Dimanche 9 décembre 1883.

M. Peyrat est un simple jacobin qui n'a rien d'extraordinaire, mais que j'aurai le plaisir de montrer, afin qu'on voie ce que c'est qu'un simple jacobin.

Il a dans toute sa personne quelque chose de pauvre, de petit et d'ordinaire par quoi il est agréable aux électeurs. L'électeur est, de sa nature, fort défiant. Un citoyen qui parle fort éloquemment et dont la beauté plaît aux femmes l'inquiète et lui fait craindre un maître. Mais M. Alphonse Peyrat n'a rien en lui qui puisse alarmer l'électeur le plus ombrageux. C'est un petit vieillard maigre qui se réduit et commence à prendre un air jeunet; point de barbe, cheveux rares, sans couleur, un gros nez, des joues creuses, des yeux qui lui sortent de la tête; s'il parle, on entend un bruit de casseroles dans le lointain. Mais cela dure peu, M. Peyrat étant incapable de prononcer quatre mots d'affilée. Son geste est brusque et gauche. La tête, rejetée en arrière, a un air de satisfaction qu'on ne s'explique pas. Sa dignité est dans l'ampleur de sa redingote et se marque par un mouvement sénile et méditatif des lèvres que la pensée semble remuer sans cesse. Toute sa mine est d'un vieux prêtre interdit qui pendant soixante ans aurait joué des tours à son évêque.

Et de fait M. Peyrat a porté la soutane. Ce fut vers 1830. Il piochait alors la théologie au séminaire de Toulouse, et bourrait d'hagiographie son dur petit cerveau. Ce qu'il prit au séminaire, il le garda, moins la soutane. Aujourd'hui encore, M. Peyrat, après bien des travaux politiques et une arrière-saison agitée, porte encore des bas noirs et sait sur le bout du doigt sa patrologie grecque et latine. Il ne sait même que cela, et son bréviaire, qui est le procès-verbal du club des Jacobins. Quant à son droit, il le fit dans les cafés de Toulouse, lesquels étaient fort bruyants vers 1832.

Le café est la véritable école de l'opposition, et M. Peyrat qui, quoi qu'il semble, n'est pas un maladroit, crut y apprendre si bien l'art de contribuer à l'affaiblissement du gouvernement, qu'il se rendit à Paris pour y exercer ses talents. Ceci se passait en 1833.

En descendant du coche, il se rendit tout droit aux bureaux de la *Tribune*, et c'est ici que se place le principal épisode de sa vie, le fait qui la domine et qui sera le sujet de l'unique bas-relief de son tombeau.

La *Tribune* avait pour rédacteur en chef un républicain dont la mémoire a gardé des sympathies. Armand Marrast était un lion, dans le sens qu'on donnait à ce mot en 1833, c'est-à-dire un maître dans toutes les élégances.

Armand Marrast jouait de la harpe dans les salons libéraux du meilleur ton; il était reçu même chez ses adversaires politiques, qui appréciaient sa bravoure et sa loyauté. Armand avait des passions romantiques, et l'on parlait de ses liaisons avec des femmes de haute naissance. C'est ce lion que l'ancien séminariste de Toulouse venait affronter.

— Vous voulez écrire dans la *Tribune*, dit Marrast; eh bien! montrez-nous ce que vous savez faire. Mettez-vous à cette table et rendez compte de ce livre.

Et Marrast s'en alla jouer de la harpe, et le Toulousain ouvrit le livre. C'était un petit livre de Pierre-Clément Bérard, courrier de la malle-poste sous Charles X. La révolution de 1830 lui avait fait perdre sa place. Il en avait aussi perdu la tête, et il ne cessait de publier des libelles violents intitulés : *Mes cancans*.

C'est de l'un de ces cancans que le jeune Peyrat rendit compte. Marrast inséra l'article sans trop y songer, l'esprit à sa harpe et à ses amours. Cet article, solidement fait (car M. Peyrat doit à l'étude compliquée de la théologie une certaine solidité dans l'expression de ses idées), souleva dans toute la presse de vives polémiques et, discuté dans les cafés et dans les cercles, il causa des rixes. Le gouvernement s'émut. La *Tribune* fut saisie, et le gérant condamné à trois ans de prison et à dix mille francs d'amende.

C'était un succès.

Cet article de début était un pavé jacobin, que M. Peyrat retailla patiemment pendant plus d'un demi-siècle, sans y gagner autre chose que la confiance de ses électeurs en sa médiocrité.

Après la ruine du *National*, il fonda, à Toulouse, la *France méridionale*, et, à Paris, les *Personnalités*, feuilles obscures et de peu de durée.

Il se mit ensuite dans la *Presse* et fit là son chef-d'œuvre. C'est ainsi que les compères désignent un assez mauvais morceau publié le 3 décembre 1857, et qui commence par ces mots :

« Il y a depuis longtemps dans la conscience universelle un vague frémissement... »

M. Billault, alors ministre de l'intérieur, contribua au succès de cette pièce en supprimant pour six mois le journal.

Mais en général les articles de M. Peyrat roulent plus volontiers sur des matières religieuses et répondent à quelque instruction synodale de quelque évêque.

Il vécut toute sa vie sur le fonds du séminaire. Son livre le plus connu est l'*Histoire élémentaire et critique de Jésus*, qu'il rédigea « en écartant les idées vagues et incomplètes si insupportables aux esprits justes ». C'est-à-dire, en termes moins vagues et moins incomplets, qu'il l'écrivit dans une tout autre manière que celle de M. Renan. M. Peyrat fut outré du succès d'un livre qui n'était point écrit dans le style de Camille Desmoulins. Il traita M. Renan de chimérique et s'écria :

— L'historien ne devine pas !

M. Peyrat ne devine rien du tout, il est de l'école du bon sens; il y paraît dans plusieurs pages de la *Vie de Jésus* et dans le commentaire qu'il fait de la résurrection de Lazare. Jésus, dit l'évangéliste, versa des larmes.

— Pourquoi des larmes? demande M. Peyrat... C'était plutôt le moment de se réjouir ou du moins de montrer quelque fermeté.

Il faudrait Daumier pour peindre M. Peyrat recommandant à Jésus un peu de « fermeté ».

Le bon sens de M. Peyrat se montre aussi dans cet endroit du livre où il est question de la guérison du paralytique.

« En permettant, dit-il, aux porteurs de ce paralytique d'entrer par une ouverture pratiquée dans le toit, Jésus porta préjudice au propriétaire qui l'avait reçu chez lui. »

Quel scrupule et quelle probité! Ce jacobin est un incorruptible, et ne veut rien démolir, et pourtant, les Jacobins ont fait autre chose que des trous dans les toits, et causé d'autres dommages sans le consentement des propriétaires.

Si l'auteur de la *Vie de Jésus* tient au triste M. Lepère de semblables propos dans la maison de la marquise Arconati (1), la propre fille de M. Peyrat, cette

---

(1) La marquise Arconati est blonde et a les yeux gris bleu. Elle a de petites mains insignifiantes, et la voix déchirée ou plutôt chiffonnée comme toute sa personne. Elle n'est point jolie, mais c'est tout comme si elle l'était. — J'entends par là qu'elle est agréable et point sotte du tout. Elle avait autrefois au coin de la joue gauche un joli grain de beauté où une touffe de poils follets formait comme un mignon pinceau de miniature.

maison doit être aussi austère que celle du menuisier Duplay, ami de Robespierre.

Les journaux mentent, sans doute, quand ils parlent du luxe de l'hôtel de la rue Barbet-de-Jouy, des vasques de bronze plantées de palmiers, de la cham-

> La marquise n'est pas une femme de lettres, mais elle a de la littérature. La fille de M. Peyrat a, je crois, beaucoup connu les deux Goncourt dans sa jeunesse. Elle a conservé de ce contact littéraire un goût moderne pour les réalités hardies et un goût raffiné pour les bibelots et les galanteries fanées du siècle passé. On sent très bien en elle la femme qui a lu et compris l'histoire lamentable de *Germinie Lacerteux* et les bavardages délicieux de la *Femme au dix-huitième siècle*.
> L'hôtel qu'elle a récemment acheté rue Barbet-de-Jouy est tout à sa façon. Dans le vestibule, crédences chargées de bibelots, plafond à caissons dans la salle à manger, salon tendu de soie ponceau, tableaux choisis, chambre à coucher bleu pâle, immense lit Louis XIV, deux Amours au chevet soutenant une couronne, chambre de reps drap rouge, divans bas, beaucoup de coussins, lampe turque, vasque de bronze avec palmier, puis une chambre chinoise, une salle de bain, une fraîche baignoire de marbre de Carrare où deux dauphins d'argent aux yeux d'émeraude crachent l'eau du puits de Grenelle, — et que sais-je encore? des vitraux partout, dans les escaliers, le vestibule, dans la salle à manger et dans la chambre turque.
> Cela ressemble en même temps au Hammam et au musée de Cluny.
> Ce n'est plus le temps où l'on demeurait dans les environs de la rue des Martyrs, et où M. Peyrat vivotait sous l'Empire, en battant la caisse avec la souscription Baudin et la question romaine. M. Peyrat n'a pas fait pour rien ses études au séminaire de Toulouse. C'était déjà un vieux beau tout rasé, tout confit, aimable, prenant des airs importants de galanterie, et qui n'aimait point trop les soins du ménage.
> Mlle Peyrat était pour ainsi dire abandonnée à elle-même. Elle se dirigeait comme elle pouvait, au hasard de son goût et de son esprit qui n'était point médiocre. — C'était le temps où elle lisait les bons auteurs, achetait des bonbonnières Louis XV, et où elle allait au bal masqué déguisée en pêcheur napolitain. Elle était ainsi charmante avec son béret rouge, son scapulaire sur la poi-

bre chinoise, des lampes turques, de la baignoire en marbre de Carrare, des deux dauphins d'argent aux yeux d'émeraude ; ils mentent, ou bien alors l'austérité jacobine de M. Peyrat n'est qu'une apparence qu'il se donne au Sénat et dans ses écrits.

trine, son petit manteau sur l'épaule, ses pantalons courts, sa jambe prise dans un maillot, et ses bottines ajustées. Et avec cela un petit air espiègle et intelligent, — un air de gentillesse et d'escapade à faire rêver toute une nuit.

Je me la représente toujours ainsi, et j'ai peine à me la figurer féodale. Elle a depuis changé son béret de Napolitain pour une couronne de marquise. Soit. Tout doit lui aller à ravir. Elle se meut, dit-on, avec aisance au milieu du luxe nouveau qui la charme sans trop la surprendre. Tout sied à une femme d'esprit.

XXXII

M. OCTAVE FEUILLET

Vendredi 9 avril 1886.

Il y a deux mois, M. Octave Feuillet publiait *la Morte* dans la *Revue des Deux Mondes*; ce soir on va représenter *Chamillac* au Théâtre-Français. Sans parler de *Chamillac* ni de *la Morte*, je crois qu'il est intéressant d'étudier l'écrivain dans l'ensemble de son œuvre et de lui tresser une couronne de roses mais sans trop en retirer les épines, — afin que les roses n'en soient que plus naturelles.

J'ai entendu dire communément qu'il y avait deux Octave Feuillet, et que celui du *Roman d'un jeune homme pauvre* n'était pas celui de *M. de Camors*. Ce n'est là qu'une façon de dire commode et spirituelle.

Mon affaire, à moi, qui me suis quelquefois mêlé d'écrire sur les hommes, est précisément de constater l'identité qui n'est pas bien reconnue et de montrer comment un même esprit produit des œuvres diverses.

J'y parviendrai peut-être cette fois-ci, malgré plusieurs délicatesses et témérités attachées à mon sujet. Je ne veux point dire par là que j'aurai à peser des toiles d'araignées ; mais on conviendra que j'ai tout de même affaire à quelque chose de subtil.

M. Octave Feuillet est né et a vécu, je crois, presque jusqu'à l'âge de soixante ans, dans la petite ville de Saint-Lô, où il habitait une maisonnette de la rue Torteron.

Torteron dit tout. Tout en effet est tors, tortu et torteron dans cette préfecture mal bâtie et pittoresque comme toutes les villes normandes de la Manche.

Là, M. Octave Feuillet vécut suffisamment considéré parce qu'il était le fils du secrétaire général de la préfecture, était bien marié, apparenté à une famille connue dans le pays, et avait pignon sur rue.

En faveur de son bien, on lui pardonna de n'avoir point d'emploi et de faire des pièces pour les théâtres. Il eut à se défendre contre les réceptions bourgeoises et les bals de la préfecture.

C'est là, c'est rue Torteron qu'il écrivit la plupart de ses ouvrages : les premiers gentils et doux, musqués, trop arrangés, mais si bien arrangés ! les autres plus ardents, mais aussi coquets, et où la passion qui n'est plus innocente est encore jolie.

C'est là qu'il rêva ses grands parcs mélancoliques, ses ombrages poétiques et ses falaises sentimentales. C'est là qu'il inventa toute la féerie de son génie de poète voué aux dames.

Cela est tout simple et s'explique le mieux du monde.

M. Octave Feuillet est un idéaliste (1).

Il ne se soucie point de ce qu'il voit. Il suit son rêve. Il n'amasse pas dans la réalité les matériaux bruts de ses constructions littéraires. Il ne cherche qu'en lui-même ses idées de roman.

C'est en lui qu'il voit ces promenades à cheval par les sentiers jonchés de feuilles mortes, et ces tours ruinées au pied desquelles rêvent, en robes blanches, les patriciennes romanesques qui ont toujours au moins cinq cent mille livres de rente, bien qu'aujourd'hui il n'y ait plus guère que les femmes d'entrepreneurs qui puissent raisonnablement mener un train si élégant.

Il savait bien qu'il ferait le tour du monde sans rencontrer la nature et la femme de ses rêves ; c'est pourquoi sans doute il est resté sagement dans sa ville.

Son idéalisme s'est exprimé en plusieurs figures gracieuses, en diverses formes aimables. Il eut le bonheur peu commun de donner, jeune encore, une empreinte reconnaissable à ses désirs. Dans ses jolis proverbes, par exemple, dans la *Crise*, dans le *Cheveu blanc*, dans la *Clé d'or*, dans *Dalila* surtout, les personnages sont reconnaissables à je ne sais quel habile mélange de préciosité et de sentiment, à quel-

---

(1) Lisez, à propos de M. Octave Feuillet et du roman idéaliste, un article de M. Ferdinand Brunetière paru dans la *Revue des Deux Mondes* le 1er mai 1885 et qui, je crois, n'a point été réimprimé en volume. J'attire l'attention sur cet article entièrement favorable à M. Octave Feuillet justement parce que je ne sens point tout à fait de même et qu'il m'a semblé honnête de ne point faire tort à M. Octave Feuillet d'un si bel éloge.

que chose de ténu, de léger, qui charme, de fin et d'aigre qui pique.

Ce sont bien des créations de M. Octave Feuillet.

Dans leurs propos, dans leurs actions, dans tout leur être elles ont un manque de naturel qui est justement le naturel de M. Octave Feuillet et qui plaît pour cela.

Il fleurit son monde, mais les fleurs qu'il attache aux chapeaux de ses héroïnes sont bien faites avec les gommes, les fins papiers et les étoffes nuancées qu'il possède. On les reconnaît tout de suite. Pour les habiller, les rubans et les fils qu'il emploie sont bien de ses rouleaux et de ses bobines. Le musc de ses sachets est bien à lui. Il en met partout, dans les gants, le linge, et jusque dans l'ombre attiédie des seins.

Il n'y a aussi que lui pour farder d'une certaine façon et coiffer avec distinction.

Mais sa grande force, son adresse, son coup de maître, c'est de faire encore sentir la passion sans montrer la chair. Il a des poupées qui donnent des tentations du diable, et il ne faut pas du tout se fier à ces romanciers idéalistes quand ils sont nerveux.

C'est le cas de M. Octave Feuillet.

Il a dit quelque part :

— Ce jour-là, j'étais souffrant comme toujours.

Il est, en effet, atteint d'une névrose à laquelle il doit quelque chose de ce que son talent a de rare et de fier. La névrose de M. Feuillet est, si l'on veut, une névrose bleue, la plus jolie des névroses, mais c'est tout de même une maladie.

C'est un fait que M. Feuillet n'a jamais pu supporter les voyages en chemin de fer. Certains bruits, certains contacts le font souffrir cruellement. Le jour même l'offense parfois et il a dans les perceptions mille délicatesses incommodes. Cela depuis fort longtemps. Son talent d'écrire est atteint de cette névrose sans en être gâté.

Ce talent eut son âge critique; la crise éclata vers 1860 et surprit tout le monde.

Je touche ici à un point capital dans l'histoire de la vie littéraire de M. Octave Feuillet. Nous en sommes à voir comment il changea sa manière.

Avant la crise et dans sa première façon d'être, il se plaisait à réduire la passion et à ramener les belles égarées par des conseils agréables et des ruses honnêtes. Il donnait aux grands maux les petits remèdes et avait un tour de main particulier pour arrêter net les curiosités et les papillonnages de ses tendres lectrices.

Chez lui, en ce temps-là, on penchait et l'on ne tombait pas. Il se multipliait pour arrêter à temps les chutes les mieux préparées. C'était à lui crier :

— Eh! monsieur le romancier, laissez-les faire. Ce que vous empêcherez aujourd'hui se fera sûrement demain. Ce n'est pas avec les ruses de M. Scribe qu'on sépare les amants. La belle affaire d'avoir gagné un jour!

Il faisait le bien par des à peu près vertueux et enjolivait les ménages.

Il mettait ainsi son habileté à soumettre la passion au devoir sans perdre un bon mot ni un sourire.

L'âge critique vint qui changea tout cela.

La passion obstinée, les troubles sans fin du cœur, l'éternel désir entrèrent dans le talent de M. Octave Feuillet à l'âge terrible.

Il enseigna alors que l'amour est le plus fort et il montra à ses lectrices effarouchées les figures des damnées du désir : Julia de Trécœur, Blanche de Chelles, Julie de Cambre. Il avait montré les femmes que l'amour ne perd point ; il en montra qui se perdent sans amour. Il montra les fières et les capricieuses, qui, par ennui, déchirent tout et soi-même.

Ses forces nerveuses s'étaient exaspérées. Son talent prit un accent nouveau. Des aspects jusque-là inconnus du sentiment lui étaient révélés, et il apportait sur la scène ou dans le roman des visions d'une ardeur qu'on n'avait point attendue de sa part.

Cela commença dans les dernières brillantes années de l'Empire.

M. Feuillet, appelé souvent à Compiègne, y apportait avec un attachement sincère à ses hôtes, sa grâce modeste et sa finesse d'esprit. L'attachement de l'invité a été plus fort que l'exil, le malheur et la mort. Il dure encore, et le portrait du vieil empereur rêveur est, me dit-on, sur la table de l'écrivain.

On peut supposer qu'en voyant sur le front de ses lectrices attendries tant de fleurs, tant de diamants et même le diadème, il fut touché et tout remué dans ses nerfs délicats.

L'âge critique de son talent s'y prolongea avec quelque chose à la fois d'acerbe et de voluptueux dont l'expression se trouve dans *M. de Camors* et dans *Montjoie*, coups de force d'un malade, coups d'éclat d'un modéré, œuvres intéressantes et en qui vibrent des frissons dont fut secoué le monde grisé par cette fin de règne capiteuse.

Aujourd'hui, M. Octave Feuillet n'a guère plus de soixante ans, et il s'en tient à sa seconde manière un peu adoucie et tranquillisée. Sa dernière pièce de théâtre et son dernier roman ont été accueillis comme des ouvrages distingués. Et cela était bien dû à l'écrivain dont la tenue littéraire a toujours été parfaite, et qui resta fidèle à toutes ses amitiés.

Une sensibilité vraie, une sorte de pudeur, le besoin de rêver, et aussi malheureusement des souffrances qui furent vives le retiennent aux environs de Paris dans une entière solitude. Il se sent aimé des écrivains de sa génération déjà chenue, il se sent aimé des femmes. Il en goûte le plaisir en délicat et sans le montrer, comme il sied.

Cela va bien avec son talent. C'est une rencontre agréable et rare que celle de cet écrivain poli comme ses livres et dont le regard est charmant. Ses cheveux bouclés aux tempes et sa barbe en pointe, jadis d'un noir profond, sont blanchis; son nez a grossi et accuse la bonté, après avoir eu je ne sais quoi d'amoureux.

Le réalisme dont les premiers et triomphants succès datent de dix ans et qui a failli tout prendre depuis la guerre et la République, a laissé M. Octave Feuillet assez indifférent. Il a continué son train de passions élégantes et de fatalités imaginaires. Il a paré, comme devant, la vie et la mort de ses héroïnes. Il a gardé sa manière d'idéaliste et continué de composer son œuvre et d'ordonner des scènes d'après une idée dominante.

Il est enfin demeuré, et jusque dans la *Morte*, l'habile et l'artificieux Feuillet.

A-t-il eu raison? Sans doute. Sa manière est-elle tout à fait bonne? Je ne crois pas. Elle lui sert, voilà tout.

La manière réaliste sert aussi à plusieurs, et je ne les chicanerai pas sur leurs théories chaque fois qu'ils nous apporteront une œuvre forte, une grande image de quelque chose.

En réalité, les querelles d'école sont de sottes querelles, et il n'y a pas de secrets pour faire un beau roman. Il n'y a qu'à plaire.

C'est ce qu'on disait autrefois en ce pays. On disait : « Le grand point est de plaire ; le reste importe peu. » Maintenant, il faudrait que nous fussions reconnaissants à ceux qui nous assomment ou nous dégoûtent selon les règles nouvellement établies (1).

Du moins M. Octave Feuillet montre-t-il dans son œuvre un sentiment juste de ce qu'on doit au lecteur. Il est poli et de bon ton : il évite de nous lasser inutilement ; il ne veut point choquer ; il ne nous en

(1) M. Ferdinand Brunetière a développé cette idée dans l'article précité : « On peut dire que le premier point de l'esthétique idéaliste, c'est que l'art est fait pour plaire. On entend tout simplement par là que les hommes ne l'ont point inventé pour ajouter une raison de plus à toutes celles qu'ils pouvaient avoir de se plaindre de la vie... Il n'y a pas d'art, quelque sujet que l'on traite, s'il n'y a pas de charme, et le charme nulle part, ne se dégage de la seule imitation de la nature ou de la vie... Tous les sujets sont bons, s'ils sont traités selon leur convenance ; mais ils ne sont traités selon leur convenance qu'autant qu'ils plaisent, et c'est même à ce signe, avant tout, qu'on les reconnait. L'analyse d'un chef-d'œuvre est essentiellement l'analyse de l'espèce de plaisir qu'il nous fait... »

fait pas accroire. Il a même une aisance et une justesse d'allure dont je lui sais infiniment de gré à une époque où chacun s'efforce ou grimace.

Il s'est défait, pour nous plaire, du style trop habillé et trop paré de ses premiers ouvrages; il a une bienséance qui n'est peut-être pas assez spontanée ni tout à fait aristocratique; mais qui est, en fait de bienséance, tout ce que notre société peut accepter sans sourire.

S'il n'aime pas la vérité, c'est souvent politesse de sa part, et il craint encore plus le faux que le vrai. Il est clair: cela encore est une prévenance qu'on n'a plus. Nous parlons indistinctement et avec des contorsions. Lui se donne de la peine pour qu'on l'entende sans fatigue.

A cela et à la mesure qu'il sait garder, je vois qu'il touche au bel art français, qui veut seulement plus de verdeur et des façons plus vives. Tel qu'il est, il peut nous apprendre beaucoup.

Les modernes ont ce qu'il n'a pas; il a aussi ce qu'ils n'ont pas.

XXXIII

WAGNER ET LOUIS II

POSTHUMES (1)

Bayreuth, mercredi 4 août 1886.

Autant que je le puis, je vais tous les ans à Bayreuth ; au moment de mon départ, chaque ami que je rencontre ne manque pas de me témoigner une douce pitié :

— Où allez-vous?

— A Bayreuth, entendre *Parsifal*.

— Ah !

Les figures alors prennent cet air de compassion et d'inquiétude qu'on voit à ceux qui approchent des malades ou des maniaques :

— Le pauvre garçon ! semble-t-on dire. Et il n'y est pas forcé, pourtant.

Ceci est le cas des gens ordinaires, mais s'il en est

(1) V. *Mémoires d'aujourd'hui* (1ʳᵉ série), pages 167 et suivantes.

de musiciens ou qui composent, ceux-là se mettent immédiatement sur la défensive; et à l'air que j'ai dit, vient se mêler encore je ne sais quel sentiment de vague inimitié, comme s'ils flairaient en moi un client douteux. En effet, allez donc dire aux marchands de pâté d'alouettes que vous aimez le cygne ! Ils riront de vous.

Parmi ces derniers, il y en a même qui ont aimé Wagner et n'en veulent plus entendre parler.

Et pourtant, monsieur Saint-Saëns, vous rappelez-vous le temps où vous alliez entendre la *Walkyrie* à Munich, et comme vous étiez enthousiaste?

La scène fut mémorable :

C'était en sortant du théâtre, vous soupiez au café Maximilien en la compagnie de wagnériens français non moins enthousiastes que vous. L'un d'entre eux, néanmoins, ayant essayé de faire devant vous quelques restrictions sur l'œuvre, vous devîntes pâle et, dans le mouvement d'une colère sèche et nerveuse, vous cassâtes une assiette sur le marbre de la table et quittâtes vos amis, ne comprenant pas que quelqu'un pût douter d'une œuvre que vous admiriez avec tant de force.

Et depuis... Eh! il est bien entendu que ceci devait se passer au commencement d'août 1870, au moment de la guerre et que le patriotisme peut mettre en déroute les admirations les plus sincères. Mais enfin la *Walkyrie* était écrite avant la guerre et rien n'a été changé à la partition. Il n'y a que vous qui ayez changé, monsieur Saint-Saëns ; je vous prie seulement de ne pas m'en vouloir si je n'en ai jamais bien compris la raison.

Ceci dit en passant pour me faire fort de l'opinion prime-sautière d'un musicien tel que vous (1).

Eh bien! oui, me voilà encore à Bayreuth et j'avoue que je ne souhaite qu'une chose, c'est que les représentations s'y continuent d'année en année afin d'y revenir.

Depuis la mort du Roi, beaucoup de nos confrères ont mis en doute que le théâtre de Bayreuth, auquel Mme Wagner a d'ailleurs toujours eu la plus grande

---

(1) M. Saint-Saëns a bien voulu m'envoyer la lettre de rectification qui suit.

« Paris, 7 août 1886.

« Monsieur,

« N'ayant jamais cessé d'admirer dans la *Walkyrie* ce que j'y admirais en 1876, je suis fort étonné des lignes que vous m'avez consacrées à ce sujet dans le *Figaro*. C'est pour éviter les erreurs de ce genre que j'ai écrit la préface d'*Harmonie et Mélodie*; si vous la lisez quelque jour, vous regretterez sans doute d'avoir affirmé publiquement le contraire de la vérité.

« Vous semblez triompher singulièrement de certaine histoire d'assiette cassée; il n'y a vraiment pas de quoi. Un individu était venu me dire à l'issue de la représentation de la *Walkyrie*, non qu'il s'était *ennuyé*, non qu'il s'était *embêté*, mais autre chose que je ne saurais écrire (vous appelez cela quelques réserves). Mon éducation m'empêchant de lui répondre sur le même ton, je m'en étais pris à la vaisselle. Je ne le regrette pas. Le Monsieur dont il s'agit est maintenant un des plus ardents propagateurs de la foi wagnérienne, il a certainement plus changé que moi.

« Quant à vous, Monsieur, j'avais quelques raisons de vous croire un peu de mes amis; je constate avec regret que je m'étais trompé, et je vous prie d'agréer mes civilités.

« C. Saint-Saëns. »

Cette lettre ne fait que confirmer l'anecdote que j'ai racontée. C'est en vain que M. Saint-Saëns essaie de donner le change au

part, pût se soutenir en dehors des munificences royales. Ils ont insinué que le prince Luitpold n'avait que peu de goût pour la musique, et que, s'il se permettait d'acheter quelques tableaux, il n'étendrait pas sa protection aux arts jusqu'aux opéras de Wagner.

Il est bien certain en tout cas que, l'année prochaine, on ne verra plus affichée, dans tous les wagons de chemins de fer de l'Allemagne du Sud, cette inscription mise au-dessus de l'annonce des représentations :

SOUS LE HAUT PATRONAGE DE S. M. LE ROI LOUIS II

Bien que le théâtre, dont chaque représentation coûte 22,000 francs, parvienne depuis quelque temps à faire à peu près ses frais, Mme Wagner réservera *Parsifal*, qui continuera d'être joué sur ce théâtre unique pour servir d'attraction. C'est dans la pensée de faire

public en cherchant à être désagréable à M. L***. M. Saint-Saëns est nerveux. Il accuse là plus qu'il ne pourrait prouver sans se compromettre lui-même.

Au reproche que me fait ensuite M. Saint-Saëns de n'avoir point lu son livre *Harmonie et Mélodie*, je répondrai que non seulement j'en ai lu la préface mais la *post-face*, à laquelle il se garde bien de me renvoyer. C'est sur cette post-face que je me suis fondé pour dire ce que j'ai dit. Relisez-la, monsieur Saint-Saëns, vous y verrez que pour combattre l'influence de Wagner en France vous y apportez encore d'autres arguments que des arguments musicaux. Ce sont ceux-là qui m'ont choqué. J'y renvoie le lecteur.

Quant à m'avoir cru « un peu de vos amis » pour le bien que j'ai dit publiquement de vous — et que je suis tout prêt à répéter — vous n'avez pas eu tort. Je m'étonne seulement qu'en lisant cet article vous ne vous soyez pas aperçu de l'estime que je vous continuais, au ton dont je m'adressais à vous. Si vous n'étiez pas encore « un peu de mes amis » comme vous dites, je vous prie de croire que j'aurais autrement serré mes arguments pendant que je vous tenais.

durer cette fondation qu'elle vient de refuser les propositions du directeur du théâtre de Hambourg qui offrait quinze cent mille marcs, c'est-à-dire d huit cent mille francs de la partition.

Ce prix peut donner à réfléchir à ceux qui ne croient pas à la musique de Wagner.

Cependant, cette année, Bayreuth est mélancolique. La mort de Liszt vient d'y jeter un certain trouble parmi les artistes qui le vénéraient et qui compatissent d'une façon touchante à la douleur de Mme Wagner et de ses enfants. Le temps est passé, aussi, dont je me souviens, et où Wagner vivifiait tout de sa présence, et où il s'écriait après la première de *Parsifal*, en embrassant un de ses admirateurs les plus fidèles :

— Nous ferons mieux encore une autre fois !

Ce qui n'est pas le mot « du plus charlatan des artistes », comme l'appelait l'autre jour M. Cherbuliez, dans la *Revue des Deux Mondes*; mais bien le mot de l'artiste qui peut-être a eu, de tous, le plus haut souci de son art, et y a toujours apporté les plus nobles convictions. Je ne cache pas qu'ici j'en veuille un peu à M. Cherbuliez, et précisément parce que je ne connais pas d'esprit plus juste et mieux averti sur tout que le sien.

Enfin, sans parler de Liszt, qui avait tant fait pour l'œuvre de Wagner, le roi est mort !

Cette mort emplit encore toutes les conversations.
Tout le monde va des uns aux autres en demandant :
— Et le roi ?
Entre les cent récits que j'ai entendu faire de cette mort mystérieuse, j'en ai recueilli un de la bouche

même d'un de ceux qui l'ont approché le plus durant sa vie. J'avoue qu'il ne me déplaît pas d'y croire.

Dès qu'on eut mis la main sur lui, le roi prit la résolution de se tuer. L'atteinte portée à sa liberté lui fit « préférer la mort à la prison ». Ce qui marque bien son intention arrêtée, c'est qu'il était excellent nageur et que l'endroit du lac où il s'est noyé d'ailleurs n'avait pas plus de cinq pieds de profondeur. Dans cette version, le roi se serait jeté *le premier* à l'eau, et le médecin qui l'accompagnait aurait été noyé en luttant avec lui pour le sauver.

Je ne vois pas pourquoi cette version plus humaine ne serait pas la bonne. Pourquoi jusqu'ici a-t-on dit partout que le roi avait jeté avec préméditation son médecin à l'eau pour se débarrasser d'une surveillance importune? Pourquoi charger sa mémoire de cette pensée odieuse, même chez un malade? Qu'en sait-on? Qui l'a vu? Qui a le droit de rien affirmer? Le drame n'a pas eu de témoins avoués; pourquoi ne pas se ranger à l'opinion de ceux qui l'aimaient (1)?

1) Voici le récit que M. Albert Bataille donne de la visite qu'il a faite au château de Berg, où le roi a passé les dernières heures de sa vie :

« Le lac de Starnberg, au bord duquel s'élève le château de Berg, offre un des sites les plus ravissants de la Bavière. Certes, il n'a point la grandeur des lacs de Suisse, il n'est point sauvage comme le Kœnigssee, cette merveille du pays de Salzbourg. Mais que de charme et que d'intimité!

« Les rives sont couvertes de villas à demi cachées dans les feuillages et, quand on débarque, des sentiers en pente douce, tracés sous bois, vous conduisent à de charmants villages, Feldafurg, Possenhofen, Tutznig, d'où l'on voit s'étager, au-dessus des eaux bleues du Starnberg, d'abord les coteaux verdoyants, puis un second plan de collines, assombries par la verdure austère des sapins, et là-bas, à l'extrême horizon, les hautes montagnes.

Car, pour étrange que cela puisse paraître, il n'y a pas à contester ce fait que le roi était aimé du plus grand nombre de ses sujets et surtout des paysans et du menu peuple.

Comment expliquer cela?

Ceux-ci ne le voyaient jamais, mais ils se le figuraient beau, superbe et magnifique, et moins ils le voyaient, plus il leur paraissait miraculeux et sublime,

« Le château du roi Louis II est à moins d'une demi-heure de la station de Léoni. Vous l'apercevez dès le débarcadère du chemin de fer, sur la gauche. Ses deux petites tourelles dentelées se détachent toute blanches, au milieu des grands arbres. Mais un rideau de verdure masque la façade quand vous longez la rive, et une affiche sévère : *Défense de débarquer ici!* vous rappelle dès l'abord le prince misanthrope que nul n'avait le droit de troubler.

« Le château de Berg est entouré d'un parc immense.

« Un parc? Une forêt plutôt. Aucun jardinier n'a attenté au libre essor des ormes et des chênes. Point de fleurs rares ni de corbeilles dessinées savamment. Le sol est couvert d'un véritable tapis de muguet; jamais je n'en ai vu une pareille moisson! Les fleurs aujourd'hui sont passées, mais quel parfum quand c'était le printemps!

« Il faut marcher près d'une demi-heure dans le silence des grands arbres, à travers les allées sinueuses, pour arriver au seuil de la maison.

« Car je n'ose, en vérité, dire le château! Figurez-vous une toute petite villa à deux étages, avec deux tourelles d'inégale hauteur. Aucun style, aucune ornementation extérieure! Quatre ou cinq fenêtres de façade, les unes dominant le lac, les autres interrogeant les profondeurs de la forêt.

« Site à part, un Parisien voudrait à peine du château de Berg pour y passer ses vacances, en admettant qu'il y trouvât assez de place pour y loger sa famille!

« C'est dans cette modeste maison cependant que le feu roi Maximilien et la reine mère vivaient l'été, de l'existence la plus bourgeoise, avec Louis et Othon, leurs deux fils. C'est ce pavillon presque pauvre que Louis II, réputé pour le plus magnifique des princes, a aimé à habiter à son tour. C'est là qu'il cachait sa méet cela parce que le peuple aime les légendes : parce que le peuple a en lui une poésie confuse que n'ont pas les politiciens ; parce que le peuple a un fonds de patience et d'abnégation qui le porte à rêver en d'autres un luxe et une richesse qu'il n'a pas, des fantaisies qu'il ne peut pas se permettre ; parce qu'il aime des opéras qu'il ne verra jamais, imagine des féeries et des apothéoses, et, qu'en tous pays et mal-

lancolie alors que ses ministres, ignorant comme toujours sa résidence, le cherchaient à Linderhof ou dans quelque autre de ses palais dorés.

« Comme dépendances, une petite maison pour le garde et les serviteurs, une chapelle avec un seul fauteuil pour le roi et un kiosque chinois où Louis II venait méditer longuement, la nuit, quand les rayons de la lune, reflétés par les vitraux bleus, l'entouraient d'un rayonnement romantique... A moins qu'il ne s'accoudât mélancoliquement sur les créneaux d'une de ses tours, attendant le jour pour dormir.

« L'intérieur du château de Berg n'est pas plus riche que l'architecture de la façade : un vieux mobilier en noyer ciré, qui ne se vendrait pas 2,000 francs à l'Hôtel des Ventes. Point de tapis, point de riches tentures ; pas un bibelot de prix !

« Et, malgré tout, cette retraite favorite du roi Louis II est infiniment curieuse, parce qu'elle dépeint l'homme et parce qu'elle fait apparaître les souvenirs des deux personnages qui ont hanté son esprit romanesque et dominé sa vie tout entière : Louis XIV et Richard Wagner !

« Partout, mais partout dans ce petit château de Berg, le roi Louis a multiplié les gravures, les portraits, les statuettes, qui pouvaient entretenir dans sa pensée le culte du Roi-Soleil et de la musique de l'avenir.

« Après avoir traversé une petite pièce, la chambre verte, sur le lit de laquelle fut couché le corps du docteur de Gudden, après qu'on l'eut retiré du lac, on entre dans une seconde chambre tendue de bleu broché des fleurs de lys de France. Les sièges sont de la même étoffe bleu pâle, sur laquelle on voit, de place en place, un cygne, l'oiseau préféré du roi. C'est dans cette chambre bleue, et non dans la sienne, qu'a été rapporté le corps du prince après la catastrophe. Au pied du lit, une vieille gravure représentant « la Comédie à Versailles », avec Louis XIV et la cour.

gré toutes sortes de différences, le peuple a toujours préféré les *Trois Mousquetaires* à l'*Esprit des lois*.

L'affection du peuple pour le roi Louis était si véritable que le nouveau gouvernement n'avait pas osé le faire interner à Linderhof, comme il y avait d'abord

« Plus loin, la salle à manger : une table ovale, huit chaises anciennes, recouvertes de velours grenat passé, et quatre bustes en plâtre : Gœthe, Richard Wagner, Louis XIV et Marie-Antoinette, le tout sans valeur. Sur le buste de la reine on lit ces mots en français : *Marie-Antoinette, 20 francs!* Aux murs, sont appendus une douzaine de *chromos* déplorables, représentant les scènes principales des opéras de Wagner.

« Ce qui est plus artistique, c'est une collection de statuettes en marbre blanc fort belles, figurant les héros des poèmes wagnériens : Lohengrin, Tristan, le Hollandais volant, Siegfried, Tannhauser, Parsifal, Hans Sachs, le maître chanteur. La galerie de ces bustes se continue dans le cabinet de travail du roi, qui occupe une des tourelles. On n'y remarque, d'ailleurs, qu'un bureau très haut, devant lequel Louis II pouvait écrire debout, tout en contemplant des scènes de la *Walkyrie*.

« Au second étage, la chambre à coucher du roi.

« Triste chambre, en vérité, la chambre d'un étudiant pauvre ! Un lit en noyer ciré, une garniture de toilette en verre bleu, une commode, un chiffonnier, deux ou trois chaises : c'est tout. La seule curiosité est une assez bonne copie de « Louis XIV causant avec Molière ».

« A la chambre à coucher est attenante une petite pièce ronde, aménagée dans une des tourelles, et uniquement garnie des maquettes des décors de tous les opéras de Wagner, depuis *Rienzi* jusqu'à *Parsifal*. C'est de cette petite pièce que le roi montait sur la plate-forme de sa tourelle pour rêver à la nuit.

« Tel est, décrit avec l'exactitude d'un commissaire-priseur, ce château de Berg que l'on s'imaginait *truqué* et machiné comme une féerie.

« Quand je décrirai les richesses du château de Chiemsee, mes lecteurs se demanderont comment un même homme a pu offrir le contraste de tant de faste et de tant de simplicité.

. . . .

« J'ai suivi la route que le Roi a prise dans cette fatale soirée du dimanche de la Pentecôte.

« Le malheureux prince a fait un long trajet. Arrivé presque à

songé, ni le faire passer par Munich, de peur d'émeutes. L'agitation dans les campagnes fut vive, et les paysans qui ont l'âme simple « décrochaient déjà leurs fusils pour défendre leur bon roi ».

Et ce sont encore eux, les simples, qui avaient en-

l'extrémité de son parc, il a congédié son escorte et, seul avec le docteur de Gudden, il est descendu droit au lac, par un sentier perdu sous les ombrages. La légende veut qu'il se soit assis une dernière fois à deux pas du Starnberg, sur un banc vermoulu qu'on a dû faire disparaitre depuis sa mort, car chaque visiteur en emportait un morceau.

« Comment le drame s'est-il passé ?... Pourquoi chercher l'étrange ou le mystérieux ? N'est-il pas plus simple d'admettre la version du suicide, le docteur de Gudden tentant de retenir le prince, de le sauver, appelant en vain, — car, je l'affirme, personne ne pouvait voir ni entendre, — et disparaissant enfin avec lui sous les eaux !

« Il est certain que Louis II était bien déterminé à mourir. L'eau est très peu profonde à l'endroit où il s'est jeté. Le roi a dû marcher dans le lac pendant une dizaine de mètres peut-être, avant de perdre pied. Une croix de bois, dans laquelle sont passées des couronnes d'immortelles et de feuillages, a été plantée dans le lac, à l'endroit où le corps fut trouvé. La reine mère a l'intention de faire élever une chapelle sur la place où son malheureux fils a marqué la dernière empreinte de ses pas.

« Les arbustes sont presque dépouillés à cet endroit du parc de Berg. Tout le monde tient à emporter des feuillages ou des branches.

« Le roi était adoré ; la piété pour sa mémoire est très vive. Toutes les vitrines de libraires sont ornées de ses portraits. Ici, il est représenté presque enfant, donnant le bras à son frère Othon, les cheveux bouclés, souriant avec une grâce presque féminine. Plus loin, le voici jeune homme, drapé dans le manteau de grand maitre de l'ordre de Saint-Georges, superbe, majestueux, beau comme un héros de légende. Et enfin, voici les photographies des dernières années : le front est soucieux, les traits sont épaissis, l'œil regarde avec une indicible mélancolie. Le costume même est négligé : un petit chapeau rond et une redingote trop large. C'est la fin, et l'heure de la catastrophe est prochaine ! »

(*Figaro*, 4 septembre 1886.)

voyé, pour orner le catafalque dans l'église Saint-Michel, des roses des Alpes par monceaux; témoignage qui me paraît aussi gracieux et touchant que le bouquet de jasmin, cueilli et noué par l'impératrice d'Autriche et qui reposa sur la poitrine du roi, exposé dans la petite chapelle du château où sa grande taille et sa beauté mâle lui donnaient l'air de quelque géant des *Niebelungen*.

Eh! mon Dieu, je sais bien tout ce qu'on peut dire contre ce pauvre roi : et les ordres bizarres écrits au crayon vert et communiqués par son barbier à ses ministres; et ses besoins d'argent; et ses châteaux Louis XV à dorures truculentes; et le désir de se retirer dans une île déserte; et les courses nocturnes avec des chevaux aux sabots emmaillotés de caoutchouc; et la voiture où, pour que le roi ne perdît rien du paysage, le cheval poussait par derrière au lieu de tirer par devant; et les oiseaux mécaniques; et la barque tirée par un cygne; et sa crainte des femmes; et l'œuf de Pâques rempli d'or qu'il voulait soi-disant envoyer à je ne sais quel officier; et aussi sa haine pour l'empereur d'Allemagne, qu'il n'avait pas vu depuis 1874...

Je sais bien que devant la Chambre, la lecture de la mise en accusation du roi, si je puis ainsi dire, qui dura de neuf heures du matin à six heures du soir, et où MM. Bonn, de Lutz et de Crailsheim se relayèrent, fut accablante. Mais le dossier eût été plus complet et moins accablant pour la mémoire du roi, si ces messieurs y avaient joint les images populaires qui se répandent dans toute la Bavière et où le roi est représenté dans une apothéose, porté par une ondine, une fille du Rhin, le tout encadré de fleurs et de feuillages.

Jamais MM. Bonn, Lutz et Crailsheim ne seront portés par les nymphes, et le peuple ne se les figurera jamais entourés de fleurs.

Et Munich pourtant va avoir maintenant une cour; on verra le Régent, qui est d'ailleurs le meilleur des hommes, se promener par les rues, ce qui comblera d'aise sans doute ceux qui rencontreront le prince Luitpold sur leur passage. Mais ceux de la haute et basse Franconie, ceux de la Souabe et des autres provinces qui ne verront ni le prince Luitpold ni la cour, conserveront pour leur roi devenu légendaire une piété mystérieuse qui, avec le temps, ne fera que grandir.

Que tous ceux qui entreprennent de gouverner les peuples songent que les peuples ont autant besoin de légendes et de poésie que de pain, et que le roi Louis II, malgré ses imaginations étranges, a peut-être plus fait pour son pays que n'eût fait la sagesse d'un gouvernement raisonnable.

. . . .

Je me disais tout cela l'autre soir, après la représentation de *Parsifal*, tout en redescendant de la colline d'où le théâtre de Wagner domine la plaine et les bois.

Et ce vers, que je crois être de Méry, me revint en mémoire :

Béni soit le tyran qui frémit aux beaux vers !

XXXIV

M. TAINE HISTORIEN

Jeudi 10 mars 1887.

M. Taine vient de publier, dans la *Revue des Deux Mondes* (1), deux articles sur Napoléon. Ces articles font grand tapage dans le monde.

Ils en font presque autant que l'*Epopée* de M. Caran d'Ache en fit naguère, ce qui n'est point peu dire. Mais, tandis que M. Caran d'Ache découpait « avec amour dans des petits cartons noirs les cavaliers et les fantassins de la grande Armée — ainsi que M. Anatole France écrivait l'autre jour dans le *Temps* (2) — et préparait là un spectacle naïf sans doute, mais qu'il rendait épique par le cœur qu'il y mettait », M. Taine, lui, nous tirait d'un amas de papiers noircis un Napoléon qui surprend, mais auquel nous ne pouvons tout

1) 15 février et 1ᵉʳ mars 1887.
(2) 8 mars 1887.

à fait croire malgré l'effort de conscience et de talent où l'auteur s'est acharné.

Il y a en effet un grand effort de talent et une grande conscience chez M. Taine — j'ajouterai aussi une grande bravoure intellectuelle.

Il convient d'autant mieux d'insister, tout d'abord, sur cette bravoure intellectuelle, que M. Taine est un timide dans la vie, pour ne pas dire un timoré. Aussi n'y a-t-il pas quelque chose de touchant à voir cet homme à qui tout fait peur dans la pratique des choses, cet homme que le moindre bruit dans la rue épouvante, que le moindre trouble économique et social abasourdit et rend presque penaud; n'y a-t-il pas quelque chose de touchant, dis-je, à le voir ne plus ménager personne, quand il s'agit des jugements de sa pensée?

Une fois son opinion faite, il n'hésite jamais à mettre sa sincérité au-dessus de ses goûts et de ses amitiés. Tour à tour l'auteur des *Origines de la France contemporaine* n'a pas reculé à se brouiller aussi bien avec les partisans de l'ancien régime qu'avec les partisans des jacobins. Et s'il termine sa carrière en renonçant, pour ainsi dire, aux sûres et fidèles affections qu'il comptait parmi les bonapartistes, n'est-ce pas parce que sa conscience est supérieure au train de la vie ordinaire et demeure intacte en son for intérieur? Se mettre ainsi tout le monde à dos n'est point, certes, d'un homme sans conscience, sans bravoure ni vigueur d'esprit.

Reste à savoir maintenant si, après avoir loué en lui sa vigueur d'esprit, sa bravoure et sa conscience, il faut également admirer l'usage qu'il fait de ses qualités mêmes. Quelles que soient la sincérité et la bonne foi qu'il y apporte, ces qualités sont-elles bien dirigées? lui donnent-elles dans son enquête, sa méthode, sa thèse et jusque dans ses façons d'exposition autant de rigueur et d'impartialité que son « ingénuité » — le mot n'est pas de moi (1) — se l'imagine? Voilà ce que je contesterai à M. Taine.

Un jour, discutant un point d'histoire avec M. Taine, Sainte-Beuve l'interrompit en disant :

— Taisez-vous, Taine, si vous connaissez les livres, vous ne connaissez rien aux hommes.

J'en crois volontiers Sainte-Beuve et les autres. Il y a des raisons pour croire qu'en effet M. Taine ne connaît pas bien les hommes. J'avoue même que je me sens porté à aller plus loin peut-être encore que Sainte-Beuve et à dire que, si M. Taine ne connaît pas bien les hommes, il ne connaît pas bien les livres, ou que du moins il ne se méfie pas assez des hommes qui les ont écrits.

Je ne veux pas du tout entrer ici dans la discussion fastidieuse des sources où a puisé M. Taine. D'autres se chargeront de ce travail. Ce n'est pas cependant sans étonnement qu'on le voit citer à tout propos et avec une bonne foi inaltérable les *Mémoires* de Bourrienne et de Mme de Rémusat, pour ne prendre que ceux-là.

Tout le monde sait qu'à partir de la neuvième feuille, les Mémoires de Bourrienne sont apocryphes et rédigés par M. de Villemarest, grand fabricateur

(1) V. *Revue des Deux Mondes*, 15 septembre 1885 : *Un récent historien de la Révolution française*, par M. F. Brunetière.

de Mémoires, et que Mme de Rémusat récrivit les siens en 1817 et les récrivit avec le mécontentement d'une femme qui ne trouva pas en Napoléon une suffisante reconnaissance.

N'aurait-il pas pu non plus se servir avec plus de prudence qu'il n'a fait des *Mémoires inédits de M. X...*, c'est-à-dire (je ne crois pas qu'on puisse m'en vouloir de l'indiscrétion) des Mémoires du duc Pasquier qui fut président de la Chambre des pairs sous Louis-Philippe après avoir été préfet de police sous l'Empire (1)?

M. Taine n'a jamais l'air de se demander si les auteurs de Mémoires n'ont pas eu quelque intérêt particulier d'écrire ce qu'il leur emprunte. Il accepte tout, il absorbe tout sans beaucoup de choix. Il est certainement permis à l'historien de puiser dans tous les textes, — il le doit même ; — mais ce qu'il ne doit pas c'est de les épuiser jusqu'à la lie et avec tant de « bonne foi ».

En fait de documents, sa voracité est terrible. Il se jette sur tout ce qui convient aux appétits de sa thèse.

---

(1) Que penser aussi de l'autorité des *Souvenirs contemporains* de M. Villemain. « La rédaction, dit M. Taine, est de seconde main et n'est qu'une imitation très adroite ; mais le fond des idées est bien de Napoléon. » M. Taine est-il bien sûr de ce qu'il dit et a-t-il lu la note de Sainte-Beuve (*Causeries du lundi*), tome XI, page 189,? — « On ne doit accueillir qu'avec la plus grande méfiance tout ce que Villemain nous a donné des conversations de M. de Narbonne avec Napoléon. C'est refait de tête et de mémoire, et en vue de la circonstance présente. Ce n'est pas plus vrai que le *Conciones* ou le *Dialogue de Sylla et d'Eucrate*. Le procédé est le même et l'intention plus louche. Villemain est un rhétoricien, le contraire d'un esprit sincèrement historique et d'une nature vérace. »

Et il satisfait ces appétits avec d'autant moins de scrupules qu'il a faim et soif de *sa* vérité (1).

De même que sur la rigueur de l'enquête, je crois inutile d'insister sur l'excellence de sa méthode qui consiste à amalgamer les citations dans ses propres phrases, de telle façon que la suite des pensées et des images se trouve sans cesse en péril.

L'appareil de cette méthode est lourd. Il semble que, pour plonger dans les profondeurs, M. Taine ait revêtu un scaphandre et qu'il marche avec des cordes,

---

(1) Dans le *Temps* du 13 mars 1887, M. France s'est spirituellement amusé à opposer à M. Taine document contre document.

« M. Taine cite deux phrases de Mme de Rémusat : « Cet homme « a été si assommateur de toute vertu... Il ne pardonnait à la « vertu que lorsqu'il avait pu l'atteindre par le ridicule. »

« Cette documentation-là est pour établir que Napoléon croyait qu'on ne conduit les hommes que par l'intérêt. « Il était « persuadé, dit M. de Metternich, que nul homme appelé à paraître « sur la scène publique ou engagé seulement dans les poursuites « actives de la vie, ne se conduisait et ne pouvait être conduit que « par l'intérêt. » Et M. Taine entre complètement dans cette pensée de M. de Metternich. Aussi ne cite-t-il aucun des nombreux textes dans lesquels Napoléon demande à la vertu des hommes ce que leur intérêt lui refuserait certainement. Il croyait aux plus nobles énergies de l'homme. « Tant pis pour ceux qui ne croient point « à la vertu. » (*Correspondance*, lettre du 14 vendémiaire an V, 25 septembre 1797.)

« Il croyait à la vertu jusque dans ses ennemis. « Quand nous « apprîmes la délivrance de Lavalette, dit Las Cases, nous en « tressaillîmes de joie sur notre rocher. Quelqu'un observant que « son libérateur Wilson n'était apparemment pas le même que « celui qui avait écrit tant de mauvaises choses sur l'empereur : « — Et pourquoi pas? dit Napoléon; que vous connaissez peu « les hommes et les passions!... » (*Mémorial* 1842, gr. in-8°, p. 106.)

« Il n'a de considération pour les hommes que celle d'un chef « d'atelier pour ses ouvriers, » dit encore M. de Metternich. Et M. Taine, aggravant son auteur, ajoute : « ou plus exactement « pour ses outils. » Pourtant, si l'outil s'appelle Drouot, Napoléon

des tuyaux, des lunettes énormes, et des souliers de plomb. Il respire mal, s'embarrasse à chaque pas, avance péniblement. Pour voir et dire ce qu'il voit, il n'a ni l'aisance d'un dauphin, certes ! ni l'agrément d'une sirène.

Mais cette question de méthode encore importe peu, et c'est à la thèse même de M. Taine, sur Napoléon, qu'il en faut venir.

Ayant lu dans l'*Histoire de la peinture en Italie*, de Stendhal, — car il faut que M. Taine ait vu les choses

l'estime encore quand il ne s'en sert plus. « Drouot est un homme « qui vivait aussi satisfait, pour ce qui le concerne personnelle- « ment, avec quarante sous par jour qu'avec les revenus d'un sou- « verain. Plein de charité et de religion, sa morale, sa probité et « sa simplicité lui eussent fait honneur dans les plus beaux jours « de la République romaine. » (*Napoléon en exil ou l'Écho de Sainte-Hélène*, par Bary E. O'Méara, in-8°, p. 121.)

« Par calcul et par goût, il ne se détend jamais de sa royauté. » C'est Mme de Rémusat qui le dit. Et M. Taine le croit. Mais la générale Durand dit qu'au contraire il se détendait souvent de sa royauté.

« A la campagne, dit-elle, il jouait à différents jeux, notam- « ment aux *barres*, exercice de jeunesse dont il avait conservé le « goût... Je l'ai encore vu jouer aux barres depuis son mariage « avec Marie-Louise, et, quoiqu'il fût déjà très gros, il courait « encore assez légèrement. Un jour que la cour était à Rambouillet, « il y eut une grande partie de *barres*, dans laquelle l'empereur « tomba deux fois sans se faire aucun mal ; il s'élançait avec force « pour saisir son adversaire, qui était le grand maréchal ; celui-là « s'esquivait toujours ; ce qui fut cause que l'empereur alla deux « fois rouler sur le sable à quatre pas de lui ; il se releva sans « mot dire et continua la partie plus gaiement encore. » (*Mémoires sur Napoléon et Marie-Louise*, pages 262-263.)

« On voit qu'à ses heures, celui que M. de Talleyrand, cité par Mme de Rémusat, citée par M. Taine, appelait l'*Inamusable*, s'amusait parfois comme un écolier. M. Taine ne parle pas de la partie de barres de Rambouillet ; il ne parle pas non plus de l'omelette des Tuileries. »

imprimées dans un livre pour y croire, — que Bonaparte était un condottiere italien du xv° siècle, l'historien s'empare de cette idée et en déduit toute une théorie pour expliquer Napoléon.

Partant de là, et sans même nous avertir que le fait généalogique italien n'est point rigoureusement établi, M. Taine nous parle de la Renaissance et s'écrie en un beau mouvement d'éloquence :

« La force et la fougue des passions natives étaient intactes en Italie au temps de la Renaissance. Il y avait alors chez l'homme des émotions plus vives et plus profondes qu'aujourd'hui, des désirs plus véhéments et plus effrénés, des volontés plus impétueuses et plus tenaces que les nôtres ; quel que fût dans l'individu le ressort moteur, orgueil, ambition, jalousie, haine, amour, convoitise ou sensualité, ce ressort interne se tendait avec une énergie et se débandait avec une violence qui ont disparu. »

Et il conclut en disant :

« Ces passions reparaissent dans ce grand survivant du xv° siècle ; le jeu de la machine nerveuse est pareil chez lui et chez ses ancêtres italiens. Il n'y eut jamais, même chez les Malatesta, de cerveau plus sensitif et plus impulsif. »

Même à supposer que la descendance italienne fût absolument prouvée, je voudrais que M. Taine ait su trouver de moins vagues correspondances entre Bonaparte et les Malatesta. A ce compte, et pour ne parler que de la fougue des passions et du cerveau sensitif et impulsif, qui serait plus Malatesta que l'Allemande Catherine II et le Suédois Charles XII ?

Au lieu de nous expliquer le tempérament de Bonaparte par celui qu'il donne aux Malatesta, n'eût-il pas été plus simple et plus sage de retrouver, en ce que cet homme a d'exceptionnel et d'inattendu dans les temps modernes, ce qu'Alexandre, César ou même Frédéric II ont eu en eux-mêmes, dans leur temps, d'inattendu et d'exceptionnel? Quelques beaux lieux communs sur le Génie, l'Ambition, la Fortune, le Pouvoir et la Gloire, bien déduits, bien appropriés et traités avec toute la force et la philosophie dont M. Taine est capable, n'eussent-ils pas, en somme, mieux fait les affaires de la vérité?

M. Taine paraît ne pas assez s'apercevoir que, depuis la naissance du monde, les grands hommes se ressemblent plus entre eux qu'ils ne ressemblent à leurs parents ou à leurs voisins.

Sa théorie de l'hérédité et des milieux prend vraiment trop de place dans ses études. Si les observations tirées du milieu sont assez vraies pour la moyenne, elles le sont souvent fort peu pour l'exception. Quant à l'hérédité — et malgré les livres du docteur Lucas — on pourrait lui dire comme j'ai déjà dit en parlant de M. Zola, que c'est une grande vérité qu'on ne sait pas encore comment se font les enfants.

Je ne puis évidemment pas, en cet espace restreint, reprendre un à un tous les traits dont M. Taine s'est servi pour tracer son portrait de Napoléon (1). Malgré

(1) Qu'il me soit permis cependant de relever un trait qui ne me semble pas bien exact entre autres. « Napoléon a peu lu et précipitamment, » nous dit M. Taine; de cela je ne suis pas bien sûr. M. Taine eût bien fait d'essayer de consulter à ce sujet les papiers vendus par Libri à lord Ashburnan et qui depuis, si je suis bien informé, ont été revendus à Florence. Libri a d'ailleurs rendu compte du contenu de ces papiers dans un article de la

les traits justes et qui sont souvent largement indiqués, le reproche général qu'on peut faire à l'historien est qu'il veut trop nous imposer sa vision particulière.

Là, comme ailleurs, le tort de M. Taine comme historien de la France est de ne pas se résoudre à bénéficier du travail de l'opinion moyenne en France. Il oublie trop que ce sont aussi les témoins oculaires et bien plus nombreux que ceux qu'il cite qui ont servi à former cette opinion. Et que si la masse peut se tromper sur la composition physique de la foudre, elle ne se trompe pas beaucoup sur sa couleur ni son éclat.

Comme le dit excellemment M. Ferdinand Brunetière :

« Quelque sujet que traite M. Taine, il le découvre

Revue des Deux Mondes vers 1840, article réimprimé dans un tirage à part. Voici encore une lettre inédite de Napoléon qui semble contredire la rapide affirmation de M. Taine.

« Je m'adresse directement à vous, Monsieur, pour vous prier de me faire passer *les Mémoires de Mme de Warens et de Claude Anet pour servir de suite aux Confessions de J. Rousseau*. Je vous prierai également de m'envoyer les derniers volumes de *l'Histoire des révolutions de Corse, par l'abbé Germanes* ; je vous serai obligé de me donner note des ouvrages que vous avez sur l'Isle de Corse ou que vous pourriez me procurer promptement.

« J'attends votre réponse pour vous envoyer l'argent à quoi cela montera. Vous pouvez m'adresser votre lettre à M. de Bonaparte, officier d'artillerie au régiment de la Fère, en garnison à Valence en Dauphiné.

« Je suis, Monsieur, avec parfaite considération,

« Votre très humble et très obéissant, etc., etc.

« BONAPARTE, officier d'artillerie.

« Valence en Dauphiné, le 29 juillet. »

Cette lettre est adressée à M. Paul Barde à Genève. M. Paul Barde était le prédécesseur de M. Mauget, et par conséquent celui d'Abraham Cherbuliez, grand-père de M. Victor Cherbuliez qui a bien voulu me communiquer ce document.

et, l'ayant découvert, il le traite comme si personne avant lui n'y avait rien vu, ni rien compris (1). »

Ce que tout le monde, avant M. Taine, avait vu en Napoléon, c'était le virtuose de la guerre. C'est cette âpreté belliqueuse, cette rage guerroyante, qui explique tout l'homme. C'est cette « faculté maîtresse » — pour me servir d'une expression chère à M. Taine — d'où tout découle. Les défauts et les vices qu'il découvre dans l'homme et dans l'œuvre de l'homme viennent précisément de là. Et M. Taine devait nous le dire.

Napoléon est un artiste en batailles. De tout il tire sujet de batailles, comme les Dumas ou les Balzac tirent de tout sujets de pièces et de romans. Pour exercer sa « faculté maîtresse », il a besoin d'obéissance passive et d'une forte organisation. Il organise donc et se fait obéir, et cela ne s'obtient pas, en effet, sans dommage pour les individus.

Mais de même que, sous l'ancien régime, le poids des impôts, les misères qui en résultent, les privilèges de l'aristocratie, la liberté du pouvoir poussée au besoin jusqu'à la tyrannie étaient le prix dont on payait la gloire militaire de la France ; de même la pression intérieure sous l'Empire est une résultante de l'orientation de toute la machine dans le sens de la guerre. Malgré leurs défaites, l'Empire et l'ancien régime nous ont laissé assez de gloire pour nous enorgueillir. Il nous faudra toujours lever les yeux pour

---

(1) Article précité. L'opinion de M. Brunetière sur ce point me paraît très fortement établie. Il l'appuie, il me semble, sur des raisons capables de faire réfléchir les partisans les plus déterminés des méthodes historiques de M. Taine ou tout au moins de troubler leur sécurité.

regarder l'Arc de Triomphe et la colonne Vendôme!

Aussi, comme je l'ai fait au début, si j'ai loué M. Taine du courage singulier qu'il montrait en attaquant tour à tour ceux de Steinkerque et de Denain, ceux de Jemmapes et de Valmy, et enfin les vainqueurs d'Austerlitz et de Marengo, je l'aurais encore loué davantage s'il avait montré une intelligence assez vaste pour tous les comprendre et un cœur assez grand pour tous les aimer!

En ne voulant pas voir que Napoléon, malgré tout ce qu'on peut dire, a été l'organisateur de la France contemporaine et que c'est encore le squelette et l'armature de cette organisation qui nous ont empêchés jusqu'ici de tomber en morceaux, M. Taine a manqué de justice et de justesse, — et il a encore manqué d'autre chose en ne prenant pas assez garde au renom de gloire que Napoléon nous a laissé dans le monde.

L'autre soir, et justement à ce propos, M. Renan, dans une de ses conversations pittoresques et pleines de surprises, me disait :

— La gloire est le foin dont on nourrit les peuples.

Je veux bien ; mais sans ce foin-là les peuples ne pourraient pas vivre !

XXXV

CHARLES BAUDELAIRE

Dimanche 22 mai 1887.

L'auteur de l'excellente biographie placée en tête des *Œuvres posthumes de Baudelaire et Correspondances inédites* (1) nous apprend que le grand-père du poète fut précepteur chez le duc de Praslin. Ce duc de Praslin était l'aïeul du pair de France qui tua sa femme et n'échappa à l'échafaud que par le suicide.

A la Révolution, le grand-père de Baudelaire épousa les idées nouvelles. Il comptait des amis dans le parti révolutionnaire. Ses amitiés lui permirent, dit-on, de rendre de grands services aux royalistes avec qui il était lié sous l'ancien régime.

Et le biographe ajoute :

« S'il faut en croire sa veuve, il aurait donné une grande marque de dévouement à Condorcet en lui

---

(1) *Œuvres posthumes et Correspondances inédites* précédées d'une étude biographique par Eugène Crépet. 1 vol. in-8º, Quantin édit. 1887.

procurant le poison qui le sauva de l'échafaud. »

Ces souvenirs de famille ne semblent-ils pas être faits tout exprès pour Baudelaire ! Ils n'étaient pas pour déplaire à son pessimisme amer, à ses curiosités sanguinaires, à son goût satanique du mal.

A songer que son grand-père avait peut-être enseigné le rudiment à un assassin, et empoisonné un philosophe par bonté d'âme, Baudelaire n'a-t-il pas éprouvé un peu de cette volupté perverse qu'il a mise dans les *Fleurs du mal*? Qui sait si ces récits d'enfance ne l'ont point déterminé ou tout au moins confirmé dans l'âpre plaisir qu'il prit à concevoir tous les crimes et à jouir en esprit de leur intimité?

En tout cas, il y a quelque parenté entre ces récits et le genre de plaisanterie sinistre qu'il affectionnait.

— Avez-vous mangé de la cervelle de petit enfant? demandait-il un jour à un honnête fonctionnaire ; cela ressemble à des cerneaux, et c'est excellent.

Une autre fois, dans la salle commune d'un restaurant, il commença à haute voix un récit en ces termes :

— Après avoir assassiné mon pauvre père...

Rasé comme un acteur avec sa mine de prêtre sacrilège, distingué et extrêmement soigné dans sa mise, il disait ces choses sur le ton théâtral qui lui était ordinaire, articulant les mots lentement et d'une voix blanche qui psalmodiait. Son rêve, comme il l'a écrit lui-même dans *Mon cœur mis à nu*, était d'être : « Tantôt pape, mais pape militaire, tantôt comédien. »

— Et il y paraissait.

Il aimait à jouer à l'ogre et au parricide comme il aima à jouer au damné des voluptés défendues.

Et avec cela « incapable de tuer une mouche »,

comme me disait un jour Leconte de Lisle, qui le connaissait bien.

Il est certain qu'il était doux, osait peu et était tout à fait timide dans l'action. Ses rêves seuls étaient violents et hardis. Sa conception du mal n'avait rien que de gratuit et de désintéressé.

Je voudrais laisser ici de côté les nombreuses anecdotes qui se multiplient à son sujet et qu'il avait pris soin d'entretenir. A quoi bon raconter la longue suite des mystifications où son imagination s'est exercée? Car il n'était point véridique. Il aimait le mensonge. S'il en faisait, c'était parce qu'il était poète et

> Pour réjouir un cœur qui fuit la vérité.

Il n'y avait chez lui de sincérité véritable que la sincérité intellectuelle qu'il mettait dans ses inventions. Ces inventions peignent bien au juste son état d'esprit, mais non pas les faits. Ce sont des documents psychiques, mais non point du tout biographiques.

Il se vantait de ce qu'il n'avait ni dit ni fait, amplifiait sans cesse et composait tout son personnage pour le seul plaisir d'étonner. Il y avait un côté enfantin chez ce démoniaque, et il donnait parfois l'idée d'un Anglais qui serait né à Marseille.

Par exemple, de retour de ses conférences de Belgique, il fit accroire à ses amis qu'il avait su épouvanter les Belges en commençant par leur recommander le vin de quinquina comme préférable au traditionnel verre d'eau sucrée.

— Vous vous êtes demandé peut-être, commença-t-il

en désignant à ses auditeurs le verre de vin de quinquina qu'il avait devant lui, pourquoi je goûte mieux ce vin que l'eau?

Et il disserta longtemps, leur expliquant avec solennité les raisons de sa préférence.

— Les Belges, ajoutait-il, s'irritèrent de ce début et ne me laissèrent pas continuer.

Rien de tout cela, naturellement, n'a eu lieu. Il fit cinq conférences de suite et du mieux qu'il put, en artiste qu'il était. Et ce ne furent point les Belges qui s'irritèrent contre lui, mais tout au contraire lui qui s'irrita contre les Belges, parce que ces cinq conférences ne lui furent point comptées au prix convenu.

En fait de mystification, il me semble ici que ce sont les Belges qui ont eu le dessus.

Fâché des secondes noces que sa mère venait de contracter avec le général Aupick, il racontait qu'il s'était, le soir même, emparé de la clef de la chambre nuptiale et s'en était allé la jeter dans le bassin d'un jardin public. Il se délectait à l'idée du serrurier appelé pour crocheter la serrure, à l'impatience amoureuse de son beau-père, aux remords probables de sa mère.

Je crois volontiers que Baudelaire ne fut point favorable à ce mariage. Mais il a certainement inventé cette histoire après coup. Il faut, il me semble, se défier de la plupart de ses témoignages comme de ceux d'un hystérique, et même d'un hystérique, comme il dit, qui « a cultivé son hystérie avec jouissance ».

D'ailleurs, ce n'est point tant de l'homme qu'il s'agit que du poète (1).

(1) Je donne pourtant ici une lettre inédite adressée à M. Taine

Je ne crois pas qu'il en soit de plus savoureux, de plus profond, de plus âcre et à la fois plus rempli de pitié pour la douleur humaine et qui, enfin, ait mieux ému les nouvelles générations d'artistes et de penseurs.

Il y a dans ses poésies une puissance de concentration qui étonne. Le poète fait tenir un monde dans un vers. Il est sensible jusqu'à l'exaspération, intelligent à l'excès. Quoiqu'on s'en défende de prime abord et par une naturelle hypocrisie, on sent comme lui quand on est de ce temps-ci. Sa philosophie est celle que nous respirons en cette fin de siècle. Il a goûté la femme comme on la goûte aujourd'hui. Il l'a voulue

par M. Le Barbier. Cette lettre, que, par un hasard singulier, j'ai trouvée jointe à un exemplaire du livre de M. Asselineau sur la vie et l'œuvre de Baudelaire, m'a paru peindre assez bien le poète dans ses rapports avec le directeur de la *Revue libérale* pour intéresser les biographes à l'affût.

« Paris, 19 janvier 1861.

« Mon cher Taine,

« Je n'ai pas encore eu l'honneur de me présenter chez M. Philarète Chasles et je n'y mettrai pas les pieds *que mon traité de rédaction ne soit signé*.

« Point de nouvelles d'About, s'il n'en arrive pas demain, l'*Étude sur Stendahl* sera le morceau capital du deuxième numéro de la *Revue libérale*. Baudelaire est un brave homme dont je fais grand cas ; mais il frappe comme un sourd. J'ai cru qu'il m'étranglerait parce que je lui parlais de supprimer 20 lignes sur 20 pages, sans rien changer au reste du texte.

« 1º *Je me mis à prier par un reste d'habitude;* IMBÉCILE ne peut pas s'imprimer dans une Revue qui débute et que le parquet surveille.

« 2º Un enfant de dix ans qui raconte une nuit passée *avec sa bonne*, qui remarque que ses bras et ses tétons sont plus gros que ceux des autres femmes, que ses cheveux sentent bon, etc., etc. ce n'est pas un enfant de dix ans. C'est M. Baudelaire qui monte le bourrichon du bourgeois.

« 3º Enfin *les femmes qui sentent bon et l'autre odeur encore* de

artificielle, peinte, aromatisée. Il a eu le goût de la mise en scène en amour, plus de désirs aigus que de joies effectives et point de simplicité.

Nous voyons Paris tous les jours mais lui seul nous le montre :

> Il est doux à travers les brumes de voir naître
> L'étoile dans l'azur, la lampe à la fenêtre,
> Les fleuves de charbon monter au firmament
> Et la lune verser son pâle enchantement.

. . . .

Quoique plongé dans la chair, c'est le plus spiritua-

Salammbô sont des moyens sadiques que M. Flaubert (mon excellent ami) et M. Baudelaire (mon excellent ennemi) peuvent employer dans leurs ouvrages, mais une Revue doit y mettre plus de façons.

« Baudelaire n'a été ni loyal ni poli. Il m'a parlé de *pionnerie*, parce que j'ai l'honneur d'appartenir à l'École normale et m'a refusé brutalement des *coupures indispensables*.

« *Après m'avoir permis de choisir* les poèmes qui me conviendraient, il m'a renvoyé, avec une lettre d'injures, les quatre poèmes que j'avais fait composer (4 sur 9).

« Tout cela est d'une *vanité insensée*.

« M. Baudelaire prétend que je me suis recommandé auprès de lui de mon ami H. Taine et de M. de Sainte-Beuve. J'ai dit simplement à M. Baudelaire que tu nous faisais l'honneur de nous confier quelques-uns de tes travaux et que M. Sainte-Beuve nous avait promis son secours, d'ici à quelques mois.

« M. Baudelaire veut imposer toutes ses phrases : à quoi bon? Puisqu'il fera imprimer ses œuvres.

« M'as-tu forcé de publier toute la littérature anglaise? J'ai écrit à Daniel Stern. L'estime qu'il fait de toi me donne l'espoir d'obtenir une réponse favorable, malgré mes forfaits, car je dois t'avouer que j'ai refusé une rengaine sur Jacques Cœur qui aurait écrasé 3 numéros.

« A bientôt, vrai sage, aime-moi et défends-moi.

« Ton tout dévoué et très reconnaissant

« ÉDOUARD LE BARBIER. »

liste des poètes, c'est aussi le plus exact des peintres. Il écrit en style moderne sur des sujets modernes avec la perfection d'un classique. Depuis vingt ans qu'il est mort, ses vers n'ont point d'âge !

Et voici le *Voyage à Cythère* :

> ...C'est Cythère,
> Nous dit-on, un pays fameux dans les chansons.

le *Mauvais Moine*, *Don Juan aux Enfers*, *la Servante au grand cœur*, *le Vin des chiffonniers*, *les Femmes damnées*, *les Petites Vieilles*, *la Malabaraise* et le délicieux sonnet *A une dame créole*, où Baudelaire a si bien su mélanger ses tendresses tropicales et parisiennes que je ne puis m'empêcher de le citer tout entier :

> Au pays parfumé que le soleil caresse,
> J'ai connu, sous un dais d'arbres tout empourprés
> Et de palmiers d'où pleut sur les yeux la paresse,
> Une dame créole aux charmes ignorés.
>
> Son teint est pâle et chaud ; la brune enchanteresse
> A dans le cou des airs noblement maniérés ;
> Grande et svelte en marchant comme une chasseresse,
> Son sourire est tranquille et ses yeux assurés.
>
> Si vous alliez, Madame, au vrai pays de gloire,
> Sur les bords de la Seine ou de la verte Loire,
> Belle, digne d'orner les antiques manoirs,
>
> Vous feriez, à l'abri des ombreuses retraites,
> Germer mille sonnets dans le cœur des poëtes,
> Que vos grands yeux rendraient plus soumis que vos noirs.

Avec le *Manchy* des *Poëmes barbares* de M. Leconte de Lisle, cette pièce est sans doute la plus parfaite que nous ait donnée l'exotisme contemporain.

Mais pourquoi Baudelaire, qui fut poète accompli, n'a-t-il voulu, le plus souvent, exprimer que des choses rares? Pourquoi, surtout, a-t-il voulu encore raffiner sur la rareté de ses sensations et de ses idées?

Ce seul travers dans un esprit « lucide » et qui avait de « vastes éclairs » produit des effets inquiétants. L'œuvre s'en ressent tout entière. Elle est, au premier coup d'œil, obscure et guindée comme était sa personne. L'air et la lumière y sont, mais comme en une serre énorme, où le soleil pénètre seulement au travers des vitres pour échauffer une atmosphère saturée et immobile. On n'y peut guère entrer sans préparation, et, pour s'y préparer, il faut être averti de tout, ne rien ignorer, tout connaître de la vie et — plus encore.

Faute de banalités pour s'y reconnaître, on est souvent dérouté. C'est, je crois, une grande vérité qu'il faut du simple en art et de l'ordinaire pour enchâsser le rare, pour faire valoir le monstrueux aussi bien que l'exquis.

Le poète ne nous dit jamais rien d'inutile, mais il ne dit pas toujours ce qui serait utile.

Je sais bien pourquoi il s'explique peu. Il méprise le lecteur vulgaire. S'il ne faisait encore que le mépriser! Mais il le hait. Son plus grand plaisir est aussi de le mystifier. Et il le mystifie souvent comme il voulait mystifier les Belges, c'est-à-dire sans grand profit pour lui-même.

De là ses airs macabres, ses façons de vampire, ses contorsions sadiques:

> Sur l'oreiller du mal c'est Satan Trismegiste,
> Qui berce longuement notre rêve enchanté.

Mais au lieu de mystifier les bourgeois haïssables qui ne le lisent pas et ne le liront jamais, il n'est guère parvenu à mystifier que ses imitateurs en vers ou en prose et quelques-uns de ses critiques.

La plupart de ceux qui s'en inspirent ou le commentent ne font-ils pas un peu songer aux bons jeunes gens qui assistent aux séances spirites ? Ils en reviennent les yeux révulsés et avec des gestes d'épileptiques. Rentrés chez eux, ils font d'inutiles évocations.

Ils ont perdu « le mot magique », le mot que savait Baudelaire, c'est-à-dire le mot tiré de la fleur des traditions françaises et latines, le mot plein de vertus et de parfums, le mot français nourri des sucs généreux de notre bonne vieille langue maternelle (1).

Il est rare qu'un poète n'ait pas une philosophie. Baudelaire en a une et que chacun de ses vers exprime avec une intensité et une ténacité extraordinaires.

Tout comme les modernes pessimistes, Baudelaire ne pensait pas que l'homme fût né bon. Pour lui, l'homme est la méchanceté même. Il aime cette méchanceté parce qu'elle est humaine, mais il l'aime avec désintéressement comme je l'ai déjà dit au début de ce chapitre, il l'aime — idéale.

Cette recherche du mal qu'il a poursuivi jusqu'en ses replis les plus cachés et la conception mystique qu'il en avait ont fait de lui le dernier des poètes théologiens. C'est lui qui, après Dante, alla le plus avant dans les conséquences du péché originel. On peut

---

(1) V. *Mémoires d'aujourd'hui* (deuxième série), le chapitre intitulé : *Un élève de Baudelaire*, pages 249 et suiv.

même dire qu'il s'y enfonça avec délices et jouit du péché comme pas un pécheur. Mais il faut croire pour jouir du péché ; il faut croire aux peines éternelles, à la damnation. Aussi Baudelaire croyait-il à l'enfer et même au ciel, comme ce diabolique M. Barbey d'Aurevilly (1). Il entendait la vie selon la révélation, et s'il n'avait pas la morale des Pères de l'Église, il en avait exactement la même philosophie. Écoutez :

> Rappelez-vous l'objet que nous vîmes, mon âme,
> Ce beau matin d'été si doux,
> Au détour d'un sentier, une charogne infâme
> Sur un lit semé de cailloux.

Le poète repaît ses yeux de ce hideux spectacle, puis s'écrie en s'adressant à la bien-aimée :

> Et pourtant vous serez semblable à cette ordure,
> A cette horrible infection,
> Étoile de mes yeux, soleil de ma nature,
> Vous, mon ange et ma passion !

N'est-ce pas là toute la philosophie du sermon sur la Mort, le « Venez et voyez » de Bossuet ?

Il y a seulement entre Baudelaire et Bossuet cette seule différence — une différence de sentiment et non de raison — que Baudelaire, comprenant le bien et le mal, selon la doctrine chrétienne, préfère le mal au bien, — et que, croyant en Dieu, il ne l'aime pas.

Comme le Satan de Dante et des Écritures, Baudelaire a la foi sans l'amour.

Et tout le génie de sa poésie est là.

(1) V. *Mémoires d'aujourd'hui* (deuxième série), pages 260 et suiv.

XXXVI

LA MÈRE DU PRINCE NAPOLÉON

Badenweiler, mercredi 7 septembre 1887.

Le second volume de la correspondance de Catherine de Wurtemberg, femme du roi Jérôme, mère de la princesse Mathilde et du prince Napoléon, vient de paraître à Stuttgard (1).

Il y a quelques mois paraissaient à Vienne les lettres de Marie-Louise, sur lesquelles M. Cherbuliez vient tout récemment de publier une bien jolie étude (2).

Ces deux correspondances présentent une ressemblance et un contraste assez curieux pour que, sans s'attarder au détail, la comparaison s'impose, pour ainsi dire, à l'esprit.

Autant dans ses lettres Marie-Louise se montre oublieuse, autant Catherine, dans les siennes, nous

---

(1) *Briefwechsel der Königin Katharina und des Königs Jérome von Westphalen*, etc., von D*r* August von Schlossberger. 2 vol. in-8°, Stuttgart, (1886-1887).
(2) V. *Revue des Deux Mondes*, 15 août 1887.

apparaît fidèle. Autant l'une a de suite dans ses affections et son dévouement, autant l'autre sait se faire une raison journalière et changer de sentiments à mesure que tout change autour d'elle. Celle-là passe à travers les événements qui secouent l'Europe en en prenant sa part douloureuse et comme reine et comme épouse ; celle-ci ne s'émeut de rien et possède une indifférence qui semble surtout relever d'une certaine médiocrité naturelle.

Pendant que Napoléon est à l'île d'Elbe, Marie-Louise va aux eaux d'Aix, elle en revient « réconfortée, jouissant de la vie tranquille et heureuse dans son petit coin ». La nouvelle du retour de Napoléon la tourmente « quelques jours », mais elle se rassure vite. Elle a l'espoir que « tout finira au mieux » et en lisant les détails du *Bulletin de l'Armée*, « se réjouit avec tout le monde des bonnes nouvelles qu'il contient ». Que penser quand on songe que pour elle ces bonnes nouvelles sont la mise de l'empereur au ban des nations, la bataille de Waterloo et l'invasion !

Tout à l'heure, au contraire, vous verrez de quel ton ardent et indigné Catherine va répondre à son père qui veut séparer sa cause de celle de son mari, et comment elle sut mériter le jugement de Napoléon à Sainte-Hélène, — jugement que l'éditeur wurtembergeois semble d'ailleurs relever avec quelque fierté : « Par sa belle conduite en 1815, la princesse Catherine s'est inscrite de ses propres mains dans l'histoire. »

Au mois de septembre 1806, moins d'un an après Austerlitz, Frédéric de Wurtemberg écrivait à Napoléon, protecteur de la Confédération du Rhin :

« Les nouveaux liens qui vont m'allier plus étroitement à Votre Majesté Impériale par l'union de la princesse ma fille avec le prince Jérôme, son frère, m'offrent une perspective bien avantageuse, tant pour le bonheur de la première que par les relations plus intimes qui nous rapprocheront. »

L'empereur envoie le portrait de son frère, « selon l'étiquette réglée », et la princesse Catherine, « enchantée que le prince Jérôme ait obtenu le suffrage de son père », se loue que, « comme juge compétent, il ait trouvé le prince digne de porter le doux nom de fils ». Et elle s'intéresse au sort du prince, lui veut « quelque bien ». Déjà, elle ne supporte plus que, dans ce cas, il soit question de « sacrifice envers son père et sa patrie ». Et là dessus, avec gentillesse, elle souhaite à son père sa fête, exprime des vœux ardents pour son bonheur, et lui envoie en cadeau « un écran et deux chaises de son ouvrage ». Presque en même temps et pour sa fête encore, le roi Frédéric reçoit un autre cadeau. Ce sont des drapeaux prussiens pris à Glogau, que Napoléon lui envoie en le félicitant de la bonne conduite qu'ont tenue ses soldats.

Le maréchal Bessières est envoyé en ambassade extraordinaire pour demander officiellement la main de la princesse. Frédéric « s'empresse d'y accéder », et dès le lendemain, au moyen de la procuration que l'empereur a fait passer au prince royal, la bénédiction nuptiale est donnée à Stuttgard.

Mariée ainsi par ambassadeur le surlendemain (13 août 1807), Catherine se met en route pour Paris.

Elle passe par Strasbourg où le prince de Salm,

aide de camp du roi Jérôme, vient lui dire les choses les plus aimables de la part de son époux. Toutes les troupes sont sous les armes et le préfet donne un grand bal en son honneur. Partout sur son passage les populations affluent et tous les magistrats des villes « viennent lui tenir de belles harangues ».

A mesure qu'elle approche, « c'est avec un grand serrement de cœur qu'elle pense à la première entrevue » qu'elle va avoir avec son royal époux. Elle craint « de ne pas plaire au prince, de ne pas lui convenir ».

Cette première entrevue a lieu au Raincy dans une campagne appartenant au général Junot, où l'empereur lui envoie le prince de Neuchâtel pour la complimenter de son heureuse arrivée. Elle a « une peur qu'elle ne peut décrire et est très émue en voyant Jérôme ». Mais de son côté, le prince paraît « en proie à un si grand embarras lui-même que cela augmente naturellement le sien ».

Après une demi-heure de conversation elle se met en voiture et arrive aux Tuileries à neuf heures du soir. Toute la cour la reçoit au bas de l'escalier, l'empereur et le prince dans la première chambre. L'empereur « l'embrasse tendrement », et elle est beaucoup moins embarrassée avec l'empereur qu'avec le prince. Ils vont ensuite avec l'impératrice se promener au Bois de Boulogne, et c'est « au clair de lune » qu'elle prend connaissance de la « grande capitale ».

La veille du mariage civil où le prince de Nassau signa comme témoin, et où plus de huit cents personnes doivent assister aux Tuileries, dans la grande galerie, l'empereur lui a ôté son bonnet pour lui essayer le diadème, le peigne ainsi que les boucles d'oreilles.

Cependant, le lendemain, le nouveau tête-à-tête qu'elle a avec le prince n'est pas moins embarrassant que le premier. « Ils se remettent pourtant l'un et l'autre. »

Et « l'enfant gâtée du meilleur des pères » en conclut « qu'il est impossible d'être plus aimable et meilleur que le prince », qu'il a été très tendre, très galant, qu'elle croit être enfin « parfaitement heureuse avec lui, qu'il lui plaît infiniment, et ressent déjà beaucoup d'amitié pour lui ».

Cette amitié se change bientôt en amour si tendre et si passionné, que désormais Catherine ne voudra plus rien voir ni rien entendre.

Sans cesse et en toute occasion, pendant sept ans, elle se louera à son père de l'amabilité du roi son époux, de son esprit, de sa bonté, de sa délicatesse, de sa tendresse, de sa grâce, de sa franchise. Elle « ne pourra plus être heureuse sans lui », et il ne manque rien à son bonheur que la présence du plus aimé des pères.

Le prince est rempli d'attentions pour elle. Il la fait peindre par Isabey, et c'est une fête qu'il se fait d'offrir ce portrait à Frédéric. « Il veut gagner le cœur de la fille en cherchant à plaire au père. » Il finit même par lui envoyer son propre « portrait équestre », d'après Gros. Ne voulant pas demeurer en retour avec son beau-fils, le bon roi de Wurtemberg lui fait remettre une épée travaillée à Stuttgard. Et la princesse Catherine continue d'assurer au meilleur des pères que son mari la rend heureuse « au delà de toute expression » et « qu'il embellit pour elle chaque instant de sa vie ». Chaque jour, « elle rend grâce à la Providence de lui avoir permis d'unir son sort au meilleur des hommes » et que la politique ait si bien fait les choses. Elle s'inquiète seulement des absences du prince, de ses attaques de bile et du rhumatisme qui le tient à l'épaule. Qu'elle soit à Cassel ou partout ailleurs, « son bonheur s'établit de plus en plus » et « elle en jouit mieux, parce qu'étant fondé sur une estime réciproque, connaissant mieux le prince, étant mieux connue de lui, rien ne peut plus aujourd'hui l'ébranler ».

Pendant ce temps, en bonne fille, elle s'emploie auprès de l'empereur pour les affaires de son père quand elle le voit à Paris, à Dresde, à Erfurt, bien qu'elle avoue franchement ne pas entrer « dans le cabinet du plus grand des hommes, du plus illustre des monarques, sans trembler ». Mais la pensée qu'elle sert son père et les intérêts du Wurtemberg lui fait braver ce tête-à-tête redoutable.

Par affection véritable et aussi pour la remercier des soins qu'elle prend pour ses affaires sans doute, le roi lui envoie de jolis meubles d'encoignure à Cassel, et quand elle a besoin de prendre les bains de Liebenzele, il lui fait préparer un appartement dans un des châteaux où sont « mille choses agréables ». Et des musiciens l'attendent à l'arrivée.

De la part de Frédéric, tout va jusqu'ici pour le mieux. Il ne paraît pas encore se départir de l' « entière et parfaite confiance » avec laquelle il a remis le sort de sa fille aux soins du frère de Sa Majesté

« le bon frère Napoléon », qui d'ailleurs l'a fait, lui Frédéric, roi, de prince qu'il était.

Néanmoins, les continuelles victoires de l'Empereur finissent par inquiéter la fille autant que le père.

Chaque année, les démonstrations de guerre ne se bornent pas aux apparences. Et c'est la guerre d'Espagne, le Portugal menacé, le transport du Pape à Savone, les deux entrées à Vienne, la réunion à l'Empire français de la Hollande et des villes hanséatiques.

« Il est bien à désirer pour l'humanité, dit Catherine, que l'empereur se repose enfin sur ses lauriers. »

Et elle s'écrie dans une phrase où elle se peint bien tout entière :

« Il est bien vrai, mon cher père, comme vous le dites, que cette vie est une suite perpétuelle de contradictions : heureux sont ceux qui, ne possédant point une forte dose de sensibilité, prennent les événements avec tranquillité. Quant à moi, je ne saurais y parvenir ; je m'inquiète autant que je sais aimer, et si cette disposition est le garant de la tendresse de mes sentiments pour les êtres que je chéris, elle est en même temps une source de peines sans cesse renaissantes. »

Son inquiétude va croissant et la campagne de Russie met le comble à ses craintes. Elle sent que les victoires de l'empereur ne sont plus que des victoires *mortellement blessées*, comme on a dit, et que la courageuse idylle qu'elle mène va tourner à la tragédie.

Avant que la crise n'éclate en 1814, son père avait déjà donné des signes avant-coureurs de son mécontentement. Le bon roi Frédéric se méfie déjà et craint d'avoir payé trop cher son titre de roi. Il va bientôt, comme tous les alliés de l'empereur, devenir l'allié des Alliés.

Il faut dire, pour être juste, que « sur 1,400,000 sujets, Frédéric a perdu en Russie 14,000 hommes, toute son artillerie, toute sa cavalerie, toutes ses armes, sur 378 officiers 205, enfin tout le matériel, de manière qu'il ne reste dans le moment que 145 hommes armés dont on puisse faire usage ».

Et l'empereur, qui lui donne pour consolation ordinaire que « dans le grand métier de la guerre il faut supporter bien des choses », exige de nouvelles levées!

Sans trop se plaindre, Frédéric va les ordonner et s'apprête à subir la loi du plus fort.

S'il m'est permis d'user ici d'une comparaison tout allemande pour peindre un prince allemand, je dirai que, dans toute cette correspondance, le roi Frédéric m'apparaît un peu comme le dieu Wotan des *Niebelungen*. Comme Wotan, il reconnaît toujours la fatalité supérieure à ses actes et n'empêche jamais rien. Il va de l'un à l'autre ballotté par le destin, mais toujours avec loyauté, dignité et mélancolie (1).

Il a avec cela soixante ans passés, des cheveux gris et des « ressentiments de goutte » qui le font cruellement souffrir.

Après la débâcle, il se laisse emporter par le cou-

---

(1) V. sur le même sujet un excellent article de M. Anatole France publié dans le *Temps* du 25 septembre 1887. Ayant en main les Mémoires du roi Jérôme, M. Anatole France éclaircit quelques points que j'ai laissés de côté.

rant. Et d'ailleurs, on comprend assez qu'il n'y résiste pas.

C'est qu'après l'abdication de l'empereur, l'union de la princesse sa fille n'offre plus, en effet, une perspective bien avantageuse, comme il disait auparavant. Il ne croit plus du tout que l'ex-roi Jérôme « fasse le bonheur de la princesse ». Il ne lui envoie plus d'épée travaillée à Stuttgard. Il est tout prêt à rendre le portrait équestre. En tout cas, il ne veut plus entendre parler de l'original.

Oui, certes, « il est le premier à regretter qu'une série d'événements, résultats d'un caractère indomptable, ait amené la destruction, l'anéantissement d'une famille qui entraîne la perte de sa fille ». Mais il l'engage à suivre l'exemple de Marie-Louise.

« Faites de même, écrit-il à Catherine. Elle descend de plus haut que vous, et elle retourne auprès de son père, au sein de sa famille. Venez dans les bras d'un tendre père, venez; mais je vous le répète, je ne puis recevoir un Bonaparte! »

L'idylle est finie, la tragédie commence.

Catherine lui renouvelle alors « ses irrévocables résolutions ».

« Quelles qu'aient été, toute ma vie, mon cher père, ma tendresse et ma soumission à la moindre de vos volontés, vous ne pouvez vous-même me blâmer si dans une circonstance aussi importante je me vois obligée de n'écouter que ce que le devoir et l'honneur me dictent. »

Son père lui envoie alors des ministres et des aides de camp :

« Écoutez M. de Linden, dit-il, croyez que c'est moi qui vous parle par lui. »

Les paroles ne font pas plus que les lettres, ni les menaces que les prières.

Son frère, le prince royal, s'en mêle et fort durement. Sa dureté n'obtient rien de sa sœur et ne fait qu'exaspérer son courage.

Le roi Frédéric alors se fâche pour tout de bon et fait entendre à sa fille que son époux n'est ni le meilleur des hommes, ni surtout le plus fidèle. Et il trouve « sa passion inconcevable ».

« — Je sais, s'écrie-t-il enfin, qu'il n'a pas tenu à lui de vous répudier ! et que ce n'est qu'à Napoléon que vous avez dû l'été passé, à Dresde, la continuation de votre existence comme épouse ! »

Catherine répond :

« — Unie à mon mari par des liens qu'a d'abord formés la politique, je ne veux pas rappeler ici le bonheur que je lui ai dû pendant sept ans. *Mais eût-il été pour moi le plus mauvais des époux*, si vous ne consultez, mon père, que ce que les vrais principes d'honneur me commandent, vous me direz vous-même que je ne puis l'abandonner lorsqu'il devient malheureux et surtout lorsqu'il n'est pas cause de son malheur. »

Et, pendant ce temps, la pauvre femme est enceinte.

Elle quitte Paris pour se réfugier aux environs de Trieste, lorsque, pour comble de malheur, entre Nemours et Montereau, elle est attaquée par un comte de Maubreuil, attaché naguère à sa maison comme écuyer. Au nom du nouveau gouvernement, il se présente à la tête d'une troupe armée et, après l'avoir dépouillée de ses bagages, de ses bijoux et de tout son argent, lui laisse continuer sa route. Elle traverse la Suisse et, après quelque séjour en divers lieux, elle accouche à Trieste et si difficilement qu'on doit « se servir du forceps ». Cet enfant qui mourra près de Florence en 1847 est le frère aîné du prince Napoléon et de la princesse Mathilde.

On conçoit que le retour de Napoléon que Jérôme va rejoindre, les Cent-Jours et Waterloo, ne furent point faits pour arranger les choses entre le père et la fille.

Frédéric revient à la charge, mais si son père ne peut pas toujours comprendre « son inconcevable passion », elle non plus ne peut toujours pas concevoir que le désir de son père soit de la séparer de son époux. Cette séparation ne peut pas plus entrer « dans sa tête que dans son cœur ». « La mort ou mon époux ! s'écrie-t-elle, telle est la devise de ma vie. » Et dans une lettre (une des dernières), elle écrit à son mari après Waterloo :

« Je t'embrasse avec une tendresse que je ne sentis jamais si vivement ; j'enferme dans ma lettre mon cœur, mon âme, toutes mes facultés intellectuelles, et crois que dans toutes les circonstances je serai toujours la même. »

C'est ainsi que se termine, pour ainsi dire, cette correspondance dont la monotonie même a son éloquence, puisqu'il n'est rien de plus monotone que le mouvement d'une grande et unique passion.

Je ne veux même point me demander ici si le roi Jérôme a toujours mérité, par sa fidélité, un si fidèle amour, ni si cet amour n'a pas mis souvent un bandeau trop épais sur les yeux de sa femme. Quoi qu'il en soit, entre Marie-Louise et Catherine les sympathies ne seront point douteuses, parce qu'on préférera toujours aux naïvetés de l'indifférence les naïvetés du cœur (1).

(1) Je ne crois pas pouvoir mieux faire que de citer en terminant la fin de l'article précité :

« Cette vie, dont le printemps fut si pur et l'été tout brûlant de généreuses ardeurs, ne connut point la paix d'un long soir. Catherine de Wurtemberg, dont la santé avait toujours été délicate, mourut près de Lausanne, d'une hydropisie de poitrine, dans la nuit du 29 au 30 novembre 1835, dans sa cinquante-deuxième année. Ses derniers moments, dignes de sa vie entière, offrent un spectacle d'une grandeur antique. « A huit heures du soir les médecins déclarèrent à Jérôme que la reine n'avait plus que quelques heures à vivre. Il alla chercher ses enfants et les fit entrer dans la chambre de leur mère. En les voyant agenouillés devant son lit, Catherine, qui avait conservé toute sa connaissance, mais qui ne croyait pas que la mort fût si proche, demanda quelle était cette bénédiction qu'on lui réclamait. « — Il est sage que tu bénisses ainsi tes enfants tous les soirs, lui dit son mari, parce qu'un malheur est toujours possible.

« Catherine comprit à ces mots qu'elle touchait à ses derniers moments. Elle bénit ses enfants et dit avec calme : « Je vois que « la mort approche, je ne la crains pas. Ce que j'ai aimé le plus « au monde, c'est toi, Jérôme. » Et, en disant ces paroles, elle portait à ses lèvres la main de son mari. Elle ajouta : « Je suis « prête... J'aurais voulu vous dire adieu en France... » Jérôme et son fils aîné restèrent près de la mourante. Napoléon et Mathilde, qui avaient l'un treize ans et l'autre quinze, furent emmenés dans une maison voisine. A dix heures, Catherine perdit connaissance. A deux heures et demie du matin, elle avait cessé de vivre. »

NOTES SUR L'INDE

NOTES SUR L'INDE

I

ARABI-PACHA A CEYLAN

Colombo, mardi 27 janvier 1885.

Après vingt et un jours de traversée, à plus de deux mille cinq cents lieues de Paris, nous voici devant Ceylan, l'antique Taprobane des Grecs, l'île enchantée des *Mille et une Nuits,* le second Paradis terrestre des conteurs arabes.

Colombo, la capitale de l'île, nous apparaît toute blanche au milieu de la ligne épaisse de cocotiers qui tient tout l'horizon; une odeur de cannelle fraîche vient de terre au-devant de nous. En débarquant, nous sommes immédiatement assaillis par les propositions bruyantes de Cinghalais aux cheveux de femme tordus en chignon, d'Hindous tamouls, de Maures malabarais. Nous nous installons au *Grand Oriental Hotel.* Ensuite notre premier soin est de faire venir une voiture, un *american wagon,* sorte de dos-à-dos recouvert, afin de prendre vite un air du pays. Et nous voilà partis au galop avec un cocher en chemise blanche, coiffé d'un turban rouge.

Je savais qu'Arabi-Pacha demeurait au village de Mondhri, à deux ou trois milles au nord-est de la ville : c'était un but de promenade et d'amusement tout trouvé.

Nous quittons le « Fort », la ville européenne où se font les affaires, par de larges avenues de terre rouge battue, plantées de sourayaux à grandes fleurs jaunes. Çà et là, dans les petits jardins, devant les bengalows, des hibiscus rouges, des quassias, des lantanas et des crotons feuillus de toutes les couleurs. A tous moments nous croisons des voitures à bâche faite en paille de palmier, traînées par de petits bœufs trotteurs, très actifs. Nous longeons l'étang de lotus pour entrer dans la ville native, « Petah », le quartier des bazars. Une longue suite de rues et de maisons à auvents sans étage. Aux étalages, dans des boîtes de bois, du sel, des œufs, du riz, des cocos de toute espèce et de toute maturité, des bananes, des piments, des feuilles de bétel, les fruits du jacquier et de l'arbre à pain, des citrons doux et des poissons secs, « le légume de la mer » : toutes choses qui forment à peu près l'unique nourriture de ce peuple frugivore. De jolis petits corbeaux bleus, à manteau cendré, se mêlent à cette foule qui s'abstient de tuer les animaux.

Au passage, nous avons vu de petites mosquées, des temples bouddhiques, hindous, protestants, et quelques églises catholiques. Poursuivis par une odeur de musc mêlé d'huile de coco, nous sommes sortis de la ville noire et du quartier des bazars, pour suivre au bord de la mer une route ombragée de palmiers de toutes les façons. Nous passons à travers quelques petits villages et finissons par nous arrêter devant un verger de cocotiers entouré d'un haut mur de terre rouge. Une barrière de bois, un chemin montant, au fond ; un rez-de-chaussée dont les cinq fenêtres s'ouvrent sous une sorte de hangar-véranda soutenu par des colonnes blanchies à la chaux : c'est là que demeure Arabi.

Arabi nous fait asseoir sous la véranda. Il est vêtu d'une longue robe blanche nouée à la ceinture par une écharpe brodée de soie d'or, coiffé d'une calotte carrée faite au crochet, et porte des bas blancs avec des souliers de garçon de café.

L'homme est grand et commence à prendre du ventre ; les traits, un peu épaissis, sont fins dans leurs lignes générales ; la peau est blanche ; sa barbe grise bien taillée lui donne un faux air de Gounod ; il caresse nonchalamment sa barbe par un geste de main continuel ; la main, ornée d'une double bague d'argent, est extrêmement soignée ; le bras est tatoué au-dessous du poignet : un cercle bleu enfermant trois points disposés en triangles. Ses yeux clairs et languissants se portent souvent vers le ciel ; l'ensemble de son air, de ses gestes, de ses regards, a de cette noblesse et de cette lenteur qu'on rencontre communément chez tous les Orientaux ; il y a en lui du prêtre et de l'acteur.

Nous trouvons heureusement auprès de lui un de ses anciens généraux, Mahmoud-Fehmi, petit homme brun, tout rond, à l'œil vif et spirituel, qui parle assez bien le français ; il nous sert d'interprète auprès de son chef.

Arabi semble tout d'abord absent des choses extérieures; peu à peu il s'anime; il sait par les journaux ce qui se passe en Égypte; le Mahdi paraît beaucoup le préoccuper; il dit que « ce barbare », s'il venait à être victorieux, ne se ferait pas, comme lui, scrupule d'ensabler le canal de Suez; mais il ne croit pas d'ailleurs à la victoire du faux prophète.

— Sans les promesses de M. de Lesseps, continue-t-il, le canal eût été obstrué, et jamais les Anglais ne fussent entrés en Égypte; mais M. de Lesseps m'avait assuré que le canal était neutralisé, qu'aucun navire de guerre ne dépasserait Port-Saïd; il m'avait juré cela sur sa tête, et je n'ai point obstrué le canal.

Il poursuivit après une pause :

— Ce que j'ai dit est arrivé; ce que M. de Lesseps a dit n'est pas arrivé; j'ai tenu ma promesse, et la tête de M. de Lesseps est encore sur ses épaules, tandis qu'elle devrait être avec moi.

Il reprit pourtant :

— Mais nous connaissons M. de Lesseps; il a bon cœur et promet plus qu'il ne peut.

La psychologie de ce pauvre diable est simple à débrouiller. Il se plaint doucement de tout le monde : du Mahdi, dont il craint sans doute la concurrence religieuse; de M. de Lesseps, qui l'a involontairement trompé; du Khédive, qui « a acheté ses hommes à Tell-el-Kébir »; du sultan même, qui l'a déclaré « rebelle », et des Anglais naturellement, qui l'ont enfermé à Ceylan.

Arabi a le découragement, l'amertume et la mélancolie d'un homme qui n'a pas réussi, et présente tout de même quelque chose de piteux.

Cependant ce qui, malgré tout, lui fait prendre un

certain caractère et relève la tenue de toute sa personne est l'aspect religieux qu'il se donne : c'est un grand diseur de chapelet, toujours en prière, la face tournée vers la Mecque; sa science des Écritures, sa connaissance approfondie du Coran et les interprétations qu'il en tire lui ont fait sa courte fortune et garder encore, dit-on, une certaine influence sur les musulmans.

Les biens d'Arabi sont confisqués en Égypte et le gouvernement anglais lui alloue un subside d'une livre sterling par jour; il a à entretenir avec ce secours une dizaine de serviteurs qui l'ont suivi, son train est mince; il n'a ni voiture ni cheval; il vivrait presque misérablement si les Maures malabarais de l'île, qui ont le même sentiment de solidarité qui unit tous les musulmans d'un bout de la terre à l'autre, ne l'aidaient, m'a-t-on dit, et ne lui voulaient du bien. Ils ont pétitionné récemment pour que son subside fût augmenté; le gouvernement de la reine n'a pas donné suite à cette demande.

Maintenant, comme le bruit en a couru, les Anglais ont-ils acheté d'Arabi la victoire de Tell-el-Kébir? Je ne pense pas. De toute façon, ce n'est pas à Ceylan qu'Arabi dépenserait le prix de sa défaite. On me dit bien que sa femme et les siens vivent largement en Égypte, et quelques-uns supposent que ce serait de l'argent qu'il a reçu. Cette raison ne me paraît pas bien concluante.

Il m'importe peu d'ailleurs qu'il en soit d'une façon ou de l'autre; il est certain seulement que l'argent a souvent mené les hommes et que la plupart d'entre nous s'accusent plus ou moins en toute affaire d'en avoir donné ou reçu.

Les Européens de l'île affectent de dédaigner Arabi et ont l'air de flairer en lui le *mercanti,* mais sans raison positive. Personne ne le voit; cependant, il y a deux ans, lors de son arrivée dans l'île, il fut reçu officiellement par le gouverneur; mais on n'invita pas de femmes à la soirée.

Arabi se montre assez flatté des visites que lui font les Européens de passage; il tient un registre de ces visites qui se montent à deux mille environ depuis qu'il est à Ceylan. Il vit isolé, ne se montre nulle part qu'à la mosquée, et accepte dignement les fêtes que les Maures de la ville lui donnent de temps en temps.

Lorsque nous le quittâmes, Arabi nous dit :

— Si vous voyez M. de Lesseps à votre retour en France, faites-lui tous mes compliments.

Et il se reprit pour dire avec une tendance à l'ironie :

— Mais rien que mes compliments.

Nous prenons congé de lui et nous remontons en voiture.

Cependant le jour passe brusquement à la nuit, sans crépuscule. La brise souffle; au-dessus de nous les palmes des cocotiers bruissent avec un murmure sec; la mer déferle à quelques pas de nous. Nous repassons par la ville noire, qui s'est encore animée; les tambourins bourdonnent; à la porte d'un misérable petit temple hindou, un gamin promène un étendard rouge semé d'éléphants noirs; des prêtres boudhistes, rasés, portant de longues robes jaunes, circulent avec des démarches graves. Peu à peu nous laissons la foule et le bruit. Les mouches à feu promènent leur sillon lumineux au-dessus de l'étang de lotus, et nous revenons par les mêmes avenues où tout le peuple noir des ouvriers du port, rentrant de leurs travaux, passent comme des ombres, silencieusement, pieds nus.

II

LE GRAND BONZE

Colombo, lundi 2 février 1885.

Sur les treize cents millions d'habitants que porte la terre, on ne songe pas tous les jours à Paris qu'il y a près de cinq cents millions de bouddhistes, et que si les religions étaient mises au concours, cette religion, ou plutôt cette morale philosophique, l'emporterait au suffrage universel.

Ayant l'occasion de voir à Ceylan le grand prêtre de l'Église du Sud, je ne manquai pas de lui rendre visite.

Le grand bonze demeure à quelques milles de Colombo, au village de Maligakanda, où est installé son séminaire.

C'est un grand enclos planté de cocotiers, de jacquiers, de manguiers, de tecks, où sont semées quelques constructions carrées fort simples, à toits avancés soutenus par des piliers de bois. Ce jardin, privé de sa végétation tropicale, donnerait assez l'impression d'un jardin de cercle ouvrier dans un évêché de province où le terrain ne serait pas cher.

La tête rasée, les pieds chaussés de sandales de cuir, drapé dans une toge jaune, laissant le bras droit et l'épaule à découvert, Sumangala est assis sous un hangar. Entouré de jeunes prêtres vêtus de la même façon que lui, il fait sa leçon. Ils épellent ensemble les textes en pâli, gravés au poinçon sur des feuilles de palmier résineuses ; quand le texte est en vers, ils psalmodient sur le ton de nos chantres à vêpres.

La leçon terminée, Sumangala se lève et nous emmène sous la véranda de son petit logis, en nous faisant passer sous une jolie tonnelle de bégonias roses.

Je pus mieux alors examiner cette tête ronde d'homme brun, qui me fit involontairement songer à la tête de quelque petit Sénèque grassouillet, actif et bienveillant. Ses yeux noirs, doux et perçants, ont surtout une mobilité prodigieuse ; ils courent horizontalement d'un point à un autre sans jamais se lever ni s'abaisser. Il semble que ce regard soit comme la philosophie même du bouddhiste, qui jamais ne s'abaisse vers la terre ni ne s'élève vers le ciel.

L'interprète cinghalais apporte un grand vase de cuivre qui sert de crachoir. Le grand prêtre a les dents et la bouche rouges de bétel et la salive sanglante. La feuille de bétel est pour le prêtre bouddhiste ce que la prise est pour beaucoup de nos curés de campagne.

Sumangala est né à Sipkaduva, près de Pointe-de-Galles, le 22 février 1828. Il a appris l'alphabet cinghalais chez lui et s'est perfectionné dans les langues sacrées au temple bouddhiste. Il fut séminariste à douze ans, prêtre à vingt et un. Sa famille était riche. Son père fut dans l'administration judiciaire anglaise; son frère, professeur à l'Académie de Colombo. D'abord prêtre à Pointe-de-Galles, puis grand prêtre au pic d'Adam, il est venu à Colombo en 1872. Comme les prêtres prennent le nom du village où ils sont nés, il se nomme Sipkaduva-Sumangala.

Le grand bonze commença d'abord par me dire de ne point confondre l'Église du Nord, qui occupe le Thibet, la Chine et le Japon, avec l'Église du Sud, qui est répandue à Ceylan, dans la Birmanie, le royaume de Siam et le Cambodge. Il réclame d'ailleurs pour l'Église du Sud, dont il est un des chefs, la « pureté » du véritable enseignement de Bouddha, « qui fut le plus sage des hommes ».

Il voulut bien ensuite éclaircir avec moi quelques points d'usage et de doctrine.

Le prêtre doit consacrer son temps à enseigner et à méditer; il se lève à cinq heures du matin, prend un léger repas à six heures en attendant le principal repas, qui est à onze heures. Le reste de la journée, il lui est défendu de manger, mais non de boire; il ne lui est permis de boire que du thé ou du jus d'orange. Si les prêtres mangeaient le soir, leur esprit deviendrait lourd et paresseux et ils ne pourraient plus aussi bien enseigner.

Les prêtres bouddhistes et les suivants ne doivent point tuer d'animaux; mais en ce moment il s'agit de savoir s'il leur est permis de manger de la viande des animaux tués par d'autres mains que les leurs; il y a discussion sur ce point et peut-être réunira-t-on un concile pour trancher la question. Il n'y a réunion de concile que si les livres ont été altérés et s'il y a quelque mauvais prêtre à juger. Un prêtre n'est cassé que s'il commet l'un des quatre grands péchés mortels qui sont : l'union illégitime, le vol, l'assassinat, le grand mensonge. Le grand mensonge est de dire que l'on est *arrahat*, c'est-à-dire qu'on a l'omniciscence et qu'on est bouddha quand cela n'est point.

Comme les ordres mendiants du moyen âge, les prêtres bouddhistes ne peuvent manger que ce qu'on leur donne ; ils n'ont pas de cuisine. Leurs règles sont plus sévères que celles des bénédictins ; ils ne vivent que de la charité des fidèles et ne doivent faire argent de rien. La maison de Sumangala lui a été donnée par souscription. D'ailleurs, à Ceylan, il n'y a ni budget ni fonds pour les cultes.

Les prêtres bouddhistes doivent s'abstenir de femmes et ne peuvent même pas leur donner la main, sous peine d'être suspendus de leurs fonctions, pendant plusieurs jours, et d'être soumis à des prières expiatoires.

Sumangala passe ensuite à l'exposition sommaire des doctrines. Pour faciliter ses explications, il fait apporter un catéchisme bouddhiste rédigé en anglais par demandes et par réponses.

Et nous lûmes ensemble :

— Qu'est-ce qu'un bouddhiste ?

— Celui qui professe d'être un suivant de notre seigneur Bouddha.

— Bouddha était-il un dieu ?

— Non.

— Était-il un homme ?

— Dans la forme, un homme ; mais intérieurement, pas comme les autres hommes. C'est-à-dire : dans l'ordre moral et mental il surpassait tous les hommes de son temps et des temps suivants.

— Bouddha était-il son nom ?

— Non. C'est le nom d'un état de l'esprit.

— Sa signification ?

— Illuminé ; ou celui qui a la sagesse parfaite.

— Bouddha découvrit-il la cause de la misère humaine ?

— A la fin il la découvrit. Comme la lumière du soleil levant dissipe les ténèbres de la nuit et révèle à la vue toutes choses, ainsi la lumière de la science s'éleva dans son esprit, et il vit dans un éclair les causes des souffrances humaines et le moyen d'y échapper.

— Lui fallut-il de grands efforts pour atteindre cette science ?

— Oui ; il lui fallut vaincre tous les défauts, les désirs et les appétits qui nous privent de la vue de la vérité.

— Quelle est la lumière qui peut disperser notre ignorance et éloigner toutes les peines ?

— La connaissance des Quatre Nobles Vérités, comme Bouddha les appelle.

— Quelles sont ces vérités ?

— 1° Les misères de l'existence ; 2° le désir, toujours renouvelé, de se satisfaire, sans jamais y parvenir ; 3° la destruction de ce désir ; 4° les moyens d'obtenir la destruction de ce désir.

— Quand nous sommes en possession des Quatre Nobles Vérités, à quoi arrivons-nous ?

— Au Nirvana.

— Qu'est-ce que le Nirvana ?
— L'état d'un repos parfait, l'absence de désir, d'illusion, de peine, l'annulation complète de toute chose qui constitue l'homme physique. Avant d'atteindre au Nirvana, l'homme peut renaître sans cesse ; quand il l'a atteint, il ne doit plus renaître.

. . . .

Cette morale, qui donne à la vie pour but suprême le néant et fait de l'abrutissement conscient la perfection même, est le comble du pessimisme. Mais ce qui rend cette philosophie supportable et même touchante, c'est la profonde réflexion qu'elle apporte à l'étude de l'homme et la pitié pleine de bonté que lui cause la vue de ses misères.

Pendant que nous parlions, des mésanges à tête noire voletaient familièrement sous la tonnelle de bégonias.

Le pieux athée souriait doucement.

Le grand bonze nous fit ensuite visiter son séminaire. Il nous mena à la *Library*, grande pièce entourée de bibliothèques, où sont empilés les livres birmans et cinghalais pris entre deux planchettes laquées d'or et de pourpre. Une bibliothèque spéciale contient une assez riche collection de livres européens, où nous voyons les livres de Monnier William entre les lois de Manou et la Bible. Sumangala nous montre avec satisfaction le Dictionnaire pâli-anglais relié aux armes d'Angleterre, don du prince de Galles lorsqu'il fit le voyage des Indes.

Il nous montre aussi, en souriant malicieusement, les livres de MM. Barth, Senart, Renan. Et je m'aperçois, en les feuilletant, qu'aucun des livres de sa bibliothèque européenne n'était même coupé !

Alors je me pris à songer avec étonnement à ce que M. Paul Bourde nous avait dit dans son livre, si intéressant d'ailleurs : *De Paris au Tonkin*.

Sumangala, nous dit M. Bourde, insista spécialement sur la concordance de ses doctrines avec les conclusions de la science moderne, et il se plaisait, dans ses définitions, à se servir des formules et des mots habituels à nos savants.

Non, non, je dois l'affirmer malgré tout le chagrin que j'aie à me trouver ici en contradiction avec un écrivain d'ordinaire si exact et si consciencieux, notre ami Sumangala n'est point du tout l'homme que M. Bourde nous présente. Il n'est point « familier avec Comte, Buchner et Darwin »; il ne lit pas ces auteurs « dans le texte original ». Il n'a jamais conçu « l'ambition hardie de rallier l'Europe aux doctrines bouddhistes », ni songé à « évangéliser nos savants ».

J'aime mieux que M. Bourde nous dise, en redevenant enfin l'homme avisé qu'il se montre la plupart du temps : « Nous pressions Sumangala de questions; mais, plus nous insistions, plus il était obscur. »

Il est vrai que M. Bourde, après cet aveu, se hâte d'ajouter :

Notre introducteur, témoin de notre déception, nous dit que le grand prêtre ne pouvait exprimer toute sa pensée devant ses disciples.

J'ai bien peur que M. Bourde ne se soit laissé duper par son introducteur et que le Sumangala qu'il a *vu* d'abord ne soit un Sumangala dû à la seule imagination de son barnum fantaisiste.

Sumangala n'est nullement un esprit ouvert. Il n'est pas non plus d'intelligence moins critique que la sienne. C'est, tel que j'ai pu le voir dans plusieurs conversations que j'eus ensuite avec lui, un maître d'école intelligent : rien de plus. Il apprend à lire et à écrire à ses élèves. Il s'en tient à la tradition, à la lettre même de ses livres, et ne sort pas de là. Les sentiers de ses méditations sont tout tracés; il ne s'écarte pas de son chemin et est incapable de rien considérer le long de sa route.

Nous allons ensuite au petit temple bouddhiste qui se trouve dans un coin du jardin bien ombragé.

Dans un reliquaire vitré, assez semblable à nos reliquaires d'église, un Bouddha de marbre blanc, peint de rouge aux yeux, aux lèvres et aux jointures, est couché sur le coude. Cette image sculptée rappelle par sa raideur naïve beaucoup de saints de nos cathédrales. Sur une table de marbre on vient déposer des fleurs sans feuilles : de blanches fleurs de frangipane, des hibiscus, des roses, de pâles soucis.

L'interprète se hâte de nous dire :

— Bouddha ne demande pas ces fleurs ; c'est le désir de lui plaire qui a établi cette coutume.

Le bouddhiste, en effet, n'a point, à proprement parler, de culte : c'est ainsi qu'il n'y a point de mariage religieux, et qu'aux enterrements le prêtre vient seulement sur la tombe quand il est demandé et prêche sur l'instabilité de la vie.

En quittant le grand bonze, je lui demandai quelles avaient été durant sa vie ses joies et ses chagrins.

Il me répondit avec bonne humeur :

— Mon bonheur a été de connaître de plus en plus

Bouddha, et je n'ai eu d'autres chagrins que mes diarrhées.

Il a bien à se plaindre quelque peu de la paresse de ses prêtres et de leur immoralité.

Ici aussi, paraît-il, la religion s'en va ; mais, comme les hommes pieux de toutes les religions ont dit cela de tout temps, je ne crois pas que le bouddhisme soit encore près de disparaître du monde.

III

LES BAYADÈRES DE MADURA

Madura, jeudi 5 février 1885.

Les bayadères de la pagode de Madura sont célèbres dans toute l'Inde du Sud.

Dès mon arrivée dans la ville, je me mis en rapport avec un brahme à qui j'étais annoncé, et qui voulut bien organiser pour moi des danses.

Je me trouvai devant un homme au fin profil aryen, avec des yeux mobiles d'une vive intelligence. J'eus devant lui cette impression que je n'avais pas encore ressentie aussi forte, qu'après nous être quittés il y a des siècles, sur le plateau de Pamyr, nous nous retrouvions, après mille et mille générations, lui, un peu bruni, moi, un peu pâli, mais assez peu différents de visage. Il portait des boucles d'oreilles de diamant, un turban blanc, et avait au milieu du front le point noir qui distingue sa caste.

Il se mit à notre disposition pour visiter la pagode. Nous partîmes dans sa voiture, sorte de charrette à deux roues recouverte de paille tressée, qu'il conduisait lui-même avec entrain et vivacité.

Le brahme nous amène devant la pagode, la merveille de l'Inde après le Tag d'Agra. C'est un immense carré à quatre enceintes ; au-dessus de chaque porte qui donne accès dans les rues du temple, s'élève une pyramide mitrale à plusieurs étages couverte de sculptures polychromes. Ces mitres de pierres particulières à l'Inde du sud sont les chefs d'œuvre du style dravidien.

Le brahme ôte ses babouches et nous entrons.

Le haut plafond du passage qui mène à la première enceinte est soutenu par des colonnes, au pied desquelles sont les dieux que la piété des fidèles enduit chaque jour d'huile et de beurre. Dans les entre-colonnements du large couloir sont installés les vendeurs du temple qui louent leurs boutiques deux roupies par mois. Sur les tréteaux de bois de ce bazar nous examinons et manions, au milieu de la foule attentive qui nous entoure, des bracelets de cire peinte, des gâteaux frits, des sucreries colorées, de la cendre de bouse de vache parfumée, de la pâte de santal qui sert à oindre les bras et les épaules. Nous feuilletons les livres tamouls, et passons en revue des imageries pieuses en papier doré. On nous met autour du cou des guirlandes de laurier-rose.

Après avoir traversé une rue où demeurent des brahmes desservants, nous montons quelques marches pour pénétrer dans la salle des Mille-Colonnes, qui en a mille cinquante-cinq en réalité, toutes sculptées et d'un seul bloc. On ouvre pour nous les remises où reluit dans l'ombre la masse dorée des idoles et des animaux monstrueux couverts de pierreries. Les images, aux jours de fête, sont traînées par le peuple autour du temple, sur des chars monumentaux.

Ces idoles sont celles qu'il est permis de voir ; mais il y a une partie réservée au centre des enceintes où aucun Européen, le prince de Galles lui-même, n'a pu pénétrer. C'est là que l'on adore le Lingam de Siva, le dieu fécond, peint en bleu et couronné de fleurs comme le Phallus antique.

Nous faisons ensuite le tour de l'étang sacré, l'étang du Lotus d'or, alimenté par les eaux de pluie qui sont devenues vertes et saumâtres. Les Indiens nus font leurs ablutions, et quelques femmes, debout, sur les marches qui descendent jusqu'à l'eau, marquent de cendre sainte leurs nourrissons, au front, aux saignées et aux reins. Autour des galeries qui ressemblent aux galeries d'un cloître, sont peintes à la façon des fresques italiennes, mais sans art, les légendes religieuses des dieux et des rois de Madura, Brahma naissant d'une fleur de lotus et créant le monde, Siva se changeant en laie pour allaiter douze petits sangliers dont la mère a été tuée par un chasseur, plusieurs massacres de bouddhistes ; près de l'étang, des perroquets de tous les plumages sont suspendus dans des cages.

Pendant que le brahme nous initiait à la vie de ce temple en pleine activité, nous voyons s'avancer, précédée par un cri sauvage et rauque, une montagne vivante entre les colonnes ; c'est un des éléphants de la pagode que son cornac mène manger ; son front est peint de rouge et de blanc ; il marche sans bruit. Au-dessus de lui, dans la nuit des plafonds qu'il touche presque, les chauves-souris entre-croisent leurs susurrements aigus. L'animal barrit avec colère et semble un maître difficile : le gardien étend respectueusement devant lui une étoffe précieuse sur laquelle il répand de la poudre de sucre et des grains de riz.

Les bayadères étaient commandées pour quatre heures.

On nous avait ménagé une place sous les colonnades du temple, dans une galerie retirée. Le brahme fait éloigner la foule qui n'assiste que de loin à ces danses dont elle n'est jamais lasse.

Huit bayadères s'avancent avec un pas balancé; elles sont entourées de joueurs de tambour, de flûte, de cymbales antiques, d'une sorte de biniou dont la note unique va faire la basse de tout le concert. Elles marchent pieds nus dans la poussière, ayant des bagues d'argent au doigt voisin de l'orteil; un petit pantalon leur serre la jambe au-dessus de la cheville; une jupe-écharpe, nuancée de soie et d'or faisant tablier sur le ventre, se relève sur l'épaule, tandis qu'une chemisette prenant seulement les seins, laisse entrevoir, comme une bande de peau noire, la taille nue. Les bijoux dont elles ont le cou, les oreilles, le nez et les ailes des narines plaqués, sont comme une lèpre étincelante sur leur visage, où brillent un sourire doux et des yeux caressants. Sur leurs cheveux noirs et lisses, séparés à la vierge, une petite toque de métal doré.

Les danses commencent.

Les huit bayadères, divisées en deux quadrilles, dansent d'abord en chantant en chœur. Les musiciens, maîtres de danse et joueurs de cymbales, se penchent derrière elles en leur marquant le rythme et chantent en même temps qu'elles pour les exciter davantage. Dans la série de leurs longs exercices, elles figurent tour à tour les gestes des semeurs dans les champs, décrivent les saisons, feignent des disputes de commères, imitent des jeux d'enfants.

Viennent ensuite des scènes mimées à deux personnages.

Les deux principales danseuses et les plus jolies se nomment Pappal et Ammathaylé. En pantalon vert, jupe rouge et chemisette bleu ciel, Pappal a surtout un air de gaminerie amoureuse; mais Ammathaylé a des bouderies dédaigneuses, et son air de mélancolie va bien avec sa chemisette rose pâli et le reste de son costume qui est violet sombre semé de pois d'or.

Il y a d'abord entre elles une scène de jalousie conjugale où l'une représente la femme et l'autre le mari, en dialoguant :

— Pourquoi parlais-tu à cet homme?
— Il passait.
— Va et rentre à la maison.

Elles développent ce thème avec des gestes appropriés.

Dans une autre scène deux jeunes filles parlent d'amour. L'une demande à l'autre quel est ce jeune étranger? Celle-ci le décrit, et par une galanterie de circonstance elle dépeint ma moustache, mon expression de visage, ma façon d'être assis; et comme je prends des notes, elle promène gravement son doigt sur sa main.

Elles charment ensuite des serpents imaginaires et tout se termine par des imitations originales de danses anglaises et musulmanes. On me dit que pour les Hindous ces danses sont beaucoup plus libres.

Elles se retirèrent accompagnées de leurs mères qui étaient venues dans le temple assister à cet exercice comme de véritables mères de Conservatoire.

Ces danses paraissent insipides à la plupart des Européens. Il en fut de même pour moi pendant le premier quart d'heure; mais en pénétrant mieux le détail infini des gestes, des attitudes, des frémissements et des menus jeux de physionomie, je m'attachai peu à peu à ce spectacle avec un intérêt dont je ne me serais pas d'abord cru capable. C'est que, par de très petits mouvements, les lèvres ont mille façons de sourire, les yeux de s'exprimer, les joues de bouger, le front de s'éclaircir, le cou de se raidir, la poitrine de se contracter, les bras de s'amollir, les paumes de se crisper, les pieds de se déplacer, le corps de se tordre. Il semble que les générations de danseuses, par leurs études traditionnelles, aient soumis plus de muscles à l'action directe de la volonté.

Ce qui fait que, pour commencer, l'Européen ne se plaît pas à cet amusement, c'est qu'il n'a pas l'œil assez exercé pour démêler les nuances de ces mouvements et leurs tressaillements successifs; que, par manque d'éducation, sa vue reste grossière. Il faut de l'attention pour s'intéresser à cette mimique, être très près, regardant pour en comprendre toutes les délicatesses, avoir une sensualité patiente et raffinée pour s'y passionner. Comment faire croire à la vivacité française qu'on peut éprouver un charme particulier à suivre pendant dix minutes la lenteur du mouvement progressif qu'il faut à de beaux yeux fermés pour se rouvrir?

Mais une fois qu'on s'est initié et qu'on a pris goût, l'on comprend tout sans effort ; alors la fraîcheur d'éventail qu'entretiennent autour de vous ces corps toujours en mouvement, vous berce ; sous l'action de cette musique traînante sans grands écarts de tonalité, tout languit en vous, et l'on rêve les yeux ouverts devant des visions qu'on peut toucher.

En quittant la pagode, le brahme nous donna quelques détails très particuliers sur la vie intime des bayadères.

« Les bayadères ou nautchnies se tirent en général de la caste des *Soudras*. Ce sont des prostituées sacrées. La fille hérite de la mère, au détriment des fils, qui deviennent joueurs de tambour et maîtres de danse, comme ceux que nous venons de voir.

« Vers sept ans, la mère porte sa fille à la pagode pour la marier aux dieux : on attache au cou de l'enfant une sorte de médaille d'or appelé *Pottû*. Les bayadères ont une instruction spéciale ; on leur apprend le tamoul, le télougou, le chant, les instruments tels que le violon, la flûte et une sorte de guitare appelée *vind*.

« Quand la puberté vient, vers l'âge de treize ans, la mère donne à sa fille un amant, qu'elle choisit, autant qu'elle peut, jeune, beau et riche. Quand on est convenu des choses, on fixe un jour favorable après avoir consulté les astres. Le matin, la fille est ointe d'huile, on invite les parents à un repas et on distribue de l'argent et de la nourriture aux pauvres ; c'est une fête domestique.

« A partir du jour où elle a eu un amant, la bayadère appartient à tous les hommes. Elle s'habille richement, se baigne, se parfume, étudie la musique et se met des bijoux ; elle s'entretient dans la propreté à l'inverse des autres femmes *Soudras*, qui sont généralement sales. Elle ne travaille pas dans la maison et ne fait point de cuisine ; la mère fait tout l'ouvrage.

« Jusqu'à ce que la bayadère devienne grande, elle est entièrement sous le contrôle de sa mère, qui garde tout l'argent qu'elle reçoit; celle-ci peut ordonner à sa fille de voir tel ou tel homme ou bien le lui défendre.

« Comme les femmes hindoues ont en général peu d'éducation, les hommes préfèrent la société des bayadères qui les distraient par leur musique et leur conversation. Cela est tout à fait admis. Cependant, un homme respectable ne peut pas aller publiquement dans la maison d'une bayadère ; il doit y aller le soir ou bien la faire venir chez lui.

« C'est une disgrâce pour une bayadère d'avoir un Européen, un musulman, ou un paria pour amant. Quand elles se disputent entre elles, elles se reprochent d'avoir connu des Anglais. Elles ont des règles d'honneur parmi elles, sont modestes dans leurs apparences et leur conversation ; elles ne se classent pas au même rang que les prostituées des autres pays.

« Les bayadères sont souvent demandées dans des maisons à l'occasion de mariages et d'autres fêtes ; elles vont même de ville en ville quand elles sont invitées ; ce sont des actrices en voyage.

« Elles doivent aller matin et soir à la pagode, chanter et danser devant les dieux. Les prêtres desservants du temple ont un contrôle absolu sur elles: ils sont leurs supérieurs, celles-ci doivent subir toutes leurs volontés. Quand elles deviennent pauvres, elles vont chercher du riz à la pagode.

« L'avortement est assez fréquent chez les bayadères ; il y a des avorteuses de profession qu'il est difficile de saisir. Quand une nautchnie a un enfant, elle ne l'allaite point afin de ne pas se flétrir et prend pour nourrice une femme pauvre. A vingt-cinq ou trente ans, la bayadère est une vieille femme et ne vit plus qu'avec un seul homme ; cet homme vient souvent à la quitter, et ici comme ailleurs des querelles s'ensuivent.

« La classe des bayadères diminue de jour en jour, parce que le gouvernement anglais fait du mariage avec les dieux une offense. La mère est envoyée devant le juge et condamnée à la prison pour détournement de mineure. A partir de quinze ans, l'enfant est libre et peut faire ce qu'elle veut, sans que le gouvernement intervienne. Mais d'autre part, comme on ne peut pas marier une enfant aux dieux après la puberté, on est obligé de faire ce mariage secrètement ; de telle sorte que, grâce aux sévérités du gouvernement, le nombre des danseuses va diminuant. Dans vingt ans, il n'y en aura plus ! »

Pendant que le brahme m'instruisait de ces choses nous trottions sur une belle avenue bordée de figuiers multipliants. Les branches laissaient pendre leurs racines aériennes, tandis que dans l'épais feuillage se poursuivaient de longs rats palmistes à la queue empanachée.

IV

LA VILLE DES PALAIS

Calcutta, mercredi 25 février 1885.

De fortes pièces d'architecture à la grecque, des postes, des musées et des gares qui ont des airs de châteaux forts et d'églises gothiques, de grands espaces, de larges avenues plantées de beaux arbres, voilà ce qui a fait donner à Calcutta le nom de ville des Palais.

Le malheur est que tout cela est fait de brique et de boue peinte à la chaux, ce qui fit dire spirituellement à un gentleman de mes amis :

— Lorsque les Anglais auront disparu de l'Inde, ils ne laisseront aux futurs archéologues, comme sujet d'étude, que les bouteilles de bière et de porto qu'ils boivent.

Quant à la ville indigène, point de palais du tout; point de pagode ni de mosquée qui vaille la peine d'être nommée; des rues, des ruelles avec des boutiques et des maisons assez banales. C'est que de toutes les villes de l'Inde, la « ville des Palais » est celle qui mérite peut-être le moins son nom, qui offre le moins de caractère, qui s'est le plus modernisée.

Mais ce qui vaut la peine d'être vu, c'est le fleuve immense, jaune et remué comme un champ labouré, c'est le port et ses navires majestueux venus de tous les points du monde, et la lente navigation qui, des bouches du Gange, vous amène avec la marée en dix heures jusque dans la ville.

A mesure que nous montions la rivière, c'était à droite l'île de Sogor, l'île des Tigres, déserte et impénétrable, où des refuges munis d'armes et de vivres sont préparés en cas de naufrage; plus loin, le village où sont parquées les veuves pauvres auxquelles la loi de Manou interdit de secondes noces, et, sous le soleil inaltérable, des plaines cultivées où d'espace en espace des bouquets de palmiers se dressent, au-dessus des manguiers ronds.

Enfin sur le fleuve, à quelques milles avant d'entrer dans la ville, c'est, à gauche l'admirable jardin botanique bordé de grands bambous de Birmanie, et en face le palais et les jardins du roi d'Aoud, entourés de longs murs blancs dépassés par de légers pavillons, où flottent, comme sur des chalets de casino, des drapeaux blancs et rouges surmontés du croissant de l'Islam. Là, sont nourris dans un palais des milliers de serpents et toute une ménagerie de tigres, de lions et de singes où se distingue, paraît-il, un orang-outan mâle, dressé à fumer sa pipe.

Ce qui est plus gracieux, ce sont les troupes de pigeons qu'entretient le roi, et qui, plusieurs fois par jour, font leurs manœuvres au-dessus du fleuve, formant dans l'air des dessins, sans que leurs bandes emmêlent jamais leur vol bien réglé.

Dans la ville, c'est un pêle-mêle animé de chars à bœufs, de palanquins carrés en forme de boîte, de garricks attelés de chevaux efflanqués, et de voitures anglaises ; et sur les chaussées, des piétons vêtus de toutes les couleurs.

Parmi cette foule bigarrée comme un champ de pavots, les *babous* se remarquent par leur tête nue, leurs cheveux noirs séparés par une raie, leurs souliers vernis, leurs bas, et leur *dodhy* de mousseline blanche qu'ils relèvent jusque sur leurs épaules, en laissant voir leur peau au-dessus du genou ; une ombrelle complète leur costume, et leur air en prend quelque chose de fier et presque insolent.

Le *babou*, « monsieur » de Calcutta, représente assez bien ce que serait un bourgeois aisé chez nous. Il est un être assez particulier dans l'Inde. Touché déjà par les idées modernes, le *babou* lit, fait des conférences, est de plusieurs Sociétés savantes, écrit dans les journaux bengalis qui sont nombreux ; c'est déjà un homme politique. Il parle de la marche des Russes en Asie, de la prise d'Hérat, de la guerre de Chine ; il demande des réformes intérieures, revendique des droits pour les indigènes, veut une représentation parlementaire, l'aptitude des natifs à tous les postes de l'empire de Sa Majesté britannique.

Et, mon Dieu ! n'ai-je pas lu l'autre jour dans l'*Indian Miror*, du 14 janvier 1884, cette oraison funèbre faite au babou Kechabchandarsem :

« En perdant babou Kechabchandarsem, l'Inde vient de perdre son Gambetta! »

Il n'y a pas que le *babou* à Calcutta, il y a aussi le rajah; soit le rajah qui vient présenter ses hommages au vice-roi, soit celui qui demeure dans la ville. Parmi ceux de cette catégorie est le jeune rajah de Kotch-Behar. Dans son palais, situé près du Government House, il a douze paires de lutteurs et donne de belles chasses au tigre dans ses propriétés qui bordent l'Assam.

A la *garden-party* que le vice-roi donna la semaine dernière dans les jardins de son palais, il y avait des rajahs de toutes les couleurs et de toutes les façons; l'un était vêtu de vert et gros comme un éléphant; celui-là ne mange, paraît-il, que du sucre et du beurre, aliment choisi qui témoigne de sa dignité. Un autre, à la fine moustache grisonnante, tout mince, aimable et intelligent, est habillé d'un manteau de soie bleu ciel et coiffé d'un petit turban doré. Mais tous ces rajahs ne sont pas, me dit-on, très purs de race; ce sont pour la plupart des parents éloignés des vrais rajahs reconnus par le gouvernement, qui les tient mieux ainsi dans sa main.

Quant à la société européenne de Calcutta, à part le monde officiel, elle est ce que peut être une société de marchands et de commissionnaires en marchandises, où il y a beaucoup d'aspirations au *cant*, et soixante-dix filles à marier.

Ce ne sont que coteries lourdement prétentieuses, cérémonies de visites, sots dîners, bals par souscription, pique-niques au Jardin botanique, romances pénibles, tableaux vivants où l'on se montre en Cendrillon et pages Louis XV après les affaires de la journée; conversations intimes sur ce que chacun gagne, dettes pour toilettes manquées, promenades épinglées au *Strand* — le Bois de Boulogne de l'endroit.

Dans tous les pays on accepte volontiers les prétentions mondaines, mais seulement lorsqu'elles sont réussies.

Qu'eût dit tout ce beau monde, qui se rue pour aller aux *Cloches de Corneville*, à *Madame Angot* au théâtre de Calcutta, s'il eût vu que j'allais de préférence au théâtre hindou où l'on jouait un opéra bengali? Ne m'eût-on pas pris pour un bien petit personnage?

Le *Female theatre*, « théâtre de Femmes », est situé au fond des quartiers indigènes; c'est un petit monument à fronton grec; il peut contenir à peu près autant de monde que notre Palais-Royal, et la salle a la même disposition. Décoration sommaire, peintures assez misérables; aux loges, des rideaux verts défraîchis. Le second rang des loges est réservé aux femmes, dont on aperçoit les fantômes grouillants derrière des treillis de bambous serrés.

Cette soirée a été préparée pour le ministre du Nizam, qui ne vient pas, et est remplacé par l'officier préposé à la garde des éléphants. Un des secrétaires qui parle français m'offre de me traduire la pièce à mesure.

La toile se lève.

C'est un opéra royal et mythologique.

Le roi Krishna, devenu amoureux de Rhâdâ, la reine des filles de lait, quitte sa femme Chandra. Désespoir de Chandra, que ses suivantes consolent en lui conseillant d'être fière. Chandra part costumée en berger, à la recherche de son mari, qu'elle retrouve près de Rhâdâ.

Elle lui fait des reproches auxquels son mari répond :

— Je ne comprends pas le sentiment qui m'attire aux pieds de Rhâdâ ; je vous aime toutes les deux d'un amour égal, et pourtant, maîtresse de mon âme, quand j'approche mes lèvres de ma flûte, elle ne répond que le nom de Rhâdâ. Comme le bœuf, je dois supporter tous les jougs.

— O seigneur de ma vie! s'écrie Chandra, je vois maintenant que Rhâdâ est l'incarnation de Sakti, emmenons-la sous les bosquets.

Voilà en quelques mots le résumé de cet opéra, qui montre combien il est facile d'arranger un adultère sans que personne se fâche.

Nous sortons du théâtre à deux heures du matin.

Les rues du quartier natif sont encore animées ; les marchands, devant leur échoppe, écrivent les comptes de la journée à la lueur d'une petite lampe d'huile de moutarde. Les étoiles des tropiques brillent au-dessus de nous.

De temps en temps passent en courant des porteurs de morts. Le corps, entouré de linges, est étendu sur une natte carrée que quatre hommes soutiennent sur leurs épaules. Ils marchent d'un pas pressé, presque en courant et crient de minute en minute :

— Le Dieu le prenne!

Cette vue m'intéresse et je les suis jusqu'à la « Brûlerie », au bord du Gange.

J'entre dans la cour intérieure d'un monument sans toit qui est ouvert sur le fleuve.

Cinq bûchers flambent ou commencent à flamber. Les corps reposent sur un lit de bois et sont recouverts de bûchettes ; le feu est alimenté par de la paille de riz. Les os craquent, les moelles bouillent et les chairs grésillent ; un pied passe, une tête s'affaisse, des dents se montrent. La fumée pique les yeux, un relent un peu fade, mais sans puanteur, vous enveloppe.

Les brûleurs, à peine vêtus, sourient tranquillement, font cuire leur riz, fument leur *hubble-bubble*, et de temps en temps vont visiter leur lit et leur petit bagage, sous le péristyle où d'autres morts attendent. L'Hindou est familier avec la mort ; c'est que ce n'est pas pour lui une grande affaire de mourir.

Je rentrai au matin dans la ville des Palais, où chacun avait déjà repris son négoce.

V

UNE JOURNÉE A LAHORE

Lahore, mardi 10 mars 1885.

Dans toute la campagne autour de Lahore, au milieu de jardins déserts, parmi les lauriers, les acacias et les épines peuplés de paons et de petites colombes roses, s'élèvent, à l'ombre de quelque dattier solitaire, le dôme de faïence peint et l'ogive persane de mausolées en ruine.

Tel est le premier aspect de la ville avant qu'on ait pu voir la grande mosquée du Pasdishath, bâtie par Aurangzeb, et le palais de Ranjit-Sing, qu'on a trop souvent décrit pour que je puisse en parler avec intérêt.

J'étais attendu à la gare par le docteur Leitner, directeur des études dans le Pendjab, à qui j'apportais les commissions de notre savant orientaliste M. Clermont-Ganneau.

Le docteur Leitner est un type de linguiste assez particulier : cet israélite hongrois naturalisé anglais sait cinquante-quatre langues. Non content de savoir les langues connues, il découvre chaque jour une langue ou un dialecte nouveau : c'est ainsi qu'il vient de découvrir que les cachemires de nos grand'mères n'étaient point seulement un composé hasardeux de simples arabesques et de couleurs de fantaisie, mais que ces arabesques et ces couleurs constituaient une langue qu'il enseigne.

Il n'a que quarante-quatre ans avec cela et une activité de cerveau tout à fait folle.

Comme un homme qui suit son idée, le docteur me conduit tout de suite à son collège oriental, où vingt classes de purs indigènes fonctionnent : une classe de jeunes prêtres musulmans auprès d'un cours de juristes hindous, un professeur d'astrologie auprès d'un professeur de littérature persane, des calligraphes hindis mêlés à des calligraphes arabes.

Je vis un « logicien » sanscrit, « fils d'un grand logicien sanscrit », qui enseignait à une dizaine d'écoliers la logique sanscrite, laquelle, paraît-il, est meilleure que la nôtre parce que « elle est plus *inclusive* et explique les exceptions ». On me présente ensuite un professeur de médecine traditionnelle qui vient de guérir trois rajahs aux maladies desquels les médecins anglais n'entendaient rien. Un astronome m'apporte, calculée suivant les anciennes méthodes, l'éclipse de lune qui doit avoir lieu le 30 mars prochain.

Mais, de tous les noirs professeurs qui sont là, dans cette espèce de ménagerie savante, le plus curieux peut-être était un Gabrial. Les Gabrials sont une peuplade qui habite au nord du Cachemire, dans les montagnes comprises entre le Thibet et l'Afghanistan.

Ce ne fut pas sans difficulté que le docteur Leitner parvint à tirer cet homme de ses montagnes.

Ce Gabrial aimait sa mère et eut grand'peine à s'en séparer. La mère, de son côté, aimait son fils, et d'un tel amour qu'elle le suivit pendant plusieurs jours à travers des sentiers horribles. Enfin, n'en pouvant plus, la pauvre femme s'arrêta le huitième jour et poussa un grand cri. Le fils revint sur ses pas et tira tranquillement son couteau de sa ceinture. Il se disposait à couper la tête de sa mère lorsque le docteur intervint :

— Que fais-tu là ?

— Je vais lui couper la tête parce que cela vaut mieux ainsi ; elle ne peut pas me suivre, et, si je la quittais, elle mourrait de chagrin.

Ce Gabrial, avec sa barbe noire, son nez busqué sur ses lèvres et son air de bouc paisible, enseigne maintenant au collège de Lahore la jurisprudence de son pays.

C'est que le docteur Leitner a, sur l'étude des mœurs des sciences et des langues orientales, des idées toutes particulières.

Il dit que tout est traditionnel en Orient, que, d'après le proverbe hindou, « la vraie instruction est orale », et que, « l'écriture n'est qu'un stimulant pour l'oisiveté ». Les livres ne font que perdre ce qu'ils ont l'air de conserver ; cela vient de ce que, par méfiance, les pandits n'écrivent jamais les livres tout entiers, et que nous n'avons, pour la plupart du temps, que des têtes de chapitre destinées à aider seulement la mémoire. Il n'y a pas, d'après lui, de plus sûr gardien de la langue, de la littérature et des mœurs, que la

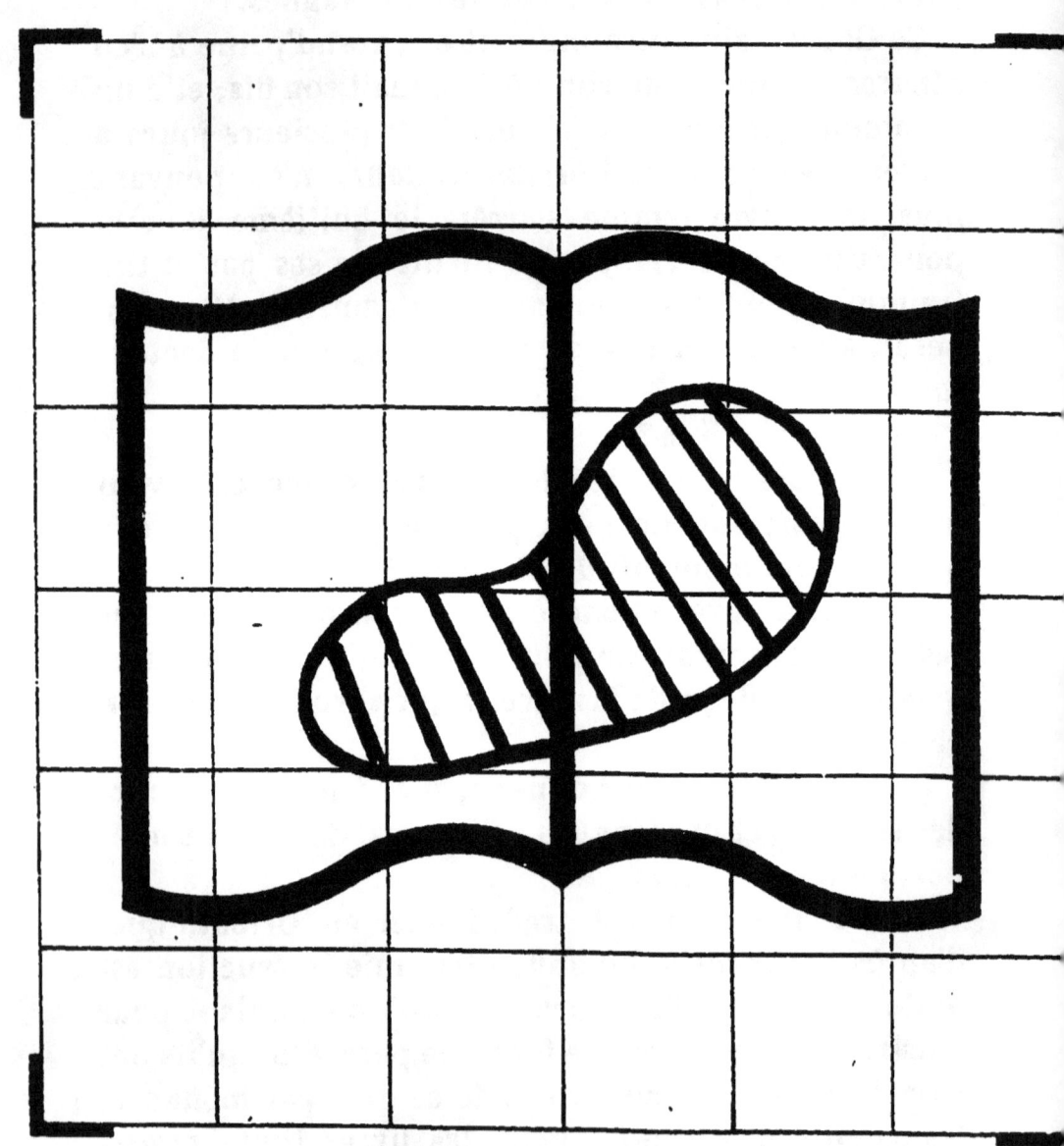

mémoire de ces peuples, dont la puissance et la sûreté passent tout ce qu'on peut croire.

Depuis, par exemple, qu'ont disparu les généalogistes chantants qui retenaient par cœur la suite des filiations et venaient aux mariages et aux fêtes rappeler les hauts faits et les traditions de la famille, les généalogies, en se conservant par l'écriture, se sont écourtées, mutilées, desséchées pour ainsi dire : n'étant plus continuées avec les mêmes solennités, elles ont perdu de leur importance et tendent à disparaître, ce qui est grand dommage pour l'histoire intime d'une société aussi compliquée que la société hindoue.

C'est pourquoi le docteur essaye de maintenir la tradition orale dans son collège de Lahore. Il a fondé là comme un hôpital pour les langues et les sciences qui vont se mourant et s'affaiblissant tous les jours. Il tâche de faire durer ces langues malades; il soigne ces littératures corrompues : il panse leurs plaies. Je n'ai pas grand espoir dans leur guérison ; et si aux gens pratiques sa tentative peut sembler vaine, elle doit plaire par un certain côté aux dilettantes de la science et de l'histoire.

Pendant toute la journée, ce fut ensuite dans la maison du docteur un défilé de pandits de toutes langues qui tantôt composaient des vers sanscrits où ils nous associaient au printemps, tantôt nous appliquaient des maximes persanes où l'on comparait nos sourcils à des pinces de scorpion et nos visages à la lune.

Un poète hindi, pour exprimer qu'il nous aimait avant de nous avoir vus, nous dit cette galanterie :

— Pour vous, j'ai eu l'amour de l'oreille avant l'amour de l'œil.

Ce furent aussi des musiciens jouant de la sarangue et du paon ; ils promenaient en chantant leurs doigts et leur archet sur les cordes de leurs instruments, au milieu d'explications incompréhensibles sur les six chants mâles et les trente chants femelles, les *rag*, les *ragnies*, les clefs, les sous-clefs et les échelles.

Enfin vinrent les rajahs : Nawab Stabul Majid Khan, à la barbe immense, avec un grand manteau de satin gris ardoise bordé d'un galon d'or; Rajah Jehandad Khan, énorme chef des Ghakars, qui peut lever dix-huit mille hommes énormes et taillés comme lui; Rajah Sturbuns Sing, le seul rajah local de Lahore. Il tient à la main une canne de quinze sous et porte au cou un diamant emprisonné dans une émeraude grosse comme un petit macaron.

Rajah Sturbuns Sing a amené sa voiture à sa suite; comme le soir arrive et que la température devient supportable, il nous offre de visiter la ville et les alentours.

Cependant je suis fort intrigué par la présence d'un petit vieillard à turban vert qui galope à côté de la voiture sur un petit cheval. Il a une plume à l'oreille, des colliers autour du cou où pendent des boîtes de métal qui résonnent à chaque temps de galop. Ce petit être est tout à fait fantastique. Je demande qui c'est.

— C'est un de mes physiciens, répond le rajah.

Il en a douze comme cela.

Le rajah doit avoir une bonne santé ou peu de confiance dans ce physicien, car il ignore son nom, qu'il demande au confident qui est sur le siège.

Toujours suivis du médecin à cheval, nous passons devant quelques mausolées où les colombes roucoulent et où les paons poussent des cris lamentables.

Nous arrivons dans les jardins de la mosquée du Padishah; les orangers embaument; le petit physicien profite d'un moment où nous nous arrêtons pour nous offrir des pâtes apéritives. La nuit vient; nous repartons, et le petit être, en souriant, continue de galoper aux étoiles.

Le soir, nous avons un dîner en musique indienne avec tambours et des échappées sans fin du docteur sur le bouddhisme thibétain, les trompettes de vingt mètres de long, les danses d'hommes à masques d'animaux, la bibliolâtrie des Sikhs, l'histoire d'un roi Hunza qui vend ses sujets, la caste des voleurs, les sculptures gréco-bouddhiques, le mahométisme, le parsisme, les astrologues et les jargons particuliers aux danseuses.

. . . .

Le docteur Leitner me rend fou. Je sens que mon cerveau se refuse à penser raisonnablement. Je vais me coucher comme un homme hanté, et, excédé de fatigue, je m'endors entouré de fantômes.

Il y a un mois, j'ai acheté dans le Sikkim, au milieu des Himalayas, un poignard religieux qui sert à tuer les esprits et à chasser les songes. Je voudrais savoir me servir de ce poignard pour disperser les fantasmagories de cette journée.

TABLE DES NOMS PROPRES
DES CONTEMPORAINS (1)

A

About (Edmond), 27 et suiv., 85, 187, 287.
Accolas (Émile), 118, 119, 120, 121, 122, 181.
Adam (Madame Edmond), 14, 211.
Aicard (Jean), 75, 76.
Albert, ouvrier, 87 et suiv.
Alexandre II, 123.
Alexandre III, 124.
Alphonse XII, 214 et suiv.
Altieri (prince), 222, 224.
Amberley (lord), 204.
Ancel, 115.
Antonelli (cardinal), 232.
Arabi-Pacha, 307 et suiv.
Arago, 89.
Arconati (marquise), 248, 249, 250.
Arène (Paul), 60.
Arnim (comte d'), 221.
Arnould-Plessy, 96.
Audiffret-Pasquier (duc d'), 145.
Audouard (Olympe), 42.
Augusta (impératrice), 20.
Augustenbourg (duc d'), 174.
Aupick (général), 286.
Ashburnan (lord), 279.
Asselineau, 287.

B

Bakounine, 205.
Banville (Théodore de), 82.
Bapst, 208.
Barbey d'Aurevilly, 292.
Barbier (Ed.), 44.
Barde (Paul), 280.
Bardoux, 103, 120, 159.
Baroche, 33.
Barrot (Odilon), 158.
Barth, 319.
Bassano (duc de), 29.
Bataille (Albert), 42, 265.
Batbie, 145.
Baudelaire (Charles), 239, 243, 283 et suiv.
Baudry (Paul), 30.
Beffara, 64.
Bennett (John), 154.
Béranger, 72.
Bérard (Pierre-Clément), 216.
Bergerat (Émile), 60.
Bergeret, 203.
Bernard-Lavergne, 93.
Berry (duchesse de), 7, 79, 80.
Bersot (Ernest), 185 et suiv.
Bert (Paul), 103, 211.
Bessière (maréchal), 295.

(1) J'entends par contemporains tous ceux que mes lecteurs ont pu raisonnablement connaître.

Bichery (l'abbé), 42.
Billault, 247.
Bismarck (prince de), 172 et suiv.
Bixio, 81.
Blanc (Louis), 87, 88, 89, 91, 92.
Blowitz (de), 15, 16.
Bocher (Édouard), 144 et suiv.
Boichot (sergent), 163.
Boislisle (de), 67.
Bonn, 270, 271.
Bordas-Desmoulins, 42.
Bordeaux (duc de), 7.
Borghèse (prince), 222.
Boulanger (Louis), 81.
Boulay de la Meurthe, 25.
Bourbaki (général), 28.
Bourde (Paul), 320.
Bourrienne, 274.
Bouteiller (de), 153.
Brisson, 162.
Broca, 194.
Broglie (duc de), 112, 126, 127, 144.
Bruat (amiral), 33.
Brunetière (Ferdinand), 140, 253, 258, 271, 280.
Büchner, 320.
Buffet, 24, 99, 105, 157 et suiv.
Buls, 154.
Byron (lord), 158.

C

Cairoli (madame), 224.
Calmann Lévy, 73.
Cambacérès (duc de), 33.
Camescasse, 156.
Canrobert (maréchal), 28.
Caran d'Ache, 272.
Carlos (don), 218.
Catalan, 88.
Cavour (comte de), 222.
Cazot, 33, 103, 104, 180.
Chabaud-Latour, 145.
Chabrillant (comte de), 17.
Challemel-Lacour, 115, 121, 127, 137.
Cham, 157.
Chambord (comte de), 144, 234.
Charavay, 56, 112.
Charles X, 2, 7, 78, 246.

Charles Edmond, 117.
Charpentier, 73.
Charette (général de), 222.
Chasles (Philarète), 287.
Chasseloup-Laubat, 19.
Chateaubriand (vicomte de), 72, 80.
Cherbuliez (Abraham), 280.
Cherbuliez (Victor), 264, 280, 293.
Chevet, 154.
Chigi, 222, 224.
Choiseul (comte Horace de), 11.
Christine d'Espagne, 216, 224.
Clémenceau, 121, 156, 241, 242.
Clermont-Ganneau, 339.
Cochin (Augustin), 108.
Collet (madame Louise), 73.
Combettes (capitaine), 204.
Comte (Auguste), 107, 119, 320.
Constans, 103.
Corbon, 88.
Courcel (Chaudron de), 11, 24 et suiv.
Cousin (Victor), 188, 189, 193.
Crailsheim (de), 270, 271.
Crane (W.-J.), 42.
Crépet (Eugène), 283.
Curci (R.-P.), 225.
Cuvier, 50.

D

Daru, 99.
Darwin (Charles-Robert), 11 et suiv, 204, 320.
Darwin (Francis), 44.
Darwin (Horace), 45.
Darwin (William), 45.
Daudet (Alphonse), 60, 179.
Déjazet, 88.
Delesvaux, 240.
Demolombe, 118.
Denormandie, 145.
Dickens (Charles), 58.
Didot, 69.
Doria (prince), 225.
Drago (prince del), 224.
Drouyn de Lhuys, 25, 26.
Dufaure, 105, 109, 126, 158.
Dufferin (lord), 335.
Dulac (colonel), 8.

Dumas père (Alexandre), 81, 81.
Dumas fils (Alexandre), 28.
Dupont, 88, 89.
Duprat (Pascal), 53.
Durand (la générale), 277.
Duval (Amaury), 81.

E

Élisabeth (impératrice d'Autriche), 270.
Eugénie (impératrice), 27.

F

Farre (général), 109.
Foucher (Léon), 158.
Favre (Jules), 169.
Fernan-Nunez (duc de), 151.
Ferraioli (Alexandre), 225.
Ferry (Jules), 39, 75, 100, 102 et suiv., 121, 132, 133, 151, 156, 163, 202, 207.
Feuerbach, 146.
Feuillet (Octave), 210, 251 et suiv.
Fiano (duc de), 224.
Fitz-Roy (capitaine), 11.
Flandrin, 35, 36.
Flaubert (Gustave), 288.
Flocon, 88, 89.
Floquet (Charles), 33, 153, 154, 155.
Flottard, 88
Foucher de Careil, 137.
Fournier (Édouard), 64.
France (Anatole), 60, 272, 276, 300.
Freycinet (de), 23, 104, 117, 132, 159, 160, 163.
Funck-Brentano (Th.), 172.

G

Gabrielli (prince), 221.
Galles (prince de), 319.
Gambetta (Léon), 14, 15, 16, 22, 34, 36, 37, 105, 107, 109, 116, 182, 335.
Garnier-Pagès, 88, 89, 163.
Germer-Baillière, 54.
Girardin (Émile de), 181.

Glatigny (Albert), 243.
Gogol, 58.
Gordon (Richard), 53.
Gougeard (amiral), 33.
Gounod, 309.
Gramont (de), 75, 76.
Gréville (madame Henri), 207 et suiv.
Grévy (Jules), 81 et suiv., 104, 124, 133, 152, 153, 154, 161.
Grosclaude, 61, 62.
Guillaume III, 20, 21, 172, 173, 270.
Guizot, 158.
Gungl's, 126.

H

Hachette, 185, 198.
Hæckel, 53, 54.
Hassoun (cardinal), 221.
Haussmann (baron), 33, 147.
Havin, 237.
Heine (Henri), 173.
Henri V, 230.
Herbette, 11.
Hergenrother (cardinal), 220.
Hervieu (Paul), 56 et suiv.
Hovelacque, 52.
Howard (cardinal), 221.
Hugo (Victor), 74, 81.
Humann, 133.
Humbert Ier, 225, 226.

I

Impérial (prince), 150.
Isabelle (reine), 216.
Isabelle (princesse), 216.
Isabey (297).

J

Jal, 64, 81.
Janvier de la Motte, 130, 131.
Jérôme (roi), 293 et suiv.
Johannot, 81.
Joubert, 186.
Junot, 296.
Justiniani Bandini (prince), 224.

K

Kalnoky (comte), 173.
Karr (Alphonse), 83.
Kotch-Behar (rajah de), 335.
Kropotkine (prince), 204, 205.

L

Labordère (major), 163.
Laboulaye (Édouard de), 95 et suiv.
Lacordaire, 40.
Lacroix (Paul), 67.
Lacroix (Sigismond), 116 et suiv.
Laffitte, 78.
Lafont, 100, 101.
Lalanne (abbé), 215.
Lamarck (Monet de), 50.
Lamartine (de), 72, 74, 81, 88, 89, 90, 91, 92, 111, 139.
Lambert Sainte-Croix, 145.
Lamoureux (Charles), 126.
Langlois (colonel), 169.
Laplace (de), 180.
Las-Cases, 276.
Laurent, 118.
Le Barbier (Édouard), 287, 288.
Lecomte (général), 109.
Leconte de Lisle, 285, 289.
Ledru-Rollin, 88, 93.
Legouvé (Ernest), 210.
Leitner (docteur), 339 et suiv.
Lemerre, 67.
Lemoinne (John), 228 et suiv.
Léon XIII, 220, 221, 226, 227.
Lepère, 248.
Lesseps (de), 310, 312.
Leverrier, 27.
Lévy (Michel), 187.
Libri, 279.
Liddon (le chanoine), 54.
Liszt, 264.
Littré, 54, 101.
Lossa (comte de), 216, 218.
Loti (Pierre), 12.
Louis II de Bavière, 260 et suiv.
Louis XVIII, 8, 78, 148.
Louis-Philippe, 79, 88, 90, 133, 147, 149, 234, 275.

Loyson (l'abbé), 38 et suiv.
Lucas (docteur), 279.
Luitpold (prince), 271.
Lullier, 110.
Lutteroth (mademoiselle), 128.
Lutz (de), 270, 271.
Lyons (lord), 154.

M

Mac-Mahon (maréchal de), 28, 162.
Magnard (Francis), 88.
Magnin, 33.
Mahmoud-Fehmi, 309.
Malden (mademoiselle), 172.
Manteuffel (général de), 24.
Marrast (Armand), 88, 89, 246.
Marie, 88, 89.
Marie-Louise, 277, 293 et suiv.
Mars (mademoiselle), 189, 190.
Mathilde (princesse), 293, 303, 304.
Martin (Henri), 20, 39, 42.
Martins (Charles), 53.
Massa (marquis de), 28.
Massimo (prince), 222.
Masson (Frédéric), 112 et suiv.
Maubreuil (comte de), 302.
Mauget, 280.
Menard (Louis), 68.
Menard (Louis), 64, 67.
Menss-Heugen, 174.
Mérimée, 19, 28.
Mérode (comte de), 145.
Méry, 271.
Mesnard (Paul), 66.
Metternich (prince de), 276.
Métivier, 116.
Meyer (Paul), 66.
Midhat-Pacha, 15.
Minière, 194.
Mollard, 33.
Monnier Williams, 319.
Monsabré (R.-P.), 38, 39.
Morny (duc de), 28.
Morphy (comte), 218.
Moustier (marquis de), 18.
Mouton (Eugène), 60.
Musset (Alfred de), 81 et suiv.

N

Napoléon Ier, 291.
Napoléon III, 27, 28, 32, 34, 148, 174, 175, 181, 222, 231, 237, 256.
Napoléon (prince), 35, 293, 303, 304.
Naquet (Alfred), 178 et suiv.
Narbonne (de), 275.
Nassau (prince de), 296.
Neuchâtel (prince de), 296.
Nodier, 81.

O

Odescalchi (prince), 223.
Ollivier (Émile), 159, 167.
O'Meara, 277.
Ordinaire, 187.
Orléans (princes d'), 131, 144, 150, 151.
Orléans (duc d'), 84.
Orléans (duchesse d'), 90.
O'Ryan y Vasquez, 217, 218.

P

Palavichini (princesse), 224.
Panizzi, 19.
Paris (comte de), 234.
Paris (Gaston), 66.
Pasdeloup, 126.
Pasquier (duc), 275.
Pelletan (Eugène), 236, 237.
Pelletan (Camille), 236 et suiv.
Périer (Casimir), 8, 100.
Peyrat (Alphonse), 127, 244 et suiv.
Pie IX, 225.
Pitra (cardinal), 220.
Plon, 172.
Polignac (prince de), 7.
Ponsard, 28.
Poschinger, 172.
Pozzi (Samuel), 53.
Praslin (duc de), 283.
Pressensé (de), 42.
Prévost-Paradol, 31, 32.
Prokesch (de), 174.
Proudhon, 119.

Q

Quantin, 283.

R

Ranc, 16, 100.
Raspail, 92.
Ratisbonne (Louis), 76, 230.
Rattier, 163.
Reclus (Élisée), 197 et suiv.
Reclus (Paul), 192, 193.
Reinach (Joseph), 14.
Reinwald, 44.
Rémusat (madame de), 274 et suiv.
Renan (Ernest), 55, 119, 238, 247, 282, 319.
Revillon (Tony), 121.
Ricard, 230.
Richter (Jean-Paul), 57, 58.
Ritter (Karl), 201.
Rochefort (Henri), 60, 75.
Rospigliosi (prince), 222, 223.
Rothschild, 13.
Rouland, 33.
Roustan, 12.
Royer-Collard, 100.
Royer (madame Clémence), 51, 52, 53.

S

Sainte-Beuve, 75, 81, 100, 187, 274, 275, 288.
Saint-Saëns (Camille), 262, 263.
Saint-Vallier (comte de), 17 et suiv.
Salm (prince de), 295.
Sand (George), 82, 83.
Sarcey (Francisque), 12, 62, 187.
Say (Léon), 126, 127 et suiv.
Scaria, 172.
Schopenhauer, 58, 136 et suiv.
Schérer (Édouard), 185, 186, 187.
Schleicher, 54.
Schlossberger (docteur Auguste von), 293.
Scribe, 255.
Sénac (l'abbé), 42.
Sénart (l'orientaliste), 319.
Serres (de), 117.

Simon (Jules), 39, 109, 145.
Songeon, 153.
Soulié (Eudore), 64.
Soury (Jules), 53, 54.
Soutzo (prince), 154.
Spencer (Herbert), 54.
Spuller, 11.
Stanley (le pasteur), 42.
Stendhal, 277, 287.
Sterne (Daniel), 288.
Strauss, 207.
Sumangala, 314 et suiv.

T

Taine (H.), 58, 187, 272 et suiv., 286, 287.
Talhouët (marquis de), 99.
Talleyrand (prince de), 1, 25.
Taylord, 81.
Testelin, 127.
Thiers (Adolphe), 2, 24, 34, 103, 109, 126, 162, 169, 204, 231, 232.
Thomas (général Clément), 109.
Thomassin (général), 14.
Tirard, 132, 134, 163, 165 et suiv., 202.
Tissot (Charles), 10 et suiv.
Tœpfer, 148, 188.

V

Vacherot, 101.
Vacquerie (Auguste), 210.

Valérie (princesse), 173.
Verne (Jules), 99.
Veuillot (Eugène), 108.
Vigny (Alfred de), 72 et suiv., 81.
Villemain, 275.
Villemarest (de), 274.
Vinoy (général), 109.
Vives, 69.
Vrain-Lucas, 65.

W

Waddington, 20, 123 et suiv., 131.
Wagner (Richard), 260 et suiv.
Wagner (madame), 263 et 264.
Waldeck-Rousseau, 121.
Wallon, 145.
Weiss (J.-J.), 33, 36.
Wey (Francis), 81.
Wilson, 104.
Wurtemberg (Frédéric de), 291 et suiv.
Wurtemberg (Catherine de) 293 et suiv.

Z

Zigliara (cardinal), 220.
Zola (Émile), 61, 118, 279.

FIN DE LA TABLE DES NOMS PROPRES

TABLE DES MATIÈRES

		Pages.
I.	— Les Trois Glorieuses.	1
II.	— Trois Ambassadeurs.	10
III.	— Edmond About, homme politique.	27
IV.	— M. l'Abbé Loyson au Cirque.	38
V.	— Darwin.	44
VI.	— De l'Humour.	56
VII.	— Les Curieux littéraires.	64
VIII.	— Alfred de Vigny homme politique.	72
IX.	— M. Grévy et Alfred de Musset.	81
X.	— Albert, ouvrier.	87
XI.	— M. Laboulaye.	95
XII.	— La Force de M. Jules Ferry.	102
XIII.	— Les Diplomates de la Révolution.	111
XIV.	— M. Sigismond Lacroix.	116
XV.	— Le « Crest », de M. Waddington.	123
XVI.	— Le Fond du cœur de M. Léon Say.	129
XVII.	— Schopenhauer.	136
XVIII.	— M. Édouard Bocher.	144
XIX.	— L'Inauguration de l'Hôtel de Ville.	152
XX.	— M. Buffet.	157
XXI.	— Le Ministre des Finances.	165
XXII.	— Correspondance diplomatique de M. de Bismarck.	172
XXIII.	— M. Alfred Naquet.	178

	Pages.
XXIV. — M. Ernest Berset, Directeur de l'École normale.	185
XXV. — Élysée Reclus..	197
XXVI. — Madame Henri Gréville.	207
XXVII. — L'Enfance d'Alphonse XII.	214
XXVIII. — La Société romaine.	220
XXIX. — M. John Lemoinne.	228
XXX. — M. Camille Pelletan.	236
XXXI. — M. Peyrat, sénateur.	244
XXXII. — M. Octave Feuillet.	251
XXXIII. — Wagner et Louis II posthumes.	260
XXXIV. — M. Taine historien.	272
XXXV. — Charles Baudelaire.	283
XXXVI. — La Mère du Prince Napoléon.	293

NOTES SUR L'INDE

I. — Araby-Pacha à Ceylan.	307
II. — Le Grand Bonze.	314
III. — Les Bayadères de Madura.	323
IV. — La Ville des Palais.	332
V. — Une Journée à Lahore.	339
Table des noms propres des contemporains.	345

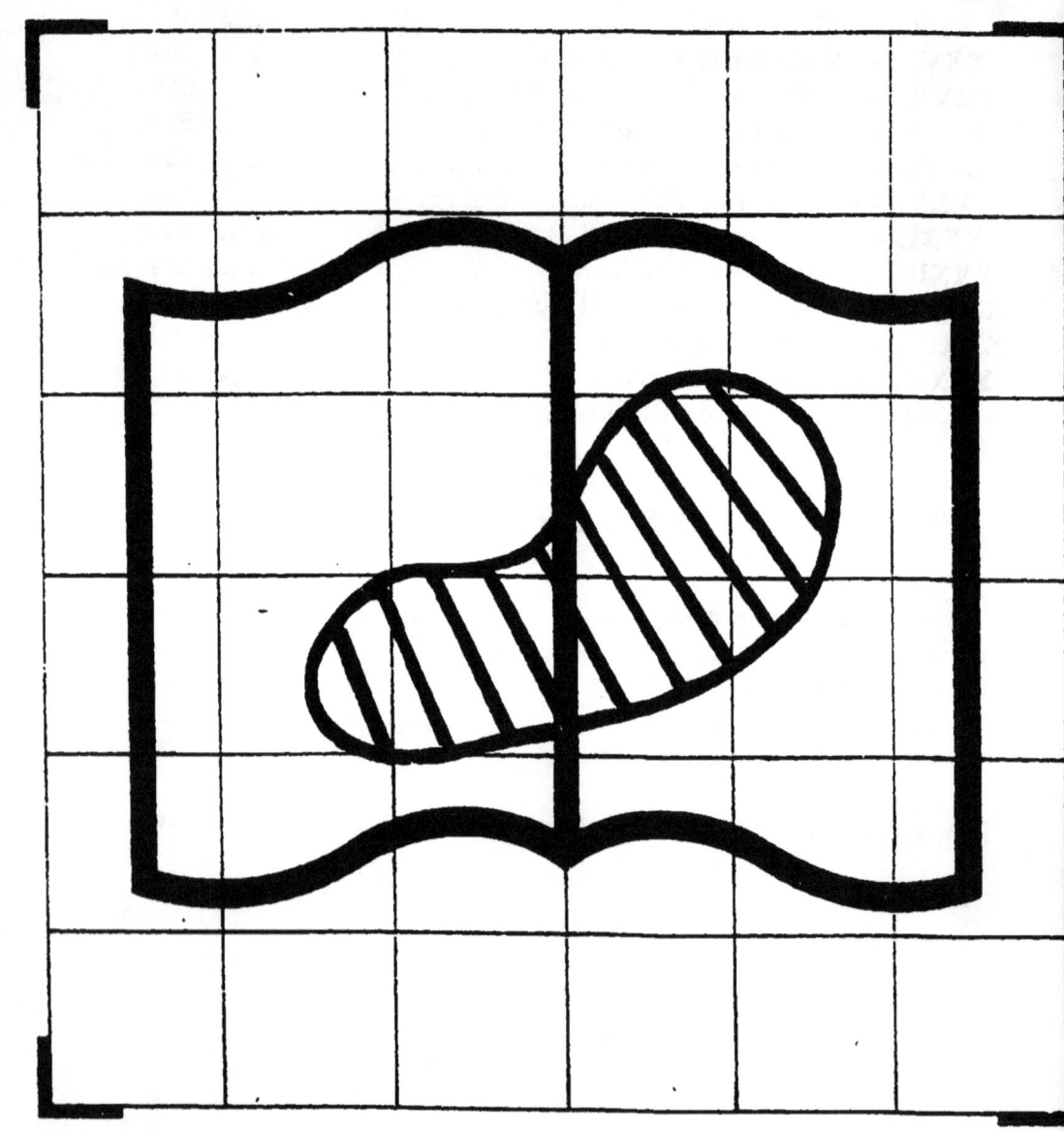

LIBRAIRIE PAUL OLLENDORFF
28 bis, Rue de Richelieu, Paris

Collection grand in-18 à 3 fr. 50 le volume.

ALLARD (Léon). — Les Vies muettes. (Ouvrage couronné par l'Académie française.)

BAUQUENNE (Alain). — L'Écuyère. — Amours cocasses. — La Belle Madame Le Vassart.

BLACHE (Noël). — Césarin Audoly. — Au Pays du Mistral. — Clairs de Soleil. — Meley. — M. Peymarlier.

BLAVET (Émile) (Parisis). — La Vie Parisienne (1885). — La Vie Parisienne 1886.

BENJAMIN (Ernest). — La Sainte.

CAHU (Théodore). — Chez les Allemands. — Petits Potins militaires.

CATULLE MENDÈS. — Les Boudoirs de Verre. — Pour lire belles personnes. — L'Envers des Feuilles.

CLAVEAU (A.). — Contre le flot. (Ouvrage couronné par l'Académie française.)

COQUELIN CADET. — Le Rire.

DELAIR (Paul). — Louloute. — Les Contes d'à présent.

DARCEY (Marie). — Le Crime de la 5e Avenue.

DARIMON (Alfred). — Notes pour servir à l'histoire de la Guerre de 1870.

DELPIT (Albert). — Le Fils de Coralie. — La Marquise. — Le Père de Martial. — Les Amours cruelles. — Solange de Croix-Saint-Luc. — Mlle de Bressier. — Thérésine.

DES HOUX (H.). — Souvenirs d'un journaliste français à Rome. — Ma Prison.

DESPLAS (Ph.). — Dans la Tourmente.

DUCRET (Édouard). — Chignon d'or. — Amoureuse.

GANDILLOT (Léon). — Les filles de Jean de Nivelle.

GAULOT (Paul). — Mlle de Poncin. — Le Mariage de Jules Lavernat. — L'Illustre Casaubon.

GOUDEAU (Émile). — Le Froc.

HÉRISSON (Cte d'). — Le Journal d'un Officier d'ordonnance. — Le Journal d'un Interprète en Chine. — Le Cabinet noir. — La Légende de Metz.

HERRERE (Jean). — Une Ève nouvelle.

JANKA WOHL. — François Liszt. Souvenirs d'une Compatriote.

JOLIVARD (Léon). — Nelly Webster.

KÉRATRY (Comte E. de). — A travers le passé.

LAUNAY (de). — Les Demoiselles Sevellec. — Discipline. (Ouvrage couronné par l'Académie française.)

LERICHE (Henri). — La petite Marthe.

LIONNET (Les frères). — Souvenirs et Anecdotes.

LOCKROY (Éd.). — Ahmed le Boucher.

MAIZEROY (René). — Bébé million.

MARC DE CHANDPLAIX. — Louloute.

MARNI (J.). — La Femme de Silva.

MAUPASSANT (Guy de). — Les sœurs Rondoli. — M. Parent. — Le Horla. — Pierre et Jean.

MIRBEAU (Octave). — Le Calvaire. — L'abbé Jules.

MORAND (Eugène). — Le Roman de Paris.

NARREY (Charles). — Le Prince Paul.

NISARD (Charles, de l'Institut). — Guillaume du Tillot : Un Valet ministre et Secrétaire d'État.

NORMAND (Jacques). — La Madone.

OHNET (Georges). — Serge Panine. (Ouvrage couronné par l'Académie française.) — Le Maître de Forges. — La Comtesse Sarah. — Lise Fleuron. — La Grande Marnière. — Les Dames de Croix-Mort. — Noir et Rose. — Volonté.

OSWALD (Fr.). — Le Trésor des Bacquancourt. — Jeu mortel.

PÈNE (Henry de). — Trop belle. (Ouvrage couronné par l'Académie française.) — Née Michon.

PERRET (Paul). — Sœur Sainte-Agnès.

PERRIN (Jules). — Le Canon.

PORADOWSKA (Marguerite). — Yaga.

PRADEL (G.). — La Faute de Madame Bucières. — Les Baisers du Monstre.

ROOSEVELT. — La Reine du Cuivre.

SAINT-CÉRÉ (J.). — L'Allemagne telle qu'elle est.

SARCEY. — Le Mot et la Chose. — Souvenirs de jeunesse.

SEMEZIES (Marcel). — L'Étoile éteinte. — L'Impasse.

SILVESTRE (Armand). — Les farces de mon ami Jacques. — Les malheurs du commandant Laripète. — Les Veillées de Saint-Pantaléon.

STENGER (Gilbert). — L'Amant légitime.

THEURIET (André). — La Maison des deux Barbeaux. — Les Mauvais Ménages. — Sauvageonne. — Michel Verneuil. — Eusèbe Lombard. — Au Paradis des Enfants.

VALLADY (Math.). — Filles d'Allemagne. — France et Allemagne : Les deux Races.

VAST-RICOUARD. — Claire Aubertin. — Séraphin et Cie. — La Vieille Garde. — La Jeune Garde. — Madame Lavernon.

VIENNE (Romain). — La Vérité sur la Dame aux Camélias.

CETTE MICROFICHE A ETE
REALISEE PAR LA SOCIETE

M S B

1993

www.ingramcontent.com/pod-product-compliance
Lightning Source LLC
Chambersburg PA
CBHW070853170426
43202CB00012B/2049